普通高等教育“十一五”国家级规划教材
职业教育·道路运输类专业教材

Fundamentals of Traffic Engineering

交通工程学基础

（第3版）

易　操　张部生　主　编
秦　洁　吴　琼　韩俊平　副主编
裴玉龙　周志华　主　审

人民交通出版社股份有限公司
北　京

内 容 提 要

本教材为普通高等教育"十一五"国家级规划教材。本教材介绍了交通工程学发展的历史、现状及趋势，总结了交通调查与分析、交通流、道路通行能力、交通规划、交通仿真的基本理论与方法，梳理了交通管理与控制、交通安全、停车设施规划与设计、城市公共交通、交通与环境、交通工程新理念和新技术等内容。本教材各章附拓展训练，可供学生学习和复习使用。

本教材适用于高等职业院校道路与桥梁工程技术、智能交通技术、道路运输管理等专业，亦可供中等职业院校公路养护与管理、交通运营服务、城市轨道交通运营服务等相关专业师生使用，同时可作为相关行业从业人员的参考用书。

图书在版编目(CIP)数据

交通工程学基础 / 易操，张部生主编. — 3 版. —
北京：人民交通出版社股份有限公司，2023.7
ISBN 978-7-114-18887-9

Ⅰ.①交… Ⅱ.①易… ②张… Ⅲ.①交通工程学—高等学校—教材 Ⅳ.①U491

中国国家版本馆 CIP 数据核字(2023)第 129209 号

Jiaotong Gongchengxue Jichu
书　　名：交通工程学基础(第 3 版)
著 作 者：易　操　张部生
责任编辑：李　晴
责任校对：孙国靖　宋佳时
责任印制：刘高彤
出版发行：人民交通出版社股份有限公司
地　　址：(100011)北京市朝阳区安定门外外馆斜街 3 号
网　　址：http://www.ccpcl.com.cn
销售电话：(010)59757973
总 经 销：人民交通出版社股份有限公司发行部
经　　销：各地新华书店
印　　刷：北京武英文博科技有限公司
开　　本：787×1092　1/16
印　　张：17
字　　数：401 千
版　　次：2002 年 6 月　第 1 版　2008 年 7 月　第 2 版
　　　　　2023 年 7 月　第 3 版
印　　次：2023 年 7 月　第 3 版　第 1 次印刷　总第 26 次印刷
书　　号：ISBN 978-7-114-18887-9
定　　价：49.00 元

前·言

Preface

本教材首版根据路桥工程学科委员会高职教材建设联络组2001年7月在昆明会议上通过的路桥专业高职教材编审原则意见和"交通高等职业技术教育路桥专业课程设置框架文件"的要求编写而成,于2002年6月正式出版,于2006年6月入选普通高等教育"十一五"国家级规划教材。第2版在首版的基础上,结合院校使用意见、专业课程发展、新版标准规范等进行了修订,于2008年7月正式出版。十余年来,第2版教材为交通土建类专业学生和技术人员提供了系统的交通工程基本理论知识,受到了读者广泛好评。近年来,我国交通运输事业迅速发展,加快建设交通强国,新理念、新技术、新工艺、新材料、新设备为行业持续赋能,对行业人才的素质技能提出了更高要求;国务院印发《国家职业教育改革实施方案》,职业教育高质量发展全面推进,立德树人成为新时代教育的根本任务,对职业院校的教育教学亦提出了更高要求。基于以上,本教材第3版应时而生。

本教材在第2版的基础上,严格按照最新高等职业学校专业教学标准修编,强化了教学内容的职业性、实用性、针对性,并根据教育部印发的《高等学校课程思政建设指导纲要》在每章中增加了素质目标和思政案例,更加符合职业教育本质特征和学生认知特点,删减了部分基本理论知识的推导过程和延伸内容,结合行业发展更新了更为先进、智能的交通调查方法,增加了交通仿真、城市公共交通及新理念、新技术在交通工程中的应用等内容,更新了相关标准规范要求和行业发展统计数据。

本教材由湖北城市建设职业技术学院易操、河北交通职业技术学院张郃生任主编,东北林业大学裴玉龙教授和广州市交通规划研究院有限公司周志华正高级工程师任主审。各章编写人员为:第一、十三章由易操、刘会芳(湖北城市建设职业技术学院)编写,第二、五章由易操、秦洁(湖北城市建设职业技术学院)编写,第三章由易操、韩俊平(湖北城市建设职业技术学院)编写,第四章由张郃生编写,第六、八章由吴琼(河北交通职业技术学院)编写,第七章由刘洁(河北交通职业技术学院)编写,第九章由韩俊平编写,第十、十二章由孙琳(河北交通职业技术学院)编写,第十一章由李明(河北交通职业技术学院)编写。

限于时间和编者水平,书中定有错误和不当之处,恳请读者批评指正。

编　者

2022年12月

目·录
Contents

第一章 CHAPTER ONE 绪论

本章导读

随着城市的发展与交通拥堵问题的产生,交通工程学应运而生。本章重点介绍交通工程学的起源与定义、建立与发展、主要研究内容及我国交通工程学的发展情况。

教学目标

1. 知识目标

(1)了解交通工程学的起源与发展历程。

(2)了解交通工程学的作用及相关学科。

(3)熟悉我国交通工程学的研究进展及方向。

(4)掌握交通工程学的定义和研究内容。

2. 能力目标

(1)能够掌握交通工程学的作用。

(2)能够运用交通工程学的理念。

3. 素质目标

(1)树立学生的民族自豪感。

(2)培养学生对专业知识的学习兴趣。

思政课堂

"天下第一道"——秦直道

秦直道是秦始皇统一六国后为阻止和防范匈奴侵扰,令大将蒙恬率30万大军用两年时间修筑的南起今陕西省咸阳市淳化县,北至内蒙古自治区包头市九原区的一条南北长逾700km、宽50m左右的军事通道。秦直道是由咸阳通往北境阴山间最近的道路,大体南北相直,故称"直道"。

秦直道是我国劳动人民在距今2200多年前用落后的生产工具,沿着山岭和沙漠草原修筑出的一条车马大道。古人仅用两年半时间,就完成了选线、改线、施工、建筑驿站、邮亭等任务,其速度之快、工程之艰巨,在中国乃至世界筑路史上可谓奇迹!

秦直道享有“天下第一道”的美誉,已被国家列入大遗址保护工程。

第一节 交通工程学的定义和研究内容

一、交通工程学的缘起和定义

早在1858年,英国伦敦街道上就出现了世界上最早的燃气红绿两色手牵皮带式交通信号灯,以指挥马车交通;1868年,改善为旋转灯箱式信号灯。汽车交通出现后,车辆速度远高于马车,交通事故增多,特别是交叉口相交车辆相撞事故明显增多。为减少交通事故,最初采用警察手持红旗在车前行走的所谓“红旗法”来限制车速,这是最原始的限速交通管制方法;1914年,在美国克利夫兰城的交叉口上出现了第一个电启动信号灯;1916年,美国纽约改装了第一套红黄绿三色信号灯;1918年,又出现了配有传感器的控制信号灯。以上是交通工程中常用的限速交通管制法与交通信号控制设施的起源与发展进程。

20世纪20年代后,小汽车大规模驶入街道,单纯依靠限速措施在减少交通事故方面逐渐难见实效。在郊区公路上,车速远高于市区街道,以致后车碰撞前车、严重的对向车辆碰撞等各类交通事故频发。这引起学术界特别是物理、数学、经济学界学者的关注。为探索事故原因,他们观察公路上车辆的运行状况。最初的交通工程研究正是为了减少小汽车交通事故的数量。

1926年,哈佛大学首先创立了交通工程专修科。1930年,美国创建了世界上第一个交通工程师协会(Institute of Transportation Engineers,ITE),并正式提出了交通工程的名称(Traffic Engineering)。

ITE将交通工程定义为运输工程(Transportation Engineering)的一个分支,研究由城市道路(Urban Road)、街道(Street)、公路(Highway)组成的网络(Network)及枢纽(Terminal)的规划、几何设计、交通运行(Traffic Operation),以及与其他运输方式的关系。

经过多年的发展,交通工程范畴不断扩展。目前,对交通工程的定义和内涵有各种不同的认识和提法。综合我国各类交通工程教材、交通工程手册对交通工程的描述,交通工程可定义为把人和货物、车、路、环境、信息、交通法规统一在交通系统中,探索各要素之间的内在规律和最佳集成,将技术方法和科学理论应用于交通系统的规划、设计、管理、运行、控制,确保人的出行和货物的运输过程安全、高效、便捷、经济、舒适和环境协调的工程。

在该定义中,“人和货物”是交通主体;“车”泛指交通工具;“路”泛指交通网络(含设施);“环境”泛指天气、照明、建设密度、绿化、地形,以及交通带来的空气污染、噪声和振动等;“信息”包括城市和交通地理信息、土地使用信息、交通参与者信息、交通出行信息、交通运行信息、交通事件和交通环境信息等;"交通法规"是国家在道路交通管理方面制定的维护交通秩序、保障交通安全与畅通的法律、法令、规则、条例和技术标准等。

二、交通工程学研究的主要内容

1. 交通特性的研究

为了研究某一地区的交通,首先应掌握该地区的交通特性及其发展趋势,具体包括以下内容。

①人的特性:驾驶员和行人接收信息后的反应特性、生理特性、心理特性和驾驶员的操作特性。

②车辆特性:包括车身长度、宽度、高度、动力性能(如加速、减速、制动等性能)。

③道路特性:路网形态、结构、路线的几何线形,路基路面整体质量与各种安全、管理、服务设施等对车辆运行的影响。

④交通流特性:道路上机动车流的交通特征三要素(流量、密度、速度)及车头时距的变化规律、各种不同条件下这些交通特征参数间的相互关系,以及行人流、非机动车流中空间、时间的变化规律等。

2. 交通流理论

交通流的运行状态和规律,是交通工程的基础理论内容之一。

①连续车流:在平面交叉口间距较远(美国《道路通行能力手册》定为间距大于 3.0km)的公路、高速公路上可以不停车行驶的车流。

②间断车流:在平面交叉口间距较近的道路上,需在平面交叉口前停车的车流。

3. 交通调查与分析

交通调查是开展交通工程研究的基础工作。交通工程学包括的主要调查项目有:交通量、车速和车流密度调查,行程时间和延误调查,停车调查,公共交通客流调查,公路客、货流调查,交叉口通行能力调查,道路通行能力调查,交通事故调查,交通环境调查,居民出行调查,起讫点调查。如何进行以上调查(包括调查时间、地点、方法),如何取样,如何进行数据分析,特别是利用现代化工具进行自动化与半自动化的交通调研,都是交通工程学要研究的问题。

4. 交通需求分析理论

交通需求分析理论是描述和预测现状或未来某一时刻基于土地利用和交通网络运行状况的交通出行需求量产生、分布、方式选择、分配的理论及方法,是交通工程的基础理论内容之一。目前,交通需求分析理论的研究主要分为基于交通小区和基于活动两大类,交通需求分析是开展交通规划、交通组织管理研究的基础。

5. 交通规划

交通规划是城市总体规划中的一个重要组成部分,是制订交通运输系统建设计划、选择建设项目的主要依据,是确保交通运输系统建设合理布局、有序协调发展,防止建设决策、建设布局随意性、盲目性的重要手段。交通规划通常包括现状分析、发展态势分析、发展目标和策略、规划方案编制、规划方案评价与近期工作计划五个技术流程。

6. 交通需求管理

交通需求管理是在交通资源和环境容量限制下,通过使用经济、社会、政策、法规等综合手段,借助先进的交通监测、计算机、通信等技术手段,针对交通的发生源进行管理、控制或诱导。

7. 出行行为分析理论

交通需求管理各项措施能够改变出行环境条件,对出行者行为产生影响甚至改变出行行为。出行行为分析理论用于定量分析出行者在个体属性和出行环境相互作用下的出行需求和出行选择,评估交通需求管理效果。

8. 道路交通安全

道路交通安全研究道路交通事故产生的规律,分析其原因,采用规划、设计、管理与控制、提高汽车安全性能、教育宣传等手段消除诱发交通事故的外部因素。

9. 交通组织与设计

基于道路网络的交通组织与设计,重点研究如何科学合理地分路、分时、分车种、分流向使用道路的方法,从而实现交通流均衡分布、时空组织优化,确保交通秩序有序、安全,并通过交通组织提出中微观交通设计所需要实现的功能。

10. 交通控制与管理

交通控制是运用现代化的通信设施、信号装置、传感器、监控设备等对运行中的机动车辆、行人、非机动车辆等进行准确的组织、调控。交通管理是对道路上的行车、停车、行人和道路使用等,执行交通法规的“执法管理”以及采用交通工程技术措施对交通运行状况进行改善的管理过程。

交通控制与管理的目的是充分使交通安全、流畅、有序,并减轻噪声、废气等交通公害。

三、交通工程学的相关学科

交通工程学研究的内容非常广泛,几乎涉及道路交通的各个方面,同时与社会发展密切相关。其基础理论包括:交通流理论、交通统计学、交通心理学、汽车动力学、交通经济学等。与交通工程学科密切相关的主要学科有:汽车工程、运输工程、人体工程、道路工程、交通规划学、环境工程、自动控制、应用数学、电子计算机、社会学等。

交通工程学的相关学科的发展,不仅为交通工程提供了丰富的理论源泉,也深刻改变着交通工程的内涵。大数据时代的来临为交通科学研究与实践提供了前所未有的机遇和挑战,交通工程与信息科学的深度交叉有望产生全新的理论和方法,将给传统交通工程基础理论带来革命性的影响。

交通工程学的研究对象、内容、目的及其相关学科如图 1-1 所示。

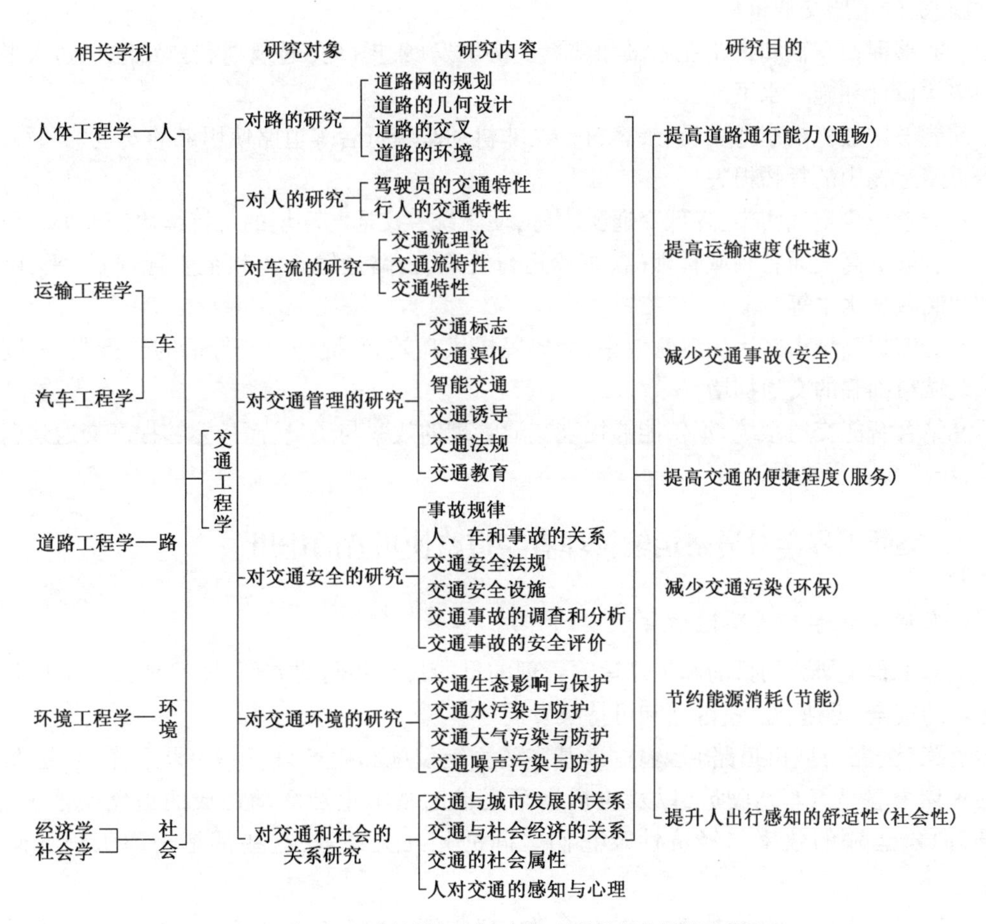

图 1-1 交通工程学的研究对象、内容、目的及相关学科示意图

第二节 交通工程学的作用

一、交通工程学的主要作用

交通工程学研究的内容涉及道路交通及运输工程的各个方面。通过总结国内外研究成果和运用交通工程学的实践,交通工程学在发展过程中所显示的作用,可以概括为以下几点:

①能够促进道路交通综合治理方案的形成和实施,促使交通事故全面下降。

②能够有效减缓或避免交通拥堵、混乱状况,提高交通运输效率和运输企业的经济效益。

③能够通过改善道路交通环境,达到既提高道路通行能力,又降低驾驶员劳动强度的效果;通过对驾驶员心理及生理特性的研究和运用,实施对驾驶员的科学管理,提高安全驾驶率。同时,在运输生产过程中,对运输生产的各个环节进行安全质量管理,能够有效减少或避免乘

客、驾驶员的道路交通事故。

④能够促使车辆和道路在质量和数量上协调发展,提高交通规划和公路网规划水平及道路的整体设计和施工水平。

⑤能够增加机动车驾驶员、乘客、行人、非机动车骑行者等道路使用者的安全感和舒适感,减少道路运输中的货物损失。

⑥能够减少空气污染、降低交通噪声等,便于统筹交通与环境的可持续协调发展。

⑦能够提高交通各领域管理(含车辆运行管理、公路运输行业和企业管理)水平、服务水平和法制教育水平等。

⑧能够提高城市客运的运营效率,为居民提供高效、便捷、安全、舒适的出行服务,同时有效减缓城市面临的交通拥堵。

⑨结合智能交通系统,不仅能够提高交通管理的效率与质量,而且能够提高交通运营的安全性、经济性以及效率。

二、交通工程学对道路运输管理者与道路使用者的作用

1. 交通工程学在道路运输管理中的作用

交通工程学研究的目的和道路运输管理的目的具有共同的方面,即都是为了实现公路交通运输的安全、迅速、经济、舒适和可持续发展。

道路(公路与城市道路)运输业最基本的固定设施和生产设备是道路和车辆,道路运输业的主体力量是汽车驾驶员,以及包括汽车运输的基本生产活动构成的道路交通流、道路交通环境、运输的效率与经济性及它们之间的相互关系等,这些都是交通工程学研究的对象。

运用交通工程学的原理,能够促进道路运输管理部门综合考虑人、车、路、环境、能源之间的相互关系,提高管理工作的科学性和有效性,具体表现在以下方面:

①研究道路交通流的生成及流量、流向在空间和时间上的变化规律,是合理投放运力、实施最佳营运组织和调度的有效途径。

②对道路交通基本状况、通行能力、服务水平及交通环境的调查研究是审批客运线路、设置枢纽与客货运站(场)以及确定定车、定线行驶和核定道路运行等级的重要依据,同时也提供公路建设、管理、养护的重要基础数据。

③研究驾驶员的交通特性和交通事故的成因规律、分布规律,可以有效地指导道路运输企业和其他道路运输经营者进行驾驶员的教育和科学管理工作,并制定预防交通事故的科学措施,提高全行业的交通安全水平,实现优质、安全、高效的运输目标。

④研究道路交通流及交通规划的理论和方法,根据交通网现状和国民经济发展对交通运输业的要求,合理规划道路交通、科学调控道路和车辆的协调发展,有助于实现交通行政管理中综合配套、统筹规划、合理布局、全面发展、秩序良好的运输结构目标。

⑤研究道路交通的智能交通运输系统,通过高新技术,改造现有道路交通的管理系统,能够充分挖掘路网的运输能力,提高道路交通资源的利用效率,提升交通运输的安全性,并实现降低能耗、节能减排的目的。同时,为道路交通的使用者提供交通公共信息服务,突出交通运

输行业服务性的特征。

2. 交通工程学对于道路使用者的作用

交通工程学研究的最终目的是以人为本,从安全、快捷、舒适等方面全面提高道路运输服务水平。

通过研究驾驶员特性、交通事故成因、智能交通管理与诱导系统等内容,从基础设施与运输服务的角度全面提高道路使用者在出行过程中的安全性。

通过对交通流理论、交通需求管理、智能交通系统等内容的研究和成果应用,有助于提高整个运输网络的通行能力,有效降低道路的拥堵程度,从而有效进行交通诱导,使道路出行者享受快捷的运输服务。

当前,人们对交通出行的要求正在由“走得了”向“走得好”转变,交通出行不仅要求方便、快捷,而且要求过程舒适。交通工程学研究驾驶员与乘客的特性,有助于从道路使用者的感知出发,促进提高道路运输服务的舒适性。同时,通过合理规划客货运场站、交通运输网络等内容,也能够从提高基础设施服务性能、提升运输服务水平的角度,全面提升道路运输服务的舒适性。

此外,我国的环境污染已经成为影响民生的重大问题之一,研究交通工程学中的道路交通与环境保护的关系,能够有效减少道路交通造成的生态、水、大气、噪声等方面的污染,从而促进我国交通运输的低碳与绿色发展,给道路使用者带来绿色与舒适的出行环境。

第三节 交通工程学的建立与发展

一、交通工程学的建立

道路交通是人们使用最早且与人们日常生活与工作联系最密切的一种交通方式。随着汽车制造业、汽车运输业的发展,公路与城市道路的车流量增大,乃至服务能力趋于饱和,拥堵问题、安全问题日益凸显,迫使从事道路交通管理与规划的技术人员去研究交通中出现的问题及解决方法,因此产生了交通工程学。

1921 年,美国任命了专门从事交通工程工作的交通工程师;1926 年,美国哈佛大学设立道路交通工程专修科来培养交通工程人才;1930 年,为了便于交流技术,探讨共同关心的技术问题,从事交通工程的科技人员联合起来成立了交通工程师协会,标志着作为一门独立学科的交通工程学正式诞生了。

二、现代科学技术的发展推动交通工程学发展

交通问题是非常复杂的社会问题之一。道路交通是由人、车、路、环境等要素构成的复杂动态系统。解决如此复杂的交通问题,只做定性分析、不做定量计算是不够的,并且只用一般的数理知识难以奏效。因此,交通工程学建立初期其作用不够明显,自身的发展也受到了

一定限制。

应用数学、运筹学和系统工程的兴起和发展,为解决复杂的交通问题奠定了理论基础。现代控制理论、检测技术和计算机技术的发展和应用,特别是电子计算机为解决复杂的交通问题提供了强有力的计算工具,使以前人工不能完成的复杂计算成为可能。早期的信号灯是用手扳动的,1868 年,英国人在伦敦威斯敏斯特地区试验安装了一台煤气信号灯。这台信号灯是两色信号灯,后因煤气爆炸炸伤了岗位上的警察,才使试验结束。此后,又发展出使用电照明的信号灯及机械式定时信号灯。电子计算机、自动控制以及各种检测器的发展,为交通自动检测及各种交通自动控制信号的研制和应用提供了条件,使交通控制的自动化程度和指挥交通的效率逐步提高。

信息技术、数据通信传输技术、电子传感技术、电子控制技术以及计算机处理技术的不断演变升级,促进了智能交通系统的形成与发展,特别是物联网技术,使得交通工程学在自动化、信息化、智能化方面得到长足发展,并逐步应用到实际的规划与管理中。例如,可以实现交通调查自动化的交通信息采集系统能够自动统计路段的交通流量,交通测速雷达、线圈检测器亦都是此类应用的具体实现。

由此可见,公路运输的发展是促使交通工程学建立的物质基础;近代科学技术的新成就,为交通工程学提供了理论依据和实践条件,是推动交通工程学发展的理论基础。

三、交通工程学的发展概况

以 1930 年美国交通工程师协会成立为标志,交通工程学自萌芽、创立到发展成如今的一门独立、完整的学科只有 90 多年的历史。

交通工程围绕“人-货-车-网络”关系,建立了“交通需求、交通供给与交通流运行”理论与方法体系,并随着分析技术与数据手段的发展而持续发展和创新。1930 年以来的交通工程理论研究大致分为三个阶段:理论储备期(1930—1950 年)、小汽车交通理论形成期(1950—1990 年)、多模式复合智能交通理论发展期(1990 年至今)。各个阶段的主要理论研究关注点如图 1-2所示。

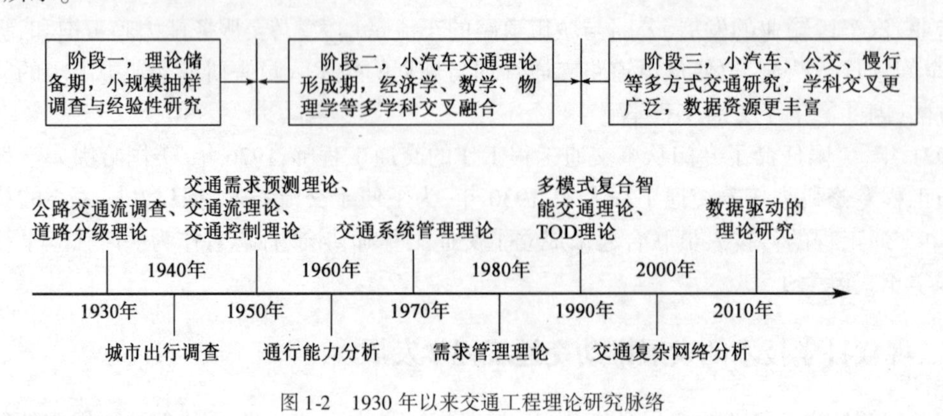

图 1-2 1930 年以来交通工程理论研究脉络

1. 理论储备期

这一时期主要通过小规模抽样调查开展经验性研究,如公路交通流调查、居民出行调查等。基于调查结果尝试建立交通流运行参数(流量、密度、速度)的经验关系,以及对居民出行规律的初步探索。

2. 小汽车交通理论形成期

经过理论储备,这一时期来自经济学、数学、物理学、系统工程、控制工程等多学科人员对小汽车交通开展了大量研究,形成了交通流理论、交通需求预测理论、交通控制理论、通行能力分析方法、交通系统管理理论、交通需求管理理论等理论与方法,奠定了当前交通理论研究的基本框架。

3. 多模式复合智能交通理论发展期

20 世纪 90 年代之后,西方发达国家认识到不能依靠单一的小汽车交通解决城市居民出行,需要同步甚至优先发展公共交通、步行、自行车等多模式复合交通,并开展了包括以公共交通为导向的发展(TOD)理论、复合交通网络等理论研究。当前随着交通数据来源与样本的极大丰富,以数据驱动为手段、以先进智能为导向的新一代交通理论研究正迎来重大变革期。

第四节 我国交通工程学的发展

我国疆域辽阔,历史悠久,道路交通的发展源远流长。在西方交通工程学作为一门学科传入中国之前,我国人民很早就进行过许多属于交通工程学科范畴的工作,完成了大量工程实践并取得了辉煌的成就。

一、古代交通概况

交通工程的发展同道路和车辆的发明、发展紧密相关。我国是较早使用车辆的国家之一,早在约公元前 3000 年的黄帝时代,我国劳动人民就发明了舟车;殷商时代,马车在我国的使用已相当广泛。从舟车到马车,人类的交通进入车辆时代,历史上称为“车轮文化”。

公元前 2 世纪,世界上出现第一条横贯欧亚大陆的交通干线,即将中国同印度、巴基斯坦、古希腊、罗马以及埃及等国连接起来的“丝绸之路”。从此,道路交通在军事、商业和文化中的作用越来越明显。

我国也是较早重视道路规划与设计的国家,如《诗经》中记载“周道如砥,其直如矢”,从道路几何设计角度分析道路的平整、笔直性;《考工记》中记载“匠人营国,方九里,旁三门。国中九经九纬”,从城市道路规划角度分析西周时期的道路网格局,道路规划为棋盘形网络布局,将城市道路分为经纬、环、野三个等级,这种城市路网的规划方案几乎一直沿用到近代,成为国内外道路网规划的典型图式之一,见图 1-3;秦始皇将春秋战国时期各诸侯所修筑的道路连接成网,修筑了全国规模的交通网——驰道,见图 1-4;西汉设“亭舍、驿道”,据文献记载延续总长达十万里;唐代初步建成了以长安为中心的四通八达的驿道网。

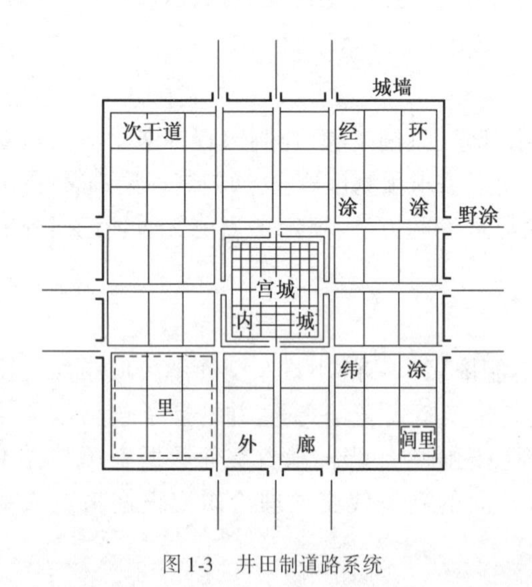

图1-3 井田制道路系统

图1-4 秦驰道

二、近、现代交通工程发展

我国的公路建设早于汽车引进。我国最早的公路为清同治十三年(1874 年)在台湾修筑的以台南为中心的中、南、北三大干线道路。大陆于 1901 年引进汽车后,部分省开始兴建公路,但修建的道路没有统一的规划和标准。1919 年,孙中山发表《建国方略》,在实业计划(物质建设)中,提出建设 100 万英里(约合 160 万 km)公路(碎石路)。同年,北洋政府内务部提出了公路的分级、标准与 51 条路线的《国道网方案》,总长近 7 万 km。在 1949 年前,近半个世纪我国仅建成约 13 万 km 公路。中华人民共和国成立时,能通车的公路仅约 7 万 km,且基本是双车道以下的低等级路。在城市道路中,除少数大城市的主要干道铺有沥青路面外,大多为碎石路和土路。在交通管理设施方面,则无甚建树。

1949 年后,经过三年恢复时期和 13 个"五年计划"的建设,我国公路建设数量突飞猛进。截至 2022 年末,全国公路里程已达 535.48 万 km,公路密度达 55.78km/100km^2。从公路技术等级分组来看:高速公路里程 17.73 万 km;二级及以上等级公路里程 74.36 万 km;四级及以上等级公路里程 516.25 万 km。图 1-5 为 2022 年年末全国公路里程构成(按技术等级划分)。2017—2022 年年末全国公路里程与公路密度见图 1-6。

1970 年,交通部编制了"四五"科技发展规划,提出在我国兴建高速公路,并将京津塘高速公路作为样板路列入规划。1972 年,交通部公路科学研究所根据公路和城市道路发展的需要,建立标志号志研究室,开展有关研究工作。与此同时,还邀请了一些国外专家来我国讲学,引进国外的先进技术和设备。1979 年,有关高校开始设立交通工程专业,进行人才培养。1981 年,中国公路学会下设交通工程二级学会,对我国交通工程学的发展起到了很大的促进作用。几十年来,我国在交通工程的理论研究与应用实践方面取得了很大进展和成就。

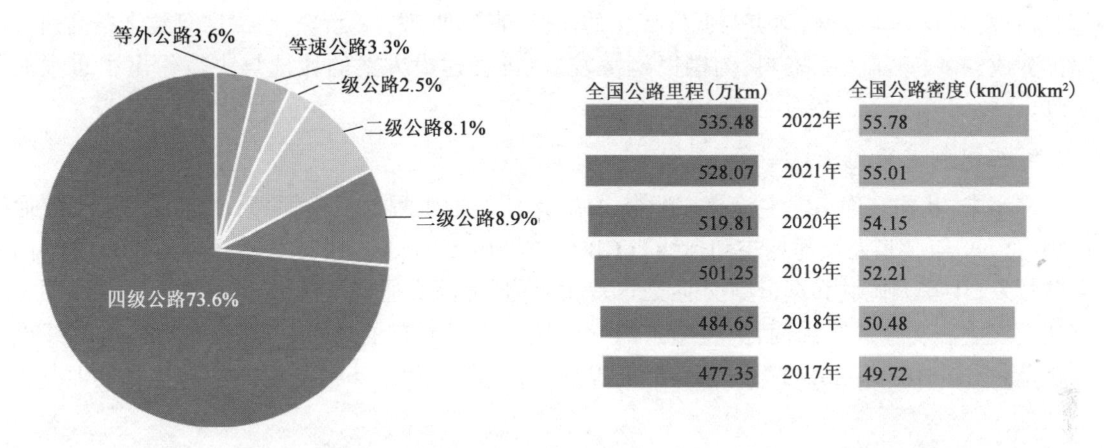

图1-5 2022年年末全国公路里程构成(按技术等级划分)　　图1-6 2017—2022年年末全国公路里程与公路密度

三、我国交通工程学研究进展及方向

1. 国内外的学术交流兴起

1978年以来,以张秋先生为代表的美国、日本、英国、加拿大等国家的交通工程专家先后在上海、北京、哈尔滨、南京、西安等城市进行讲学,系统介绍国外交通规划、交通管理、交通控制、高速公路与交通安全等方面的建设与管理经验,我国也派出了多个代表团出国参加由英国、美国、日本、澳大利亚、德国等国家举办的交通工程学术会议。与此同时,国内有关学校与业务单位也经常举行学术讨论会、报告会。这些活动促进了国内交通工程学的发展。

2. 建立了学术组织,培养了交通工程人才

1980年上海市成立交通工程学会,1981年中国交通工程学会成立,现20多个省(区、市)成立了交通工程学会或交通工程学术委员会。目前,有百余所高校设立了交通工程专业,数十所高校设立了交通运输工程一级学科学术型学位授权点,招收硕士生、博士生,每年为国家培养大批交通专业人才。相关机构开展了交通调查、交通规划、交通流理论、交通管理技术等方面的学术研究,创办了《中国交通工程》《中国公路学报》《公路交通科技》《城市交通》《中国交通报》等交通工程方面的期刊、报纸,举办了多层次的短期培训班和专题讲座,通过这些活动培养了一大批交通工程人才。

3. 开展了交通基础数据的调查

自20世纪70年代后期开始,交通部统一布置,在全国范围内建立了交通观测站。通过大规模的交通调查和经济调查,取得了大量的流量与流速统计资料,使有关部门基本上掌握了国家干线路网的交通负荷与运行状况,并整理编印成《全国干线交通量手册》,其中包括路网负荷、交通组成、运行速度及空间、时间分布规律等。

1982年开始进行全国大中城市居民出行调查、公交月票调查,获得了大量的城市客、货运出行资料,这些资料为道路交通的规划、设计、建设、运营管理等提供了可靠的数据。

4. 编制城市交通规划与公路网规划

天津、徐州、上海、广州、北京、兰州、南京、合肥、郑州等几十座城市先后开展了城市规划与

综合治理,以及公交线网、站点与调度优化的研究,京津塘、沈大、京珠、广深珠等数十条高速公路已建成,并收集了大量资料,为国民经济发展、工程建设方案的比选与决策作出了重大的贡献。

5. 组织制定交通法规

多年来,我国交通运输主管部门配合协调,运用交通工程与法学原理,制定了一系列交通法规。1999 年,《道路交通标志和标线》(GB 5768—1999)颁布,并持续得到修订。2004 年,国务院颁发《中华人民共和国道路交通安全法》(简称《道路交通安全法》)、《中华人民共和国道路交通安全法实施条例》(简称《实施条例》)。国家先后颁布了《城市道路交通标志和标线设置规范》(GB 51038—2015)等一系列标准规范、安全监理制度、事故分析方法与违章处理办法等文件。

6. 应用先进信号控制系统

北京、上海、天津、深圳等地率先引进安装了试验性的联动线控制系统与区域自动控制系统;随后,南京等地安装了我国自行研制、开发与设计的区域面控系统并建立了中央监测控制室;自动检测记录装置等检测、传感、控制设备在提高道路交通管理水平与通行能力及保障交通安全方面发挥了重要作用,也为交通特性研究、事故原因分析等提供了重要支撑。

7. 智能交通行业发展如火如荼

随着以大数据、物联网、人工智能、第五代移动通信技术(5G)、数字化技术主导的世界新一轮科技革命和产业变革浪潮迭起,以新兴科技为载体的智能交通将成为推动我国交通运输高质量发展和经济发展新旧动能转换的关键力量。在国家智能交通系统建设总体框架的指导下,以北京、上海、广州、深圳等为代表的国内城市将发展智能交通行业作为城市发展的核心竞争力,持续推动智能交通建设升级,不断催生智能交通新设施、新业态、新服务。

1. 论述交通工程学产生的背景及发展趋势。

2. 交通工程学主要研究哪些内容?

3. 研究本学科有什么意义?

4. 你认为我国城市交通现状存在哪些问题? 改善城市交通现状的措施有哪些?

5. 结合本人的工作和生活实际,谈谈交通工程学与你的工作和生活有哪些联系? 今后会重点开展本学科哪方面的深入研究?

第二章
CHAPTER TWO

交通特性分析

本章导读

通过学习本章内容,学生应了解驾驶员、行人、乘客、车辆、道路交通特性,掌握诸要素之间的相互关系;熟悉交通量、行车速度等交通要素的基本特性;通过对行人、车辆、道路、交通量、行车速度交通特性的分析,能系统性地针对道路通行能力开展应用和研究,并提出自己的思考和建议。本章内容是进行交通规划、设计、营运、管理的前提和基础。

教学目标

1. 知识目标

(1)了解道路交通三要素和行车速度的定义和相关特性。

(2)熟悉交通量的基本定义和类型。

(3)掌握交通量的时间分布、空间分布和构成特性,以及设计小时交通量的确定方法。

2. 能力目标

能系统性地针对交通特性开展应用和研究,并提出自己的思考和建议。

3. 素质目标

(1)培养学生安全文明、有序和谐的交通意识。

(2)树立学生细致严谨、诚信可靠的工程师责任心。

思政课堂

高峰流量3万多人却秩序井然,北京这个路口“让出文明”

北京市昌平区太平家园路口位于立汤路与太平庄中街交叉口,是天通苑地区居民出行的一个重要路口,附近有城铁站、大型医院、商超,每天早晚高峰人员非常密集,但路口却秩序井然,文明礼让蔚然成风。

图 2-1 早高峰路口实景

早高峰 8:00 多,太平家园路口各个方向的非机动车都在停止线后等待红灯,公共文明引导员也在持续开展路口文明出行提示工作(图 2-1)。

北京市公安局公安交通管理局民警介绍,通过前期联合属地镇街开展交通宣传,对机动车不礼让行人、行人闯红灯、非机动车走机动车道等重点交通违法进行整治,太平家园路口已杜绝因抢行引发的交通事故。

同时,通过对路口进行渠化优化,将进京方向路口北侧直行加右转车道设置成右转专用道,对应取消路口南侧机动车辅路车道,全部设置为非机动车道,出京方向路口南侧压缩一条机动车道还给慢行交通,非机动车安全水平得到了极大提高,路口通行效率得到了明显提升。

第一节 道路交通三要素特性

交通工程学是一门研究人、车、路及其与周围环境的相互影响的科学。道路交通的基本要素就是人、车、路。本节介绍这三个基本要素的交通特性及相互关系。

一、人的交通特性

道路交通把人、车、路和环境融为一体,组成一个复杂的大系统。人(包括驾驶员、行人、乘客和居民)是道路交通中的主体,在协调和控制交通诸要素中占有举足轻重的主导地位。

1. 驾驶员的交通特性

在道路交通要素中,驾驶员具有特别重要的作用。驾驶员既要保证将旅客和货物迅速、顺利、准时送到目的地,又要保证旅客的安全舒适及货物的完好无损。行人和非机动车交通虽然不需要驾驶员,但易受到机动车交通的影响,所涉及的交通事故直接或间接地与驾驶员有关。由于现代的机动车具有结构复杂、行车速度快、占用道路时间长和对操作技术要求高的特点,要准确地控制车辆,驾驶员必须具有良好的心理和生理素质。所以说交通系统中的人的因素关键是机动车驾驶员。因此,要求驾驶员具有高度的社会责任感,良好的职业道德、身体素质、心理素质和熟练的驾驶技术。充分认识和掌握驾驶员的交通特性,合理规划和设计道路对于保证交通运输的正常运行、人民生命财产的安全是十分重要的。

1)驾驶员的反应操作过程

驾驶员在驾驶车辆过程中,首先要通过自己的感官(主要是眼、耳)从外界接受信息,产生感觉(视觉和听觉),然后通过大脑一系列的综合反应产生知觉。知觉是对事物的综合认识。

在知觉的基础上,形成所谓“深度知觉”,如目测距离、估计车速和时间等。最后,驾驶员凭借这种“深度知觉”,形成判断,从而进行操作。这个过程可以抽象成图 2-2 所示的“环境-驾驶员-汽车”这样一个汽车驾驶控制系统。

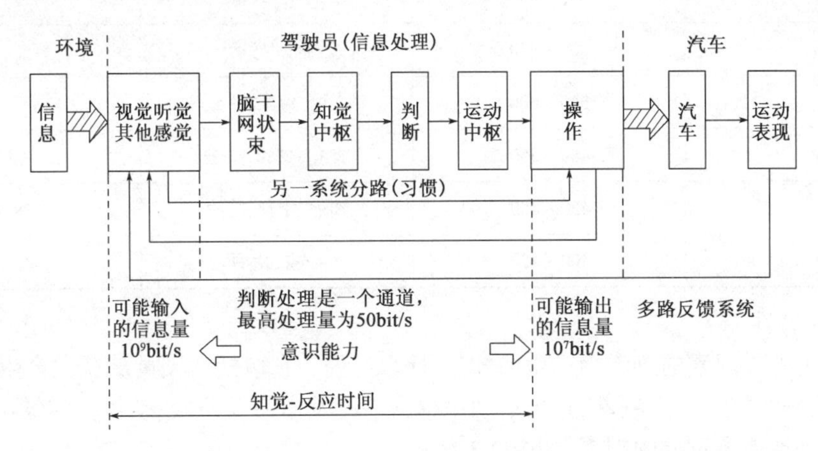

图 2-2　汽车驾驶控制系统

2)驾驶员的生理心理特性

在图 2-2 所示的汽车驾驶控制系统中,起控制作用的是驾驶员生理、心理特性和反应。

(1)视觉特性

在车辆行驶过程中,驾驶员要采集和处理各种交通信息。眼睛是驾驶员在行车过程中采集交通信息的主要生理器官,眼睛的功能直接影响驾驶员的视认性。感知的错误是很多交通事故的直接原因,因此,驾驶员的视觉机能直接影响行车安全。对于驾驶员的视觉机能,主要从以下几方面来考察。

①视力。在一定距离内眼睛辨别物体形象的能力称为视力,视力可分为静视力、动视力。顾名思义,静视力即人体静止时的视力。驾驶员在考取驾驶执照时,检查的是静态视力——货车类车型,裸眼或矫正后视力需超过 5.0 以上;其他车型者,裸眼和矫正后视力,需在 4.9 以上,无红绿色盲。然而,汽车在行驶时,驾驶员观测道路上的任何障碍物,都是在具有一定相对速度条件下进行的,此时驾驶员的视力为运动视力——动视力。动视力随速度的增大而迅速降低,年龄越大,动视力越差。视力还与亮度、色彩等因素有关。同时,视力从暗到亮或从亮到暗有一个适应过程。

②视野。两眼注视某一目标,注视点两侧可以看到的空间范围称为视野。视野受到视力、速度、颜色、体质等多个要素的影响。静视野范围最大,随着车速增大,驾驶员的视野明显变窄,注视点随之远移,两侧景物变模糊。因此,在设计道路时,应在平面线形中限制道路直线段的长度,强制促使驾驶员变换视点的方向,避免疲劳导致事故。

③色感。驾驶员对不同颜色的辨认和感受是不一样的,具体影响见表 2-1。红色刺激性强,易见性高,使人产生兴奋、警觉;黄色光亮度最高,反射光强度最大,易唤起人们的注意;绿色光比较柔和,给人以平静、安全感。交通工程中将红色光作为禁行信号,黄色光作为警告信号,绿色光作为通行信号。交通标志的色彩配置也是根据不同颜色对驾驶员产生不同的生理、心理反应而确定的。

不同颜色给人的心理感觉　　表 2-1

颜色	波长范围(nm)	正面感受	负面感受
红	640 ~ 750	吉庆,兴奋	警惕,警告
橙	600 ~ 640	温暖,高贵	警觉,烦躁
黄	550 ~ 600	光明,温柔,雅致	枯竭,炎热
绿	480 ~ 550	青春,少壮,安全	狰狞
蓝	450 ~ 480	幽远,宁静,清凉	寒冷,冷淡
紫	400 ~ 450	庄重,艳丽	悲愤,恐怖

(2)反应特性

反应是由外界因素的刺激而产生的知觉-行为过程。它包括驾驶员从视觉产生认识后,将信息传到大脑知觉中枢,经判断,再由运动中枢给手脚发出命令,开始动作。知觉-反应时间是控制汽车行驶性能最重要的因素,如图 2-3 所示。

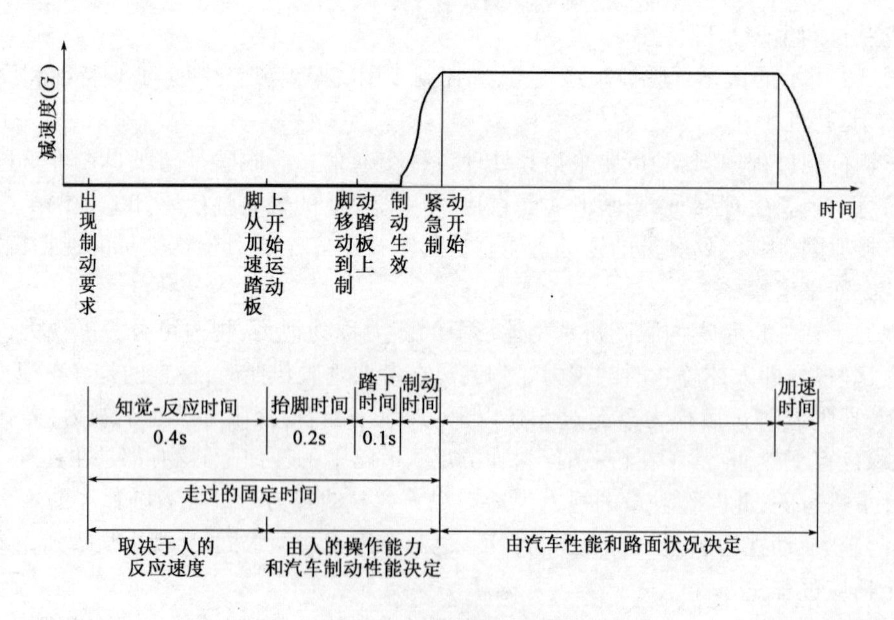

图 2-3　反应时间和制动操作

驾驶员从感知、判断、开始制动到制动发生效力全部时间通常按 2.5 ~ 3.0s 计算。道路设计中以此作为制动距离的基本参数。

反应时间的长短取决于驾驶员的素质、个性、年龄、对反应的准备程度及工作经验。随着私人汽车的普及,驾驶员酒后驾驶的情况应引起重视。研究表明,饮酒一般不会造成反应时间的增加,但是反应的错误率增大,判断能力下降(表 2-2)。另外,驾驶疲劳会引起反应时间增长、反应变慢,驾驶员的处理能力下降,易造成交通事故,所以对疲劳驾驶应引起足够重视。

血液中酒精浓度和反应时间、错误率

表 2-2

血液酒精浓度(mg/mL)		0(喝酒前)	0.1～0.29	0.3～0.49	0.5～0.7
简单反应时间(s)	均值	0.33	0.29	0.32	0.327
	方差	7.61	4.97	4.35	7.36
选择反应时间(s)	均值	0.58	0.53	0.54	0.60
	方差	10.40	5.60	7.60	8.20
错误率	均值	0.31	0.34	0.36	0.41
	方差	0.22	0.20	0.19	0.22

(3)驾驶员的心理特点和个性特点

身心健康是安全行车必不可少的条件,注意安全行车的意识、平静的心理状态、安定审慎的性格也是必要的条件。研究表明,情绪不稳定、易冲动、缺乏协调性、行为冒失往往容易造成行车事故;相反,情绪稳定、行为谨慎、有耐心的驾驶员发生交通事故的情况就会少些。

(4)驾驶员的生物节律与行车安全

人类生活的自然环境随着时间的变化而有规律地交替,即是自然节律,如昼夜的交替、季节的变换、潮汐的涨落等。人类作为生活在自然环境中的有生命的机体,与自然环境相适应,其生理活动同样表现出有规律的变化。生理学家称这些人体内存在的生理循环为"生物节律",生物节律的变化与人类行为有着密切的关系。研究表明,驾驶员的生物节律(如脉搏、呼吸、血压、睡眠、体温等)会对行车安全产生影响。

2. 乘客交通特性

(1)乘客的交通需求心理

人们总是抱着某种目的(如上班、上学、购物、公务、社交、娱乐等)才去乘车的,为乘车而乘车的乘客极少。乘车过程本身意味着时间、体力、金钱的消耗,因此,人们在乘车过程中总是希望省时、省钱、省力,同时希望安全、方便、舒适。道路设计、车辆制造、汽车驾驶、交通管理等都应考虑到乘客的这些需求。

(2)乘车反应

不同道路等级、线形、路面质量、汽车行驶平稳性、车厢内气氛、载客量、车外景观、地形等对旅客的生理、心理反应都有一定的影响。

研究表明,汽车在弯道上行驶,当横向力系数大于0.2时,乘客有不稳定之感;当横向力系数大于0.4时,乘客感到站立不住,有倾倒的危险。汽车如果由直线直接转入圆曲线,并且车速较快,乘客就会感到不舒服。因此,在公路线形设计中对平曲线的最小半径和缓和曲线的长度有明确的规定。

例如,道路路面开裂、不平整,引起行车振动强烈,乘客受颠簸之苦,厉害时感到头晕、恶心甚至欲呕吐。在山区道路上或陡边坡或高填土道路上行车,乘客在车上看不到坡脚,易产生恐惧心理。如果在这种路段的路肩上设置护栏或放缓边坡,则可消除乘客的不安全心理。乘车时间过长,乘客容易产生烦躁情绪,为此,路线的布设应考虑到美学的要求,尽量将附近的自然景物、名胜古迹引入乘客的视野,使乘客在旅途中能观赏风光、放松精神、减轻疲劳感。

乘车拥挤不但消耗人的体力,而且给乘客心理上造成额外的压力。每个乘客都有一定的心理空间要求。心理空间是指人们在其周围划出的,确定为自己领域的不可见区域。当个人的心理空间遭到外界不该闯入的人或物的侵袭时,人会感到有压力、厌恶、排斥。

由于体力、心理、生活、就业等方面的原因,城市居民对日常出行时间的容忍程度是有一定限度的。如果他们的居住地到市中心的距离超出了可容忍的最大出行时间,则他们对自己居住地的位置以及交通系统服务是不会满意的。

(3)社会影响

乘车安全性、舒适度、满意度不仅对乘客个人的生理、心理有影响,而且易对社会也产生预想不到的影响。上下班时间过长、多次换乘、过分的拥挤给职工造成旅途疲劳、心理压力、情绪烦躁,易产生下列情况:

①容易引起乘客纠纷,发生过激行动;

②使职工过分疲劳,劳动效率降低;

③影响家庭和睦;

④引起居民对公交服务系统的不满;

⑤影响居民对社会生活和公共事业的态度,或对政府产生不满。

在世界范围内,现代大城市的交通拥挤已成为一个受到广泛关注的社会问题。

3. 行人交通特性

步行交通是与人类生活密不可分的一项活动。步行能够使个人与环境及他人直接接触,达到生活、工作、交往、娱乐等各种目的。为了满足步行者的生理、心理和社会的需要,并保证他们不消耗过多的体力、不受其他行人的干扰、不发生交通事故,就必须提供必要的物质设施。这些设施的规划、设计、实施都需要交通工程设计人员对行人交通的特性有很好的认识和理解。

(1)行人交通流特性

相对于汽车交通来说,对行人交通特征的研究较少。目前,行人交通特征的研究依据主要是人行道空间中行人的通行情况。《交通工程手册》结合人行道中行人流的行人平均占有面积、通行能力、平均步速等特征要素,提出了人行道服务水平划分建议值,见表2-3。

人行道行人平均占有面积、通行能力、平均步速与服务水平　　表2-3

等级	行人平均占有面积(m^2/人)	通行能力[人/(min·m)]	平均步速(m/s)	行走状态
A	>3	24	1.2	可以完全自由行走
B	2~3	31	1.2	处于准自由状态(偶尔降低速度)
C	1.2~2	42	1.0	个人舒适,部分行人行动受阻
D	0.5~1.2	49	0.8	行走不便,大部分处于受阻
E	≤0.5	60	0.6	完全处于排队前景,个人无法自由行动

(2)行人交通特征及相关因素

行人交通特征表现在行人的速度、对个人空间的要求、步行时的注意力等方面。这些与行人的年龄、性别、目的、教养、心境、体质等因素有关，也与行人所处的区域、周围的环境、街景和交通状况等有关（表2-4）。

行人交通特征及相关因素分析 表2-4

因素	行人的步行速度	个人空间	行人注意力
年龄	中年人正常的步行速度为1~1.3m/s，儿童的步行速度随机性较大，老年人较慢	中年人步行时个人空间要求为0.9~2.5m²/人，儿童个人空间要求比较小，老年人则个人空间要求比较大	成年人比较重视交通安全，注意根据环境调整步伐和视线，儿童喜欢任意穿梭
性别	男性比女性快	男性大、女性小	相当
目的	工作、事物性出行的步行速度较快，生活性出行的步行速度较慢	复杂	在工作、事物性出行中注意力比较集中，在生活性出行中注意力分散
文化及素养	复杂	受文化教育高的人一般要求高；反之则要求低，也不太顾及他人	受文化教育高的人一般注意文明步行和交通安全
区域	城里人的生活节奏快，步行速度高；乡村人生活节奏慢，步行速度慢	复杂	城里人步行时注意力比较集中，乡村人步行时注意力比较分散
心境	心情闲暇时速度正常，心情紧张、烦恼时速度加快	心情闲暇时个人空间要求正常，心情紧张时个人空间要求较小，烦恼时个人空间要求较大	心情放松时注意力容易分散，紧张时注意力比较集中
街景	街景丰富时速度放慢，单调时速度加快	街景丰富时个人空间小，单调时个人空间大	街景丰富时注意力分散，单调时注意力集中
交通状况	拥挤时速度放慢	拥挤时个人空间小	拥挤时注意力集中

二、车辆的交通特性

公路和城市道路所服务的各种车辆有小汽车、公共汽车、货车、摩托车、自行车等。不同的车辆占用的道路空间不同，对道路上其他车辆的影响也不一样。将影响到交通流的特性和交通安全。

1. 社会车辆交通特性

(1) 车辆的基本特性

①设计车辆尺寸。

车辆尺寸与道路设计、交通工程有密切关系。我国《公路工程技术标准》（JTG B01—2014）和《城市道路工程设计规范（2016年版）》（CJJ 37—2012）都规定了机动车辆外廓尺寸界限，如表2-5、表2-6所示。

《公路工程技术标准》（JTG B01—2014）规定的设计车辆外廓尺寸 表2-5

车辆类型	总长(m)	总宽(m)	总高(m)	前悬(m)	轴距(m)	后悬(m)
小客车	6	1.8	2	0.8	3.8	1.4
载重汽车	13.7	2.55	4	2.6	6.5+1.5	3.1
铰接客车	18	2.5	4	1.7	5.8+6.7	3.8
载重汽车	12	2.5	4	1.5	6.5	4
铰接列车	18.1	2.55	4	1.5	3.3+11	2.3

注：铰接列车的轴距(3.3+11)m：3.3m为第一轴至铰接点的距离，11m为铰接点至最后轴的距离。

《城市道路工程设计规范(2016年版)》(CJJ 37—2012)规定的机动车设计车辆外廓尺寸

表2-6

车辆类型	总长(m)	总宽(m)	总高(m)	前悬(m)	轴距(m)	后悬(m)
小客车	6	1.8	2.0	0.8	3.8	1.4
大型车	12	2.5	4.0	1.5	6.5	4.0
铰接车	18	2.5	4.0	1.7	5.8 + 6.7	3.8

②汽车动力性能。

汽车动力性能指标包括最高车速、加速度或加速时间,以及最大爬坡能力。

最高车速 v 是指在无风条件,水平、良好的水泥混凝土或沥青混凝土路段上,汽车所能达到的最高行驶车速,单位为km/h。

加速时间分为原地起步加速时间和超车加速时间。原地起步加速时间是指汽车由一挡起步,以最大的加速度换至高挡后达到某一预定的距离或车速所需要的时间。超车加速时间大多使用高挡或次高挡,为由30km/h或40km/h全力加速至某一高速度所需要的时间。

爬坡能力用汽车满载时以一挡行驶在良好的路面上的最大爬坡坡度表示。小客车的加速时间短,最高车速大,一般不强调小客车的爬坡能力。货车加速时间长,载质量大,为维持道路上各种车辆形成的车流畅通行驶,所以一般要求它有足够的爬坡能力。

③制动性能。

汽车制动性能主要体现在制动距离或制动减速度上。制动距离 L 的计算公式为:

$$L = \frac{v^2}{254(\varphi \pm i)} \tag{2-1}$$

式中:v——汽车制动开始时的速度(km/h);

i——道路纵坡(%),上坡为正,下坡为负;

φ——轮胎与路面之间的附着系数。

汽车的制动性能还体现在制动效能的稳定性和制动时汽车的方向稳定性上。制动过程实际是汽车行驶的动能通过制动器转化为热能的过程,所以温度升高后,能否保持在冷状态时的制动效能对于高速时制动或长下坡连续制动都是至关重要的。

方向稳定性是指制动时不发生跑偏、侧滑及失去转向能力的性能。制动跑偏与侧滑,特别是后轴侧滑是造成交通事故的常见原因。

(2)社会车辆的交通特征

常见的社会车辆有中型、小型、微型载客汽车,中型、轻型、微型载货汽车以及三轮车和低速货车。主要的交通特征是:车体小,加速性能好,速度快,易操纵,因此在交通活动中容易被其他交通参与者忽视,留给其他驾驶员的反应时间也比较短。行车中遇到中(小)型车,要注意观察车辆的动态,控制速度,并与其保持足够的安全距离,当行驶至有盲区的交通区域时,要注意观察盲区内的车辆情况。

2. 地面公共交通特性

随着城市公共交通优先发展战略推行,城市多层次公共交通体系正在逐步建立,除了有传统的公共汽(电)车以外,还出现了城市快速公交。城市快速公交(Bus Rapid Transit,BRT)作为一种大容量、低成本、具有专用路权或优先路权的新兴城市公交模式日益受到重视和青睐。

城市公共汽(电)车(包括有轨电车、BRT)的交通特性主要体现在以下几个方面:

①有固定的行驶路线、专用车道和停靠站。

②起步、停靠和人员上下频繁。

③停靠时,车辆超越多。公交车停靠时,常有机动车和非机动车从其左侧超越。

④盲区大,驾驶员难以全面观察周边的交通情况。

城市公共汽(电)车是城市交通的重要组成部分,行经公交车站时,要减速慢行,密切观察站内车辆和人员的动态,做好随时停车的准备,防止车前方有人突然冲入道路造成交通事故;特别是车辆从左侧超越停靠的公交车时,要注意观察正在超车的自行车和其他车辆,并与它们保持足够的安全距离。

3. 大型货车交通特性

大型货车(包括挂车)的交通特性主要有以下几个方面:

①车身大,盲区大。大型货车外形庞大,盲区也较大,驾驶员视野容易受到遮挡,难以观察其他交通参与者的动态,尤其在大型货车后行驶的车辆不易被发现。

②惯性大,制动较慢,转向困难。由于惯性大,大型货车的加速性能没有小型车好,因而行驶速度较低,同时制动需要的时间也很长。大型货车,尤其是带有拖车的大型货车行驶和转向时需要较大的空间,容易出现占道现象。

遇到大型货车时,要注意提前减速,保持足够的安全距离,特别要留意观察盲区内的车辆,发现情况应立即避让或停车。在不能摸清盲区内的交通情况时,不要强行超车。

4. 摩托车交通特性

摩托车的交通特性主要有:

①体积较小,速度较快,转弯灵活。由于体积小,灵活性强,摩托车驾驶员常常在拥挤的车道中穿插,这是摩托车容易发生交通事故的重要原因。

②缺少安全保障设施。摩托车基本上处于完全暴露的状态,缺乏安全保障设施,发生事故时,驾驶员受到的伤害往往比较严重。行车中遇到摩托车,要注意降低车速,观察摩托车的行驶状态,避免和摩托车发生碰撞和剐擦。

5. 自行车(含电动自行车)交通特性

自行车的交通特性主要包括:

①自行车的交通特性很大程度上与自行车骑车人的行为特征有关,如青少年骑自行车时,喜欢逞能、冒险,速度较快;老人骑自行车时,速度比较慢,对突发事件反应也不够快。

②安全保障设施差,稳定性比较差,容易发生侧倒,尤其当骑车人未握好车把时。

③自行车容易逆行和占道行驶。遇到雨(雪)等不良天气时,骑车人常匆忙赶路或低头避雨(雪)而不太注意遵守交通法规;当非机动车道路况不好时,自行车常常占用机动车道行驶。当自行车遇到前方障碍时,也会不顾后面的来车而突然改变路线,占道骑行。

行车中遇到自行车时,要注意观察其动态,减速慢行,保持安全间距,特别是在雨(雪)天,要顾及路边的骑车人,随时停车或避让,防止自行车突然失控侧倒。当车辆右转弯时,要注意通过后视镜观察路上骑车人的动态,防止转弯时剐碰骑车人。

三、道路的交通特性

道路必须符合其服务对象——人、货、车的交通特性,满足其交通需求。道路服务性能的好坏主要体现在量、质、形三个方面,即道路建设数量是否充分,道路结构能否保证安全,路网布局、道路线形是否合理。另外,还有附属设施、管理水平是否配套等。

1. 道路网体系

道路网体系一般分为公路网和城市道路网两大体系。公路网主要服务于区域城际及乡村的交通联系,城市道路网主要服务于城市内部及其与外部的交通联系。

(1)公路网体系

公路按其重要性和使用性质可分为高速公路、国家干线公路(国道)、省级干线公路(省道)、县级公路(县道)和乡级公路(乡道),以及专用公路五个行政等级。一般把国道和省道称为干线,把县道和乡道称为支线。

公路按功能划分为干线公路、集散公路和支线公路三类。干线公路又分为主要干线公路和次要干线公路,集散公路分为主要集散公路和次要集散公路。干线公路具有畅通直达的功能,主要满足可通达的要求,交通流不间断,交通质量高,可以节省运行时间,降低运行成本,保证足够的交通安全。同时,在评价畅通直达功能的质量水平时,必须将节省时间、降低成本、保证交通安全目标和保护环境目标进行慎重比较。集散公路具有汇集、疏散的功能,主要是汇集和分流交通,为公路周围的区域提供交通便利。这类交通要求的车速相对较低。集散功能可能与连接功能有部分重合。支线公路具有出入通达功能,主要为满足居民的活动、行走、购物等要求,因此对速度没有特别高的要求,主要强调可达性。

根据《公路工程技术标准》(JTG B01—2014),公路按照其功能和适应的远景交通量,可以分为高速公路、一级公路、二级公路、三级公路和四级公路等五个等级:

①高速公路为专供汽车分向、分车道行驶并全部控制出入的多车道公路。高速公路的年平均日设计交通量宜在15000辆小客车以上。

②一级公路为供汽车分向、分车道行驶,可根据需要控制出入的多车道公路。一级公路的年平均日设计交通量宜在15000辆小客车以上。

③二级公路:为供汽车行驶的双车道公路。二级公路的年平均日设计交通量宜为500~15000辆小客车。

④三级公路为供汽车、非汽车交通混合行驶的双车道公路。三级公路的年平均日设计交通量宜为2000~6000辆小客车。

⑤四级公路为供汽车、非汽车交通混合行驶的双车道或单车道公路。双车道四级公路的年平均日设计交通量宜在2000辆小客车以下;单车道四级公路的年平均日设计交通量宜在400辆小客车以下。

(2)城市道路网体系

城市道路网是为城市的发展构建的,需要满足城市交通、土地利用及其他相关要求。《城市综合交通体系规划标准》(GB/T 51328—2018)按照城市道路所承担的城市活动特征,将城市道路分为干线道路、支线道路以及联系两者的集散道路三个大类,城市快速路、主干路、次干路和支路四个中类和八个小类。

城市道路功能等级划分与规划要求见表 2-7。

城市道路功能等级划分与规划要求 表 2-7

大类	中类	小类	功能说明	设计速度（km/h）	高峰小时双向交通量推荐（pcu*）
干线道路	快速路	Ⅰ级快速路	为城市长距离机动车出行提供快速、高效的交通服务	80～100	3000～12000
		Ⅱ级快速路	为城市长距离机动车出行提供快速交通服务	60～80	2400～9600
	主干路	Ⅰ级主干路	为城市主要分区（组团）间的中、长距离联系交通服务	60	2400～5600
		Ⅱ级主干路	为城市主要分区（组团）间的中、长距离联系及分区（组团）内部主要交通联系服务	50～60	1200～3600
		Ⅲ级主干路	为城市主要分区（组团）间联系以及分区（组团）内部中等距离交通联系提供辅助服务，为沿线用地服务较多	40～50	1000～3000
集散道路	次干路	次干路	为干线道路与支线道路的转换以及城市内中、短距离的地方性活动组织服务	30～50	300～2000
支线道路	支路	Ⅰ级支路	为短距离地方性活动组织服务	20～30	—
		Ⅱ级支路	为短距离地方性活动组织服务的居住街坊内道路、步行道路、非机动车专用路等	—	—

注：* 为标准车当量数。

2. 道路网布局

（1）道路结构

道路结构基本部分是路基、路面、桥涵，另外还有边沟、挡墙、盲沟等亦属其组成部分。这些结构物的设计标准和使用要求在路基工程、路面工程、桥梁工程等有关课程中已有介绍，这里不再重复。

（2）道路线形

道路线形是指一条道路在平、纵、横三维空间中的几何形状，传统上分为平面线形、纵断面线形、横断面线形。线形设计的要求是通畅、安全、美观。随着交通需求的增大，公路等级的提高，人们对公路线形的协调性、顺适性要求也越来越高。现更加强调平、纵、横线形一体化，即立体线形的设计，详细内容在公路设计课程中介绍。

（3）路网密度

要完成一定的客、货运输任务，必须有足够的路网设施。路网密度是衡量道路设施数量的一个基本指标。一个区域的路网密度等于该区域内道路总长除以该区域的总面积。通常，路网密度越高，路网总的容量、服务能力越大，但这不是绝对的。道路网密度应与一定的经济发展水平相当，与所在区域的交通需求相适应，应使道路建设的经济性和服务水平，道路系统的社会效益、经济效益、环境效益得到兼顾和平衡。

（4）道路网布局

道路的规划、设计不能仅仅局限于一个点、一条线，而应从整个路网系统着眼。路网布局的好坏对整个运输系统的效率有很大影响,良好的路网布局可以大大提高运输系统的效率,增加路网的可达性,节约大量的投资,节省运输时间和运输费用,取得良好的经济效益、社会效益与环境效益。

公路网布局形式及其性能在不同的区域、不同的城市各不相同,不存在统一的路网布局模式。路网布局必须根据所在区域的自然、社会、经济情况来选取。

典型的公路网布局形式有三角形、并列形、放射形、树权形等。这些不同布局形式的特点与性能见表2-8。

典型公路网布局形式及其特性 表2-8

图式	特点与性能
放射形路网	放射形路网一般用于中心城市与外围郊区、周围城镇的交通联系,对于发挥大城市的经济、政治、科技、文化中心作用,促进中心城市政治、经济、科技、文化对周围地区的辐射和影响有重要作用
三角形路网	三角形路网一般用于规模相当的重要城镇间的直达交通联系。这种布局形式通达性好,运输效率高,但建设量大
并列形路网	平行的几条干线分别联系着一系列城镇,而处于两条线上的城镇之间缺少便捷道路连接,是一种不完善的路网布局
树叉形路网	树杈形路网一般是公路网的最后一级,是从干线公路上分叉出去的支线公路,将乡镇、自然村寨与市、县政府连接起来

我国古代城市道路网以方格形最常见,近、现代城市发展了许多其他形式的道路布局,典型的城市道路网布局形式有棋盘形、带形、放射形、放射环形等。这些道路网布局形式的特点和性能见表2-9。

典型城市道路网布局形式的特点和性能 表2-9

图式	特点和性能
棋盘形	布局严谨、整洁,有利于建筑布置,方向性好,网上交通分布均匀,交叉口交通组织容易但非直线系数大,通达性差,过境交通不易分流,对大城市进一步扩展不利
带形	建筑物沿交通轴线两侧铺开,公共交通布置在主要交通干道范围内,横向交通主要依靠步行或非机动车,有利于公共交通布线和组织,但容易造成纵向主干道压力过大,不易形成市中心

续上表

图式	特点和性能
放射形	交通干线以市中心为形心向外辐射,城市沿对外交通干线两侧发展,形成指状城市。这种布局具有带形布局的优点,同时缩短了到市中心的距离;缺点是中心区交通压力过大,边缘区相互间交通联系不便,过境交通无分流
放射环形	这种布局具有通达性好、非直线系数小,有利于城市扩展和过境交通分流等优点,一般用于大城市,但不宜将过多的放射线引向市中心,避免造成市中心交通过分集中

第二节 交通量的基本特性

一、交通量的定义及分类

1. 交通量的定义

交通量(又称为交通流量或流量)是在指定时间段内通过道路某地点或某断面的交通实体数量。不加说明时,交通量一般是指机动车交通量,且指来往两个方向的车辆数。交通量是道路与交通工程中的一个基本交通参数。

交通量是一个随机数,不同时间、不同地点的交通量都是变化的。交通量随时间和空间而变化的现象,称为交通量的时空分布特性。研究或观察交通量的时空变化规律,对于进行交通规划、交通管理、设计方案比较和经济分析以及交通控制,均具有重要意义。

2. 交通量的分类

根据交通物体分类,交通量可分为机动车交通量、非机动车交通量和行人交通量等。非机动车交通量可分为自行车、人力车、畜力车等的交通量。

根据观测时间、地点的不同,交通量可分为秒、分、小时或某段时间的断面或路段的交通量。

根据使用方面的需要,对断面交通量进行数据处理后,可得到断面平均交通量、路段(线)平均交通量及区域交通量等。

此外,交通量可分为平均交通量及区域交通量等。

3. 交通量的表达方式

由于交通量时刻在变化,在表达方式上通常取某一时间段内的交通量的平均值作为该时间段的代表交通量。

平均日交通量(ADT):将观测期间内统计的交通量总和除以观测总天数,计算公式为:

$$\mathrm{ADT}=\frac{1}{n}\sum_{i=0}^{n}Q_i \tag{2-2}$$

式中:Q_i——观测期内第 i 天的交通量,辆/d;

n——观测的天数,d,小于 365d(或闰年 366d)。

按平均值所取的时间段的长度计,常用的平均交通量有:

①年平均日交通量(AADT):一年内观测的交通量总和除以一年的总天数(365 或 366),所得的平均值即为年平均日交通量。以平年为例,计算公式为:

$$\mathrm{AADT}=\frac{1}{365}\sum_{i=1}^{365}Q_i \tag{2-3}$$

式中:Q_i——观测期内第 i 天的交通量,辆/d。

②月平均日交通量(MADT):一月内观测的交通量总和除以一月的总天数,所得的平均值即为月平均日交通量。计算公式为:

$$\mathrm{MADT}=\frac{1}{k}\sum_{i=1}^{k}Q_i \tag{2-4}$$

式中:Q_i——观测期内第 i 天的交通量,辆/d;

k——当月的天数,$k=28$、29、30、31。

③周平均日交通量(WADT):一周内观测的交通量总和除以一周的总天数(7),所得的平均值即为周平均日交通量。计算公式为:

$$\mathrm{WADT}=\frac{1}{7}\sum_{i=1}^{7}Q_i \tag{2-5}$$

式中:Q_i——观测期内第 i 天的交通量,辆/d。

二、交通量的时间分布特性

1. 一年中各月交通量的变化

一年中各月交通量的变化,以一年为一周期,统计 12 个月的交通量,每个月的交通量均不尽相同,以月份为横坐标,月平均日交通量与年平均日交通量比值的百分数为纵坐标,绘成曲线图,则此曲线简称交通量的月变图,如图 2-4 所示。而年平均日交通量与月平均日交通量之比,称为交通量的月变系数(或称为月不均衡系数、月换算系数),以 $K_月$ 表示(以平年为例):

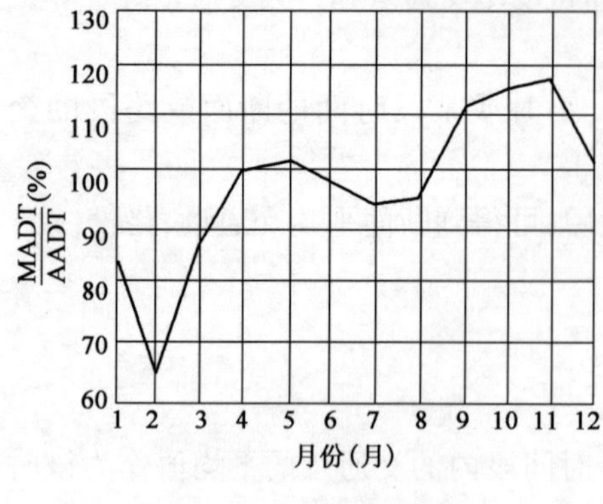

图 2-4 交通量的月变图

$$K_月=\frac{\mathrm{AADT}}{\mathrm{MADT}}=\frac{年平均日交通量}{月平均日交通量}=\frac{\frac{1}{365}\sum_{i=1}^{365}Q_i}{\frac{1}{k}\sum_{i=1}^{k}Q_i} \tag{2-6}$$

其中,k 为当月的天数,有 28d、29d、30d 和 31d,年则有平年和闰年之分,为简便起见,年平均日交通量可用下式计算:

$$AADT = 12\text{个月的月平均日交通量的总和} \div 12 \tag{2-7}$$

通常月交通量变化系数($K_月$)用于表示交通量的月变化规律。

例 2-1

某测站测得 2019 年各月的交通量及全年的累积交通量见表 2-10,试计算各月的月平均日交通量与月变系数($K_月$)。

月平均日交通量与月变系数计算表 表 2-10

月份(月)	1	2	3	4	5	6	7	8	9	10	11	12	全年合计交通量(辆)
全月交通量(辆)	65785	42750	67141	73317	77099	72782	70641	70951	83043	91661	88166	78180	881516
MADT(辆)	2122	1527	2166	2444	2487	2426	2279	2289	2768	2957	2939	2522	AADT = 2415
$K_月$	1.14	1.58	1.12	0.99	0.97	1.00	1.06	1.06	0.87	0.82	0.82	0.96	

解:

首先计算年平均日交通量:

AADT = 881516 ÷ 365 = 2415(辆/d)

再计算月平均日交通量及月变系数:

1 月 MADT = 65785 ÷ 31 = 2122(辆/d)

$K_月$ = AADT/MADT = 2415 ÷ 2122 = 1.14

其余类推,结果如表 2-10 所示。从表 2-10 可知,2 月的月变系数 1.58 为最大,说明气候寒冷,春节期间人们乘车出行减少,对交通量影响较大,故 2 月为一年交通量最少的一个月。

2. 一周中各日交通量的变化

交通量的周变化是指一周中各日的交通量变化,因此也称为交通量的日变化。对于某个城市或路段, 交通量的日变化存在一定规律。我国城市道路,一般各工作日的交通量变化不大,而在节、假(或休息)日则变化显著,交通量一般要小一些,公路上一周内交通量变化要较城市小。

显示一周内 7d 中交通量日变化的曲线叫作交通量的日变图,如图 2-5 所示。通常用此图或日变系数来描述一周中各日交通量的变化。日变系数($K_{周日}$)定义为年平均日交通量(AADT)除以一周中某日的平均日交通量。一周中某日的平均日交通量等于全年所有该周日的交通量除以全年该周日的总天数。

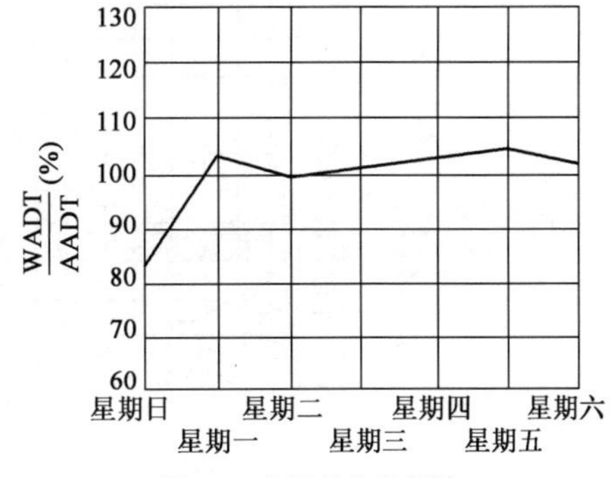

图 2-5 交通量的日变图

在缺乏全年的交通量观测数据,仅有抽样观测的数据时,日变系数也可以用下列公式计算:

$$K_{周日} = \frac{WADT}{\text{观测日交通量}} = \frac{\text{周平均日交通量}}{\text{观测日交通量}} = \frac{\frac{1}{7}\sum_{i=1}^{7} Q_i}{Q_i} \tag{2-8}$$

例 2-2

某测站测得一周中各日的全年累积交通量列于表 2-11 第一行,试求各周日的周平均日交通量与日变系数。

周平均日交通量与日变系数计算 表 2-11

各日	星期日	星期一	星期二	星期三	星期四	星期五	星期六	全年合计交通量(辆)
累计交通量(辆)	111469	128809	129486	128498	127030	129386	126838	881516
平均日交通量(辆)	2103	2430	2443	2424	2397	2441	2393	2415(AADT)
$K_{周日}$	1.15	0.99	0.99	1.00	1.01	0.99	1.01	

解:

先求各日的平均日交通量,以星期日为例:

星期日的平均日交通量 = 111496 ÷ 53 = 2103(辆/d)

该年有 53 个星期日,则星期日的日变系数为:

$K_{周日} = 2415 \div 2103 = 1.15$

仿此计算其他各日的平均日交通量、日变系数,列于表 2-11。

3. 一日内各小时交通量的变化

一日 24h 中,每个小时的交通量亦在不断变化。表示每个小时交通量变化的曲线(小时交通量 ÷ 全日交通量的百分数)称为交通量的小时交通量变化图,如图 2-6 所示,亦有采用直方图表示的,如图 2-7 所示。

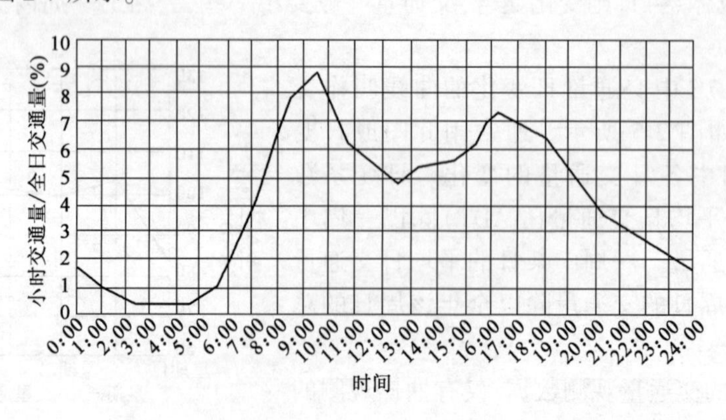

图 2-6 交通量小时变化曲线

以某小时或某一时段交通量占全日交通量之比表示交通量的时变规律。常用的有 16h(6:00—22:00)或 12h(6:00—18:00),亦有用 18h(4:00—22:00)交通量占全日交通量之比及高峰小时占全日交通量之比作为特征变化系数,见表 2-12。

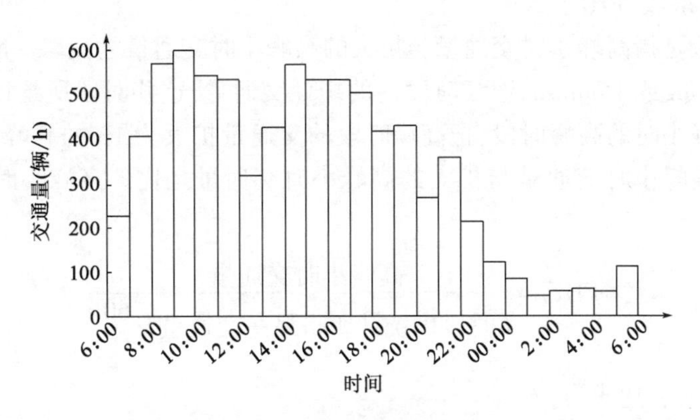

图 2-7　24h 交通量变化直方图

某路段公路 16h 高峰小时交通量变化表　　表 2-12

高峰月日	1月20日	2月17日	3月11日	4月16日	5月20日	6月29日	7月16日	8月12日	9月23日	10月21日	11月19日	12月8日
高峰小时	8:00—9:00	8:00—9:00	8:00—9:00	8:00—9:00	8:00—9:00	8:00—9:00	8:00—9:00	8:00—9:00	8:00—9:00	8:00—9:00	9:00—10:00	9:00—10:00
该日全天汽车交通量（辆）	5585	4854	4497	4851	5020	4915	4592	4727	5778	5743	5862	5431
高峰小时汽车交通量（辆）	538	460	501	592	493	490	500	529	616	585	594	594
高峰小时汽车交通量占全天汽车交通量比例（%）	9.6	9.5	11.1	12.2	9.8	10.0	10.9	11.2	10.7	10.2	10.1	10.9
16h 汽车合计数量（辆）	5223	4141	4267	4631	4611	4496	4197	4407	5117	5397	5501	4921
16h 汽车占全天汽车（%）	98.5	95.1	94.9	95.5	91.9	91.5	91.4	93.2	98.8	94.0	98.8	90.8
全天交通量与16h 交通量的比值	1.069	1.172	1.054	1.048	1.088	1.093	1.094	1.073	1.129	1.064	1.066	1.104

(1)高峰小时交通量

在城市道路上,交通量时变图一般呈马鞍形,上下午各有一个高峰,在交通量呈现高峰的那个小时,称为高峰小时,高峰小时内的交通量称为高峰小时交通量。

高峰小时交通量占该天全天交通量之比称为高峰小时流量比(以%表示),它反映高峰小时交通量的集中程度,并可供高峰小时交通量与日交通量之间做相互换算之用,我国公路部门近年来对各交通量观测站的初步统计,高峰小时的流量为9%～10%,平均为9.6%,南京宁六公路高峰小时流量占10.47%。

(2)高峰小时系数(PHF)

高峰小时系数是指高峰小时交通量与扩大的高峰小时交通量之比。一般将高峰小时划分为5min、6min、10min或15min的连续时段内的统计交通量,这些时段所统计交通量中最大的那个时段就是高峰小时的高峰时段,把高峰时段的交通量扩大为1h的高峰小时交通量,高峰小时系数就是指高峰小时交通量与扩大的高峰小时交通量之比。高峰小时系数的一般表达式为:

$$PHF_t = \frac{\text{高峰小时交通量}}{t\text{时段内统计所得最高交通量} \times \frac{60}{t}} \tag{2-9}$$

对于 $t = 15\text{min}$,表达式为:

$$PHF_{15} = \frac{\text{高峰小时交通量}}{\text{高峰小时中高峰 15min 交通量} \times 4} \tag{2-10}$$

类似的还有 PHF_5、PHF_6、PHF_{10} 等表示的高峰小时系数。城市道路在短时间有较大交通量,如果最大15min交通量可达小时交通量的40%,最大5min的交通量可达小时交通量的20%,往往会造成交通堵塞。对于行人过街与车辆交叉的情况,短时间交通量是十分重要的。

例 2-3

某观测站测得的连续各5min时段的交通量统计见表2-13,高峰小时交通量为1314辆/h,求5min和15min的高峰小时系数。

某路段高峰小时以5min为时段交通量统计　　表2-13

统计时间	8:00—8:05	8:05—8:10	8:10—8:15	8:15—8:20	8:20—8:25	8:25—8:30	8:30—8:35	8:35—8:40	8:40—8:45	8:45—8:50	8:50—8:55	8:55—9:00
5min交通量(辆)	118	114	112	111	114	120	115	106	104	118	110	107

解:

由表2-13可知,最高5min交通量对应时间8:25—8:30,故 $PHF_5 = 1314 \div (120 \times 12) = 0.91$;最高15min交通量对应时间8:20—8:35,故 $PHF_{15} = 1314 \div (349 \times 4) = 0.94$。

三、交通量的空间分布特性

交通量的大小与社会、经济发展速度、人民文化生活水平、气候、物产等多方面因素有关,它除了随时间变化外,还随空间的不同而变化。这种随空间位置而变化的特性称为空间分布特性,一般是指同一时间或相似条件下,随地域、城乡、路线、方向、车道等的差别而变化的情况。

1. 城乡分布

由于城乡之间经济发展、生产活动、生活水平不平衡,造成城乡交通量的显著差别,一般来说,城市道路的交通量大于农村的交通量。我国广大农村公路交通量较小,而城市道路交通量就很大,大城市出入口干道交通量一般大于5000辆/d。

2. 在路段上的分布

由于路网上各路段的等级、功能、所处的区位不同，在同一时间内，路网上各段的交通量有很大不同。一般用路网交通量分布图来表示交通量在路段上的分布，如图 2-8 所示。从路网交通量分布图中可以很明显地分辨出路上交通的主要流向、走廊，判断交通量分布的均匀性。

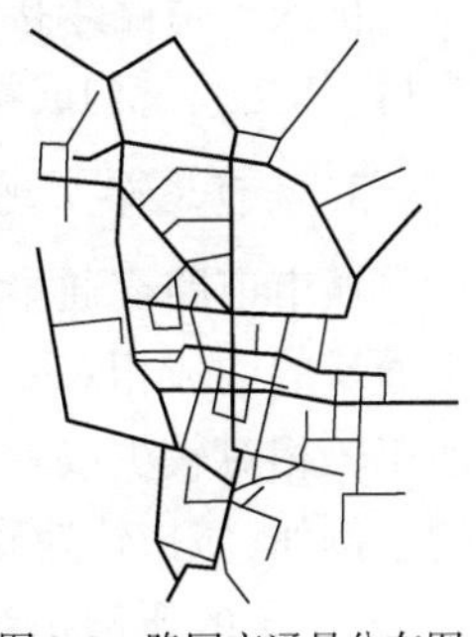

图 2-8　路网交通量分布图

3. 交通量的方向分布

一条双向通行的道路上，两个方向的交通量在很长时间内可能是平衡的，但在某一较短的时间段内，如一天中某几个小时，两个方向的交通量会有较大的不同。

为了表示这种方向不平衡性，常采用方向分布系数 K_D 表示：

$$K_D = \frac{\text{主要行车方向交通量}}{\text{双向交通量}} \times 100\% \tag{2-11}$$

据国内外的数据，上下班路线 $K_D = 70\%$，主要干道 $K_D = 60\%$，市中心干道 $K_D = 50\%$。城市出入口道路高峰小时中进、出城交通量有明显不同，早高峰时出城交通量 60% ~70%，晚高峰时则相反。

四、交通量的构成特性

交通量的构成是指交通量中各种交通工具(例如可以分为机动车、非机动车，或大、中、小型客货车，或公交车、出租车、摩托车、自行车等)所占数量和比重。分析交通量构成特性是确定道路功能性质和制定交通管制策略措施的重要依据。

1. 公路交通量构成的基本特性

在公路交通量分析和公路规划设计中，一般将车辆按车型大小分为小客车、大型客车、铰接车、小型货车、中型货车、大型货车、拖挂车、小型拖拉机、大型拖拉机等。公路交通量中不同车种的比例与不同的地域、不同道路等级、不同经济发展水平和地区特征有密切关系。在高速公路、一级公路上，不允许拖拉机、摩托车、机动三轮车以及低性能汽车等车辆上路，行驶的车辆主要有小汽车，长途汽车，大、中、小型货车，集装箱车等。在接近旅游区、中心城市的高速公路和机场高速公路上，客车的比例明显高于货车，而在通往矿区、制造和加工工业区、农场作物区、林区的高速公路上，货车的比例一般要高一些。

我国普通公路的交通是一种典型的混合交通，交通量构成十分复杂，除了各种各样品牌、性能不同的汽车之外，还有拖拉机、机动或非机动三轮车、摩托车、电助力车、自行车、板车、畜力车等，在进行公路交通量构成分析时可以根据需要进行适当的归并。

公路交通量中客车、公交车、自行车的数量和比重一般比城市道路上要小，而货车和拖拉机交通量所占的比重比城市道路上要大。

2. 城市出入口道路交通量构成基本特性

城市出入口道路处于城乡接合部，是公路与城市道路衔接过渡的路段，其交通量构成特性兼有城市道路和公路的特性，但又与两者都不相同，公交车、小客车、自行车比例一般低于城市道路,高于公路。在上班早高峰时段,客流进城多、出城少,在下班晚高峰则正好相反。

出入口道路越接近城市,其交通量的构成特性就越近似于城市道路交通量特性;越接近于乡村,其交通量构成特性则越近似于公路。

3. 城市道路交通量构成基本特性

城市道路交通量的构成特性也是比较复杂的。在交通管理相对正规严格的大城市,道路交通量的构成相对要简单些,主要有公交车、大型客车、小客车、出租车、自行车、摩托车等,其他车辆相对较少或者被禁止进入。在不同等级和功能的道路上,交通量的构成差别是比较大的。例如,城市快速路和交通性主干路上交通量中主要是小客车和出租车;在生活性的次干路上,公交车的比例相对要高得多;而在支路上,自行车和行人交通量可能占主导地位。在城市中心区,特别是商业中心区的道路上,出租车交通量占有比较大的比例。

五、设计小时交通量

1. 路段断面交通量

交通量具有随时间变化和高峰小时交通量很高的特点,在进行道路设施规划设计时,必须考虑这个特点。工程上为了保证道路在规划期内满足绝大多数小时车流顺利通过,不造成严重阻塞,同时避免建成后车流量很低,投资效益不高,规定要选择适当的小时交通量作为设计小时交通量。

研究表明,第 30 位小时交通量与年平均日交通量之比(K 值)十分稳定,所以设计小时交通量一般使用年第 30 位小时交通量(一年中测得的 8760 个小时交通量从大到小按序排列,排在第 30 位的那个小时交通量)。亦可根据各地交通量资料选用第 20 位至第 40 位小时之间最为合理的交通量。

近年来,我国进行了大量的道路交通量观测统计。根据我国观测统计,国家干线公路的 K 值分布在 11% ~15% 范围内。

对于多车道公路,运用设计小时交通量可以确定车道数和路幅宽度,通过准确计算可取得良好的经济效益。而对于双车道公路,由于车道数已定,设计小时交通量主要用于计算各不同时期的高峰小时和交通量,并据此评价道路服务水平、使用品质等。

有了较准确的预测交通量、设计通行能力及设计小时交通量,则可用下列公式计算车道数及路幅宽度。

$$\mathrm{DHV} = \mathrm{AADT} \cdot K \tag{2-12}$$

$$n = \frac{\mathrm{DHV}}{C_{单}} \tag{2-13}$$

$$W = W_1 \cdot n \tag{2-14}$$

式中:DHV——设计小时交通量,辆/h;

K——设计小时交通量系数,%;

n——车道数;

$C_{单}$——每一车道设计通行能力,辆/h;

AADT——规划年度的年平均日交通量,辆/d;

W——路幅宽度,m;

W_1——一条车道宽度,m。

在考虑方向不均匀系数的情况下,单向设计小时交通量为:

$$DDHV = AADT \times \frac{K}{100} \times \frac{K_D}{100} \tag{2-15}$$

式中:DDHV——单向设计小时交通量,辆/h;

K_D——方向不均匀系数,%。

则:

$$n = \frac{DDHV}{C_{单}} \times 2 = \frac{AADT}{C_{单}} \times \frac{K}{100} \times \frac{K_D}{100} \times 2 \tag{2-16}$$

2. 交叉口交通量

在交通系统中,交叉口作为连接不同方向道路的节点,能够保障车辆在路网中的自由行驶与安全交会,对整个路网的运转具有重要作用。合理评价交叉口交通状态,对改善车辆行驶环境、提高交通服务质量具有深远意义。

本标题中交叉口交通量是指交叉口设计交通量,也称为交叉口服务交通量,是考虑交叉口服务质量后的允许交通量,是交叉口设计的依据。交叉口交通量和交叉口的通行能力与交叉口服务水平有关。

(1)交叉口的通行能力

交叉口通行能力的概念和计算参见第五章"道路通行能力和服务水平"相关表述。

(2)交叉口服务水平

由于交叉口是不同方向的交通流交汇的节点,因而影响其服务水平的因素复杂多样。以平面交叉口为例,针对平面交叉口的特点,通常根据速度、饱和度、延误时间及排队长度等定量指标确定服务水平。

从交通运行的客观状态来看,交叉口的交通运行复杂,考虑到交叉口的设施运行状态及车辆运行情况,根据目前国内推荐的评价指标和相关研究,参考评价指标和评价标准见表2-14。

我国推荐的交叉口服务水平评价指标和评价标准 表2-14

服务水平指标	1级	2级	3级	4级	5级
饱和度	<0.6	0.6~0.7	0.7~0.8	0.8~0.9	>0.9
交叉口受阻车辆比例(%)	<10	10~15	15~20	20~30	>30
效率系数	>0.80	0.65~0.80	0.50~0.65	0.35~0.50	<0.35
排队长度(m)	<30	30~60	60~80	80~100	>100
平均停车延误(s)	<30	30~40	40~50	50~60	>60

(3)交叉口交通量的计算

交叉口交通量是指单位时间内通过交叉口的车辆数量。交叉口交通量大小与交叉口的形式、各个路口的流量流向大小、车辆组成情况等有关。交叉口交通量等于各个路口交通量的和。

以四路平面交叉口为例,交叉口交通量可用下式计算:

$$Q_{总} = Q_{东} + Q_{南} + Q_{西} + Q_{北} \tag{2-17}$$

式中:$Q_{总}$——交叉口总交通量,辆/h;

$Q_{东}$——东进口交通量,辆/h;

$Q_{南}$——南进口交通量,辆/h;

$Q_{西}$——西进口交通量,辆/h;

$Q_{北}$——北进口交通量,辆/h。

3. 全网交通量

全网交通量也可称为路网交通量,是指某一区域道路网的交通流量。在区域道路网中,每条道路的技术等级、服务水平均存在一定的差异性,因此每个路段的交通量和通行能力都不相同,很难具体确定。

全网交通量主要通过各种模型进行预测,比如增长率模型、回归分析模型、类别生成率模型、时间序列模型等。详细内容可见第六章"道路交通规划"相关内容。

第三节 行车速度特性

行车速度简称车速,既是道路规划设计中的一项重要控制指标,又是车辆运营效率的一项评价指标,对于运输经济、安全、迅捷、舒适具有重要意义,了解和掌握各道路上行车速度及其变化规律是正确进行道路网规划、设计、运营、管理的基础。

一、基本定义

设行驶距离为 l,所需时间为 t,则车速可用 l/t 形式表示。根据不同的 l 和 t,可定义各种不同的车速。

1. 地点车速

地点车速是车辆通过某一地点时的瞬时车速,因此观测时 l 取尽可能短,通常以 20 ~ 25m 为宜。该项指标用作道路设计、交通管制规划资料。

2. 行驶车速

行驶车速是用通过某一区间所需时间(不包括停车时间)及区间距离求得的车速,用于评价该路段的线形顺适性和通行能力,也可用于进行道路使用者的成本效益分析。

3. 运行车速

运行车速是指中等技术水平的驾驶员在良好的气候条件、实际道路状况和交通条件下所能保持的安全车速,用于评价道路通行能力和车辆运行状况。

4. 行程车速

行程车速又称为区间车速,是车辆行驶路程与通过该区间所需的总时间(包括停车时间)

之比。行程车速是一项综合指标,用以评价道路的通畅程度,估计行车延误情况。要提高运输效率归根结底是要提高车辆的行程车速。

5. 临界车速

临界车速是指道路理论通行能力达到最大时的车速,对选择道路等级具有重要作用。

6. 设计车速

设计车速是指在道路交通与气候条件良好的情况下仅受道路物理条件限制时所能保持的最大安全车速,用作道路几何线形设计的标准。

二、行车速度的统计分布特性

行车速度与交通量一样,也是一个随机变量。研究表明,在乡村公路和高速公路路段上,车速一般呈正态分布;在城市道路或高速公路匝道口处,车速分布比较集中,一般呈偏态分布,如皮尔逊Ⅲ型分布。

对行车速度进行统计分析,一般要借助车速分布直方图,以及车速频率分布、车速累计频率分布曲线,如图 2-9 所示。

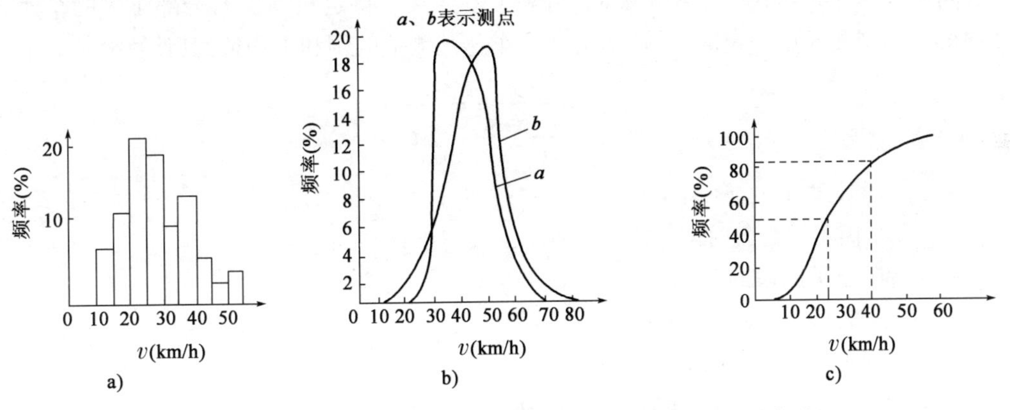

图 2-9 车速分布直方图、车速与频率分布图、车速与累计频率分布图

表征车速统计分布特性的特征车速常用以下几种。

1. 中位车速

中位车速也称为 50% 位车速,是指在该路段上在该速度以下行驶的车辆数与在该速度以上行驶的车辆数相等。在正态分布的情况下,50% 位车速等于平均车速,但一般情况下,两者不等。

2. 85% 位车速

在该路段行驶的所有车辆中,有 85% 的车辆行驶速度在此速度以下,只有 15% 的车辆行驶速度高于此值,交通管理部门常以此速度作为某些路段的限制车速。

3. 15% 位车速与速率波动幅度

15% 位车速定义与 85% 位车速定义类同。在高速公路和快速道路上,为了行车安全,减少阻塞排队现象,要规定低速限制,因此 15% 位车速测定是非常重要的。

85% 位车速与 15% 位车速之差反映了该路段上的车速波动幅度,同时车速分布的标准偏

差 S 与85%位车速和15%位车速之间存在着下列近似关系:

$$S \approx \frac{85\%\text{位车速} - 15\%\text{位车速}}{2.07} \tag{2-18}$$

三、时间平均车速与区间平均车速

1. 时间平均车速

在单位时间内测得通过道路某断面各车辆的地点车速,这些点速度的算术平均值,即为该断面的时间平均车速:

$$\bar{v}_t = \frac{1}{n}\sum_{i=1}^{n} v_i \tag{2-19}$$

式中:$\bar{v}_t$——时间平均车速,km/h;

v_i——第 i 辆车的地点车速,km/h;

n——单位时间内观测到的车辆总数。

2. 区间平均车速

区间平均车速是指在某一特定瞬间,行驶于道路某一特定长度内的全部车辆的车速分布的平均值。当观测长度一定时,其数值为地点车速观测值的调和平均值,其计算公式如下:

$$\bar{v}_s = \frac{1}{\frac{1}{n}\sum_{i=1}^{n}\frac{1}{v_i}} = \frac{ns}{\sum_{i=1}^{n} t_i} \tag{2-20}$$

式中:s——路段长度,km;

t_i——第 i 辆车的行驶时间,h;

n——行驶于某路段的车辆数;

v_i——第 i 辆车行驶速度,km/h;

$\bar{v}_s$——区间平均车速,km/h。

3. 时间平均车速与区间平均车速之间的互算关系

由时间平均车速可以推算区间平均车速:

$$\bar{v}_s = \bar{v}_t - \frac{\sigma_t^2}{\bar{v}_t} \tag{2-21}$$

式中:σ_t^2——时间平均车速观测值的方差。

由区间平均车速也可以推算时间平均车速:

$$\bar{v}_t = \bar{v}_s + \frac{\sigma_s^2}{\bar{v}_s} \tag{2-22}$$

式中:σ_s^2——区间平均车速观测值的方差。

例2-4

设有4辆汽车分别以22km/h、44km/h、52km/h、60km/h的速度通过路程长度为10km的路段,试求时间平均车速和区间平均车速。

解：

先求时间平均车速，按式(2-19)：

$$\bar{v}_t=\frac{1}{n}\sum_{i=1}^{n}v_i=\frac{1}{4}\times(22+44+52+60)=44.5(\text{km/h})$$

再求区间平均车速，按式(2-20)：

$$\bar{v}_s=\frac{1}{\frac{1}{n}\sum_{i=1}^{n}\frac{1}{v_i}}=\frac{1}{\frac{1}{4}\times\left(\frac{1}{22}+\frac{1}{44}+\frac{1}{52}+\frac{1}{60}\right)}=38.4(\text{km/h})$$

时间平均车速与区间平均车速之间的关系也可通过回归分析得到，即：

$$\bar{v}_s=-1.88960+1.026\bar{v}_t$$

可以看出，速度提高，两者之间的差异就变小，即区间平均车速更接近时间平均车速。

四、不同交通工具的速度特性

1. 小汽车的速度特性

通过研究小汽车在某道路上不同车头间距、不同车道、不同位置的车辆速度分布情况，了解小汽车的行驶速度与间距之间的关系。

在不同车头间距下，当车头间距较小，即交通流处于拥挤状况时，平均车速随车头间距的增加而快速增加；随着车头间距的增大，平均车速增加趋势变缓。

对于多车道的道路，车头间距较小时，最内侧车辆行驶速度最低，且各车道上的平均速度值差值较大；随着车头间距的增大，从内侧车道至外侧车道车辆行驶速度逐渐增大，车头间距大于30m时，各车道上的行驶速度趋于一致，车辆的行驶速度受其他车辆的干扰较小。

出入口对主路上车辆的行驶速度也有一定影响，尤其是在入口位置处，因匝道车辆的汇入，主路交通量突增，打破道路上原有车辆的运行平衡，使车辆降低行驶速度；在出入口断面之间，部分车辆需换道进入出口匝道，影响车辆行驶速度的主要因素为换道行为。

2. 公交车的速度特性

在城市道路上，因为公交车在快速路、主干路、次干路上的运行速度区间依次减小，速度波动性依次减小，速度离散程度逐渐减弱，所以公交车的速度离散程度减弱。在同种道路类型上，小汽车的速度离散程度高于公交车。在快速路上，小汽车与公交车的速度差异性最大，其次是次干路，主干路上小汽车与公交车的速度差异性最小，且小汽车与公交车的速度关联性随道路等级降低依次增强。

对比不同的时段，在高峰时段，在无公交专用道快速路上小汽车与公交车各自的速度离散程度较平峰时段强，而二者的速度差异性较平峰时段弱，同时二者的速度关联性较平峰时段强。

对比有无公交专用道，无公交专用道主干路上小汽车与公交车各自的速度离散程度、二者的速度差异性以及关联性均较有公交专用道的弱，说明公交专用道对降低小汽车与公交车运行过程中的相互干扰作用明显。

3. 自行车的速度特性

国内专家学者对非拥挤状态下自行车交通流的特性进行了研究，发现非拥挤状态下自行车交通流速度与流量、密度相关性较弱,然而随着交通流密度的增大,自行车流的平均车速离散性呈现明显的下降趋势。

在特定时间段内,自行车行驶方向、释放阶段、骑行者性别与右转机动车干扰对自行车通过交叉口的行驶速度有显著影响。

1. 道路交通的三个基本要素是什么?试述其交通特性。

2. 道路设计小时交通量的意义是什么?是如何确定的?与一般的统计交通量有何区别和联系?

3. 简述时间平均车速与区间平均车速之间的区别和联系。

4. 某公路需要进行拓宽改建,经调查预测可知,该公路在规划年的年平均日交通量为38000pcu/d,设计小时交通量系数$K=0.15$,取一条车道的设计通行能力为1500pcu/h,试问该公路需要修几条车道?

第三章
CHAPTER THREE

交通调查与分析

本章导读

本章主要内容包括交通量调查、行车速度调查、交通流密度调查、交通延误调查、非机动车及行人交通调查。通过本章内容的学习,学生应具备进行交通量调查、行车速度调查、交通流密度调查、交通延误调查的能力。

教学目标

1. 知识目标

(1)了解交通调查新技术。

(2)熟悉交通调查的种类和调查技术。

(3)掌握交通调查的步骤和方法。

2. 能力目标

(1)能运用本章介绍的交通调查方法实施交通流要素调查。

(2)能进行交通调查数据处理。

3. 素质目标

(1)培养学生求真务实、实干兴邦的敬业意识。

(2)培养学生实事求是、不造假数据的诚信意识。

思政课堂

"空中交警"精确分析车流

武汉市公安局交通管理局科技管理处交警发现,汉口兴业路中一路路口在早晚高峰时段很容易拥堵,但是监控探头看到的角度有限,周边联通道路的状况也并不清楚。于是,武汉市公安局交通管理局科研处技术人员动用了"空中交警"——无人机,用了三天时间,拍摄该路口及周边路口早晚高峰的车流量,然后对数据进行了分析比对。

随后,技术人员结合该路口不同时段车流量的情况,调整了每个方向的信号灯放行时间,将原来的三时段划分调整为六时段划分,并增加了一组信号灯相位;延长了高峰时段绿灯信号,微调了平峰时段信号灯时间。

数据显示,优化后路口通行能力明显提升,车辆、行人的路口等待时间明显减少。

第一节 概述

一、交通调查的目的和意义

道路上的车辆和行人,根据各自的目的,自由地行驶在分布范围很广的道路网上,呈现出复杂的交通现象,其流量、速度、密度不仅随社会和个人对交通需求而不同,也随道路、交通环境和驾驶员的特点而异。为了找出具有特征性的趋向,在道路系统的选定点和路段,收集和掌握车辆或行人运行情况的实际数据所进行的调查分析工作,称为交通调查。交通调查对交通规划、道路设施建设和交通管理等工作具有重要意义。

从交通规划的角度出发,交通调查的意义主要体现在以下几个方面:

①为交通规划和相关理论研究提供重要数据。

②根据现状交通调查数据预测的远景交通量,是确定道路设施规模的重要依据。

③使交通规划更加科学合理。

④用于进行道路建设项目决策。

从交通管理的角度出发,交通调查的意义主要体现在以下几个方面:

①交通调查是交通与运营管理的依据。根据交通量调查资料可以掌握道路网络上的交通量时空分布变化情况,掌握道路上高峰小时的时间和交通繁密的地段,据此可以制定交通控制与管理的措施。交通管理者根据交通调查结论发布出行诱导信息,引导社会出行者在整个交通网络中的出行走向,使出行者提前选择优化的出行路线,有效降低道路交通拥堵程度。

②交通调查是确定交通控制方法的依据。根据交通量大小及分布情况,确定交叉口交通控制的方式、信号灯周期的长短等。

③用于交通评价和道路安全评价。交通评价是指评价交通设施投入运营或交通措施实施后的效果,也适用于相关项目的交通影响评价。道路安全评价是将调查出的道路交通事故次数、程度等与交通量及交通流的速度联系起来分析,找出事故发生的客观规律,对道路交通安全做出客观评价。

④其他方面的应用。公路交通量调查还能够为宏观政策制定、交通运输行业经济分析、公路建设投资评价、路网运行监测与评价、公路养护与管理、交通应急处置等提供有力支撑。

二、交通调查的对象和分类

1. 以掌握大区域的交通需求和交通状况为目的的交通调查

以掌握大区域的交通需求和交通状况为目的的交通调查，主要有：

①全国干线公路调查，包括设立连续式观测站和间隙式观测站，进行交通量、交通组成和车速的长期定点观测。

②城市居民出行调查，包括城市居民出行 OD 调查、公共交通 OD 调查、城市货运 OD 调查。

③城市交叉口及主要路段交通调查，包括定期的交通量、车速、延误、阻塞、路边停车等项调查。

2. 以指定范围和指定路段的工程建设和交通管理需要为目的交通调查

以指定范围和指定路段的工程建设和交通管理需要为目的交通调查，主要有：

①地区出入交通量调查。

②路段瞬时车速和区间车速调查。

③交叉口流量、流向、车型、延误、排队调查。

④路边、路外停车调查。

⑤公共交通调查。

⑥综合交通运输调查。

⑦道路交通条件与交通环境调查。

⑧交通事故多发点调查。

三、交通调查的内容

交通调查涉及人、车、路与环境等综合交通系统中的各个方面，范围相当广泛，主要有：

①交通流要素调查，包括交通量、行车速度、交通流密度以及与其有关的车头间距、占有率等的调查。

②交通需求调查，包括土地利用、交通生成、分布与分配特性的调查，其中常见的有 OD 调查（详见第六章）。

③交通事故调查，包括对事故发生次数、性质、原因的调查，具体的调查内容、方法见第九章。

④交通环境调查，包括交通对环境造成污染的诸方面调查。这方面的内容将在第十二章中叙述。

本章重点介绍交通流要素调查。

四、交通调查的注意事项

交通流特性参数的大小与变化规律受道路与交通环境的制约，而且这些条件经常变化，因此，交通调查总是在对应于某些条件下进行的，这些条件在调查中必须予以注明。一些特定目的调查也可人为地创造特定的道路与交通条件。

交通调查与调查数据的分析处理方法也应视实测目的予以选择。但不论何种调查目的或使用何种调查分析方法，都应本着实事求是的原则，对交通流进行实地调查，切忌主观臆断、弄虚作假,否则,会导致错误结论,给科学研究和社会带来极大危害。

交通调查多数情况下是在交通现场做统计调查,工作量大、工作条件差,延续时间长,要求一定的实测精度。为此要求调查人员要有较好的素质,其中包括技术水平和工作态度。此外,交通调查工作经常涉及社会各个方面,做好这项工作需有广泛的协作和良好的组织。

第二节 交通量调查

一、交通量调查的目的

交通量包括机动车(通常指汽车,也包括摩托车)交通量、非机动车(通常是指自行车)交通量、行人交通量。本节主要讨论机动车交通量调查。

调查机动车交通量的目的是:

一是在某一地点做周期调查,了解交通量的组成、分布,掌握交通量随时间推移的变化规律,据此预测交通量及其发展趋势。

二是为道路规划、建设及交通运营管理与控制提供交通流量、流向、车速、延误、停车等数据。

三是通过对道路建设前后或交通管理措施实施前后的交通量调查,评价道路服务水平,检验交通管理措施实施效果。

四是用于推算道路通行能力,预测与计算事故率及道路运输成本和效益等。

五是为进行交通工程学基础理论研究和公路科学研究提供基础资料。

六是为制定交通政策法规提供基础数据。

二、交通量调查的种类

根据使用目的不同,交通量调查可分为路网(或区域)交通量调查和特定地点(或称为特定道路)交通量调查。

为了掌握全国或某地区公路或城市道路交通流量的地域分布,历年交通量的变化和交通量年、月、日的时间分布情况,需对该区域的公路(或道路)网进行定期的交通量观测,称作路网(或区域)交通量调查。

为了对新建或改建道路进行经济核算,或为了掌握城市或城市中某一范围(包括近郊公路)的出入交通量,或对指定的交叉路口、桥隧和收费道路出入口等采取交通管理措施时,需进行指定地点的交通量调查,称为特定地点(或称特定道路)交通量调查。

1.路网交通量调查

(1)公路网交通量调查

在设置流量观测站前,应先将调查区域范围内的每条干线和支线划分为若干调查区间,然后在已划定的各调查区间上各设一区间代表观测站,以代表该调查区间的交通量。

全国性的或省(区、市)范围内的公路网交通量调查,应从全局出发,根据公路网布局和所划定的调查区间，布置交通流量观测站，如图 3-1 所示。对于国道和重要省道应设置控制观测站，一般省道或地方道路设置辅助观测站，对于某些特殊地点可设置补充观测站。通过三级观测站进行交通流量观测，基本上可掌握全国或省（区、市）公路网的交通量分布及其变化规律。

（2）城市道路路网交通量调查

城市道路路网交通量的调查方法，与公路网交通量调查方法基本相似，但是由于城市交通具有道路网密度大、交叉口多、路段短、交通量大、交通成分复杂等特点，城市道路网的交通量调查应该注意其特点。

城市道路路网交通量的调查，一般包括对路段、交叉口和城市道路的调查（图 3-2），或根据规划、设计工作的需要，对某个区域（如广场、商业区、交通枢纽、体育场）进行调查。城市道路交通量的调查地点一般设在不受平面交叉口交通影响的路段（调查路段交通量）、交叉口各入口停车线处（调查交叉口交通量）、交通设施的出入口（如道路收费口和停车场出入口）、特定地点（如分界线、小区边界线等处）。

图 3-1　公路交通量调查观测站

图 3-2　城市道路交通量调查观测站

2. 特定地点交通量调查

特定地点交通量调查主要包括区域出入交通量调查、核查线调查、交叉口交通量调查等，可以采用人工计数法和机械计数法。

（1）区域出入交通量调查

为了掌握城市或城市中某一范围（包括近郊公路）的出入交通量，调查时将区域包围线（或小区边界线）与进入该地区道路的相交处作为调查点，分别调查与区域包围线相交的主要道路上进入和离开该区域的交通量，以检测出入交通量与区内交通量的比例关系，这一调查与 OD 调查和其他交通调查同步进行。

（2）核查线调查

核查线调查是以河流、铁道、主干道等人为设立的核查线为分界线，调查两侧区域互相来往穿越检查线的交通量，这种调查通常是为了检验 OD 调查。核查线调查需分时段、分车种、分流向进行，调查时间一般选择在周二至周四中的某一天。

（3）交叉口交通量调查

交叉口交通量调查根据其作用不同可分为两种：一种是因交通规划或交通管理规划需要，

对城市或城市某一区域中的主要交叉口进行交通量调查;另一种是对指定的交叉口采取交通管理措施时进行的交通量调查。

交叉口交通量调查的目的是获得交叉口通行能力、交通量变化以及高峰小时交通量和交通组成等资料,因此,调查时间应该选择在高峰小时流量最大的时刻。当机动车流量高峰、自行车流量高峰和行人流量高峰不重合时,可分别测定。

三、交通量调查方法

1. 人工调查法

人工调查法是指安排人员在指定地点按调查工作计划进行交通量观测。人工调查法用原始记录表格以写“正”字记录来往车辆,亦可用机械或电子式的简单计数器记录,按统计要求,将记录结果登记于记录表格上。根据调查计划要求,统计的时间单位可以是5min、15min、1h和8h等。一般应分车型、来去向进行记录,有时还要分车道记录。

表3-1为按15min时段采用人工调查法记录的样表。

交通量观测记录表　　表3-1

线路:107国道　　观测站:××市东侧　　方向:由南向北

日期:2020年1月10日　　星期:四　　天气:晴　　调查员:×××

观测时间	小型货车	中型货车	大型货车	小客车	大型客车	载货拖挂车	小型拖拉机	大、中型拖拉机	小计
6:00—6:15	丅	一	下	一	一	一	丅	一	12
6:15—6:30	𠄟	丅	𠄟	丅	一	丅	一	一	17
6:30—6:45	正	正一	丅	𠄟	𠄟				21
6:45—7:00	𠄟	丅	一	正	正				17
合计	15	11	10	12	11	3	3	2	67

2. 流动车观测法

调查人员利用观测车往返行驶于某一选定路段,进行交通流观测,即为流动车观测法。

调查时,为方便工作,观测车尽量不要使用警车等有特殊标记的车辆,座位以足够容纳调查人员为宜,最好采用面包车,驾驶员要有熟练的驾驶技术。调查人员(除驾驶员外)需3~4人,一人记录与观测车同向行驶的车辆数(超越观测车的车辆数和被观测车所超越的车辆数),一人记录对向行驶来的车辆数,一人报告观测车行驶时间及停驶时间(看表),一人记录观测车行驶时间及停驶时间。

流动车观测法适用于交通流较稳定、岔道较少和岔道交通量亦较小的路段,且仅用于短时间的观测。为真实反映交通情况,应注意路段和行程时间不要太长。对于较长路段可进行分段观测,以较短的时间分别完成调查。同时应注意,用观测车观测交通量时,应尽可能使观测车的车速接近观测路段车流的平均速度;当交通量很小时,应接近调查路段的限制车速;对于多车道路段,最好变换车道行驶,并尽可能使超车数与被超车数大致相等,尤其是当交通量小时更应如此。

流动车观测法灵活、方便，根据调查的数据资料，可以计算出路段交通量，也可同时计算出平均行驶车速、平均运行时间等重要参数。

如图 3-3 所示，观测时首先对选定的观测路段，丈量其长度 L(单位为 km)，并将路段的起、终点定名为 A、B 点。当观测车驶离起点 A 时，观测员即开始记录(行程用秒表计时)，所需计数的内容如下：

①观测车对向行驶来的车辆数 X_A；

②同向超越观测车的车辆数 $Y_{A\text{-}B}$；

③被观测车所超越的车辆数 $Z_{A\text{-}B}$；

④观测车行驶于路段 AB 的行程时间 $T_{A\text{-}B}$(单位为 min)。

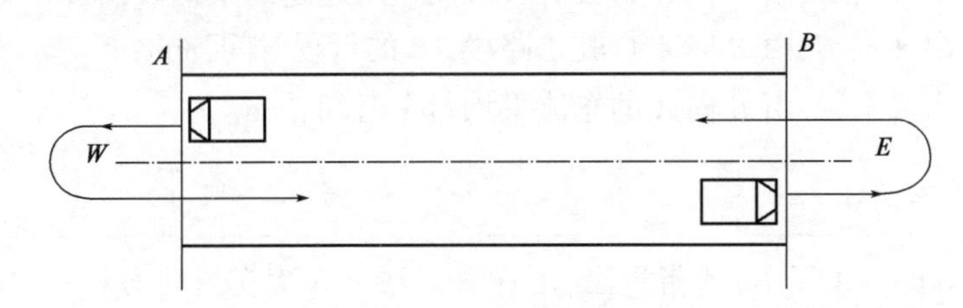

图 3-3 观测车运动示意

当观测车到达终点 B 时，应立即掉头从 B 向 A 行驶，并做相同的观测记录，此时所得数据为 X_B、$Y_{B\text{-}A}$、$Z_{B\text{-}A}$ 及 $T_{B\text{-}A}$。流动车观测法原始记录表见表 3-2。

流动车观测法原始记录表 表 3-2

路段名称及编号:________ 调查区间编号:________ 测定距离:________(km)

观测时间:_____年____月____日____时 天气状况:________

行车方向	观测次数(次)	逆向交会车辆数 X_A(辆)	同向超越观测车的车辆数 $Y_{A\text{-}B}$(辆)	同向被观测车所超越的车辆数 $Z_{A\text{-}B}$(辆)	行程时间 $T_{A\text{-}B}$	
					min	s
A 至 B	1					
	2					
	…					
行车方向	观测次数(次)	逆向交会车辆数 X_B(辆)	同向超越观测车的车辆数 $Y_{B\text{-}A}$(辆)	同向被观测车所超越的车辆数 $Z_{B\text{-}A}$(辆)	行程时间 $T_{B\text{-}A}$	
					min	s
B 至 A	1					
	2					
	…					

注：车辆数记录采用写“正”字的方法，一个“正”字代表 5 辆车。

一般行驶 6～12 个往返即可满足所需数据的精度要求。计算公式如下：

$$Q_A = \frac{X_B + Y_{A\text{-}B} - Z_{A\text{-}B}}{T_{A\text{-}B} + T_{B\text{-}A}} \times 60 \tag{3-1}$$

$$Q_B = \frac{X_A + Y_{B\text{-}A} - Z_{B\text{-}A}}{T_{A\text{-}B} + T_{B\text{-}A}} \times 60 \tag{3-2}$$

$$\overline{T}_{A\text{-}B} = T_{A\text{-}B} - \frac{Y_{A\text{-}B} - Z_{A\text{-}B}}{Q_A} \tag{3-3}$$

$$\overline{T}_{B\text{-}A} = T_{B\text{-}A} - \frac{Y_{B\text{-}A} - Z_{B\text{-}A}}{Q_B} \tag{3-4}$$

$$Q = Q_A + Q_B \tag{3-5}$$

上述式中:Q——AB 路段的交通量,辆/h;

Q_A、Q_B——以 A 或 B 为始点的上行或下行方向的交通量,辆/h;

X_A、X_B——由 A 向 B、由 B 向 A 行驶时观测车对向行驶来的车辆数,辆;

$Y_{A\text{-}B}$、$Y_{B\text{-}A}$——由 A 向 B、由 B 向 A 行驶时同向超越观测车的车辆数,辆;

$Z_{A\text{-}B}$、$Z_{B\text{-}A}$——由 A 向 B、由 B 向 A 行驶时被观测车所超越的车辆数,辆;

$T_{A\text{-}B}$、$T_{B\text{-}A}$——由 A 向 B、由 B 向 A 行驶于路段 AB 的行程时间,min;

$\overline{T}_{A\text{-}B}$、$\overline{T}_{B\text{-}A}$——由 A 向 B、由 B 向 A 的车流平均行车时间,min。

例 3-1

在一段长 1.60km(A 至 B)的街道上,用观测车往返 6 次观测同向和逆向车数,记录结果整理见表 3-3,求该路段的交通量。

流动车观测法原始记录整理表 表 3-3

行车方向	观测次数(次)	逆向交会车辆数 X_A(辆)	同向超越观测车的车辆数 $Y_{A\text{-}B}$(辆)	同向被观测车所超越的车辆数 $Z_{A\text{-}B}$(辆)	行程时间 $T_{A\text{-}B}$(min)
A 至 B	1	42	1	0	2.52
	2	45	2	0	2.57
	3	47	2	1	2.37
	4	51	2	1	3.00
	5	53	0	0	2.42
	6	53	0	1	2.50
	合计	291	7	3	15.38
	平均值	48.5	1.2	0.5	2.56
行车方向	观测次数(次)	逆向交会车辆数 X_B(辆)	同向超越观测车的车辆数 $Y_{B\text{-}A}$(辆)	同向被观测车所超越的车辆数 $Z_{B\text{-}A}$(辆)	行程时间 $T_{B\text{-}A}$(min)
B 至 A	1	34	2	0	2.48
	2	38	2	1	2.37
	3	41	0	0	2.73
	4	31	1	0	2.42
	5	35	0	1	2.80
	6	38	0	1	2.48
	合计	217	5	3	15.28
	平均值	36.2	0.8	0.5	2.55

解：

由 A 至 B 方向的交通量：

$$Q_A = \frac{X_B + Y_{A\text{-}B} - Z_{A\text{-}B}}{T_{A\text{-}B} + T_{B\text{-}A}} \times 60 = \frac{36.2 + 1.2 - 0.5}{2.56 + 2.55} \times 60 = 433(\text{辆/h})$$

由 B 至 A 方向的交通量：

$$Q_B = \frac{X_A + Y_{B\text{-}A} - Z_{B\text{-}A}}{T_{A\text{-}B} + T_{B\text{-}A}} \times 60 = \frac{48.5 + 0.8 - 0.5}{2.56 + 2.55} \times 60 = 573(\text{辆/h})$$

AB 路段的交通量：

$$Q = Q_A + Q_B = 433 + 573 = 1006(\text{辆/h})$$

由 A 至 B 的车流平均行车时间：

$$\overline{T}_{A\text{-}B} = T_{A\text{-}B} - \frac{Y_{A\text{-}B} - Z_{A\text{-}B}}{Q_A} = 2.56 - \frac{1.2 - 0.5}{433 \div 60} = 2.46(\text{min})$$

由 B 至 A 的车流平均行车时间：

$$\overline{T}_{B\text{-}A} = T_{B\text{-}A} - \frac{Y_{B\text{-}A} - Z_{B\text{-}A}}{Q_B} = 2.55 - \frac{0.83 - 0.5}{573 \div 60} = 2.52(\text{min})$$

3. 仪器自动计测法

仪器自动计测法是利用自动计测仪进行数据记录，以仪器自动计测代替人工观测工作。自动计测仪一般由车辆检测器、数字处理机和计数器构成。根据检测器（传感器）的不同，自动计测仪主要有压管式、地磁式、电磁式、超声波式、红外线式、雷达式、视频检测法等类型。

计数器有数字式计数器、录带式计数器、环形图表式计数器、计算器式计数器等类型。

4. 无人机摄影法

无人机是一种新型的航空设备，操作人员使用遥控器控制，利用电力作为飞行动力，搭载高清摄像设备，可以实现飞行中连续拍摄图像。无人机主要由无人机本体、地面信号接收站及无人机携带的设施三部分组成。无人机操作灵活简单、活动范围广泛，能够适应各种各样的道路情况。随着无人机技术的普及和图像处理技术的完善，利用无人机与图像处理技术相配合来进行交通量调查成为一种全新的调查方式，可精确快捷地提取交通量参数，还可提取交通流密度、行车速度等参数。

四、交通数据的分析应用

1. 数据整理与分析

根据观测手段或计数的方法不同，交通量资料的整理与分析方法大体可分为两类：

（1）由机械计数自动记录的资料：一般不用专门进行人工整理，可直接由计数器打印输出，条件理想的可以直接利用接口程序把数据录入计算机，然后利用计算机进行图表的制作和一些系数的直接计算。

(2)大量的人工计数资料:一般都是间断调查的,延续的时间较短,但涉及的范围很广、种类很多,这些资料一般在人工预处理的基础上,再利用计算机软件辅助处理。

2. 不同类型的交通量换算

实测交通量时是分车型计测车辆数的,在交通流中不同车型的车辆占用的空间与时间不同,同一车道的通过数量也不同,而在交通运营中常常需要将其换算成某种单一车型的数量,通常称之为交通量换算。

(1)《公路工程技术标准》(JTG B01—2014)方法

《公路工程技术标准》(JTG B01—2014)规定交通量换算采用小客车为标准车型,车辆折算系数见表3-4。

《公路工程技术标准》(JTG B01—2014)规定的车辆折算系数　　表3-4

汽车代表车型	换算系数	说明
小客车	1.0	座位≤19座的客车和载质量≤2t的货车
中型车	1.5	座位>19座的客车和2t<载质量≤7t的货车
大型车	2.5	载质量7t<载质量≤20t的货车
汽车列车	4.0	载质量>20t的货车

注:1. 畜力车、人力车、自行车等非机动车在设计交通量换算中按路侧干扰因素计。
2. 公路上行驶的拖拉机每辆折算为4辆小客车。
3. 公路通行能力分析所要求的车辆折算系数应针对路段、交叉口等形式,按不同的地形条件和交通需求,采用相应的折算系数。

(2)《城市道路工程设计规范(2016年版)》(CJJ 37—2012)方法

《城市道路工程设计规范(2016年版)》(CJJ 37—2012)规定交通量换算采用小客车为标准车型,车种换算系数见表3-5。

《城市道路工程设计规范(2016年版)》(CJJ 37—2012)规定的车种换算系数　　表3-5

车型	小客车	大型客车	大型货车	铰接车
换算系数	1.0	2.0	2.5	3.0

3. 交通量调查的成果

由上述方法得到的交通量,还应根据调查目的进行处理分析,一般做如下处理。

(1)绘制交通量空间变化的图形

①区域交通流量图。将在同一时期内测得的同一区域各条道路的交通量标注在该区道路示意图上即可得到区域交通流量分布图(图3-4)。此图可明确表示区域内道路交通量分布情况。交通量数量也可用不同宽度线条表示。

②交叉口交通流量图。对通过交叉口的交通量进行实测后,可分不同交通流向绘制交叉口交通量图(图3-5)。

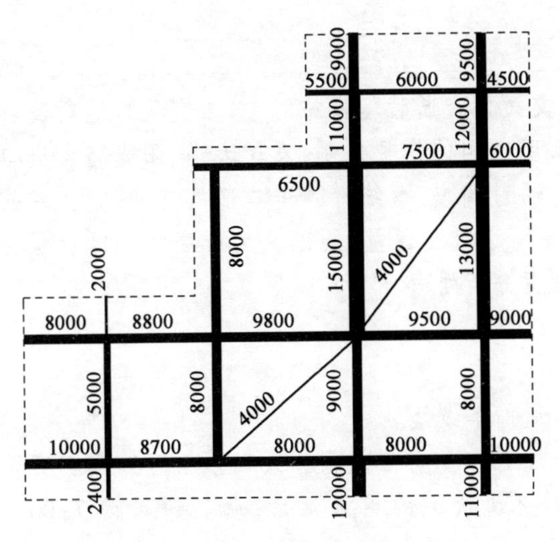

图 3-4　区域交通量分布图(单位:pcu/d)

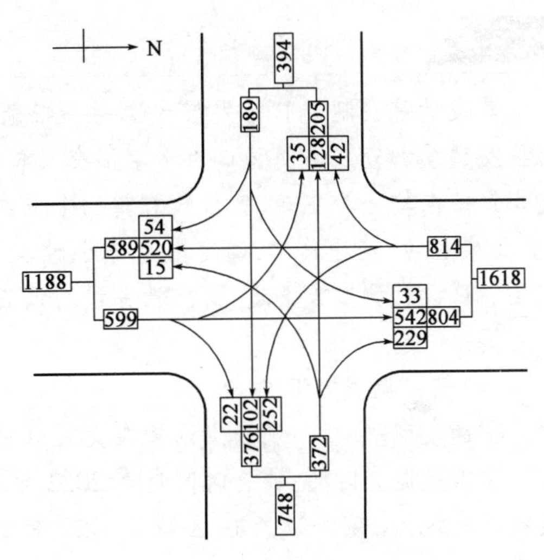

图 3-5　交通口高峰小时交通量图(单位:pcu/ h)

(2)绘制交通量随时间变化的图形

①绘制交通量历年变化图(图 3-6)。

②绘制(一年内)交通量月变图。

③绘制交通量周变图。

④绘制(一天中)交通量的时变图。

4. 计算交通量特定参数

一般情况下,对实测交通量值要进行以下特定参数的计算:年平均日交通量 AADT;高峰小时交通量 PHV;交通量月变化系数 M;交通量日变化系数 D;利用(全年)小时交通量排序曲线确定道路设计小时交通量。

5. 交通量构成分析

利用电子表格进行数据分析,可以直观地看到某路段在某时间段内的车辆构成(图 3-7)。

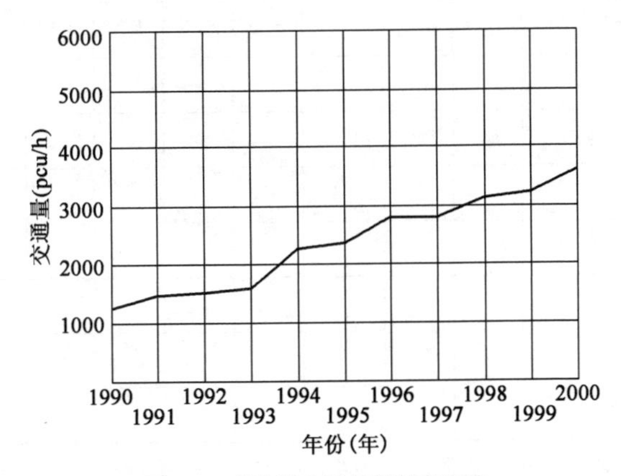

图 3-6　某路段交通量历年变化图

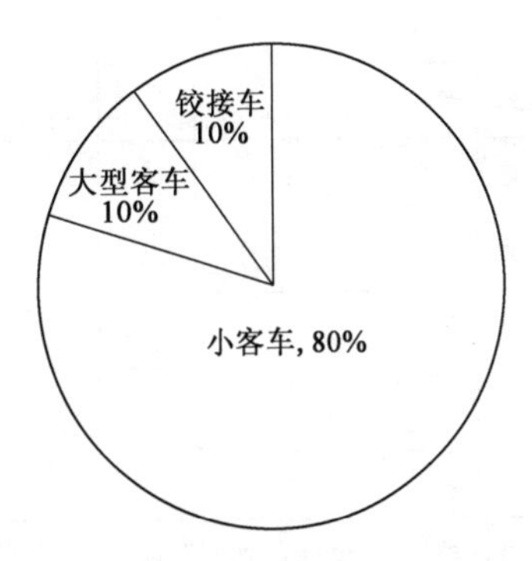

图 3-7　某路段在某时间段内车辆构成

例 3-2

某设计院在制定B市发展大道——阳光路交叉口交通管理措施时,对该交叉口进行高峰时段交通量调查。该交叉口为十字形交叉口,采用四相位信号控制,发展大道、阳光路各进口道车流方向均分为左转、直行和右转三个方向。通过调查,欲统计各进口道的交通总量、左转(直行或右转)交通总量,确定出高峰小时以及高峰小时交通量,绘出交叉口高峰小时流量流向图。试设计调查方案进行调查,并进行调查数据分析处理。

解:

(1)拟订调查方案

①选定观测地点:调查点设置在交叉口进口道停车线处。

②拟定调查时间:调查时间选在2022年10月19日(周三),根据天气预报可知调查日天气状况良好,且交叉口所在区域当日没有影响交通状况的重大活动;调查时段为7:00—10:00、16:00—19:00。

③划分车种:分机动车和非机动车,机动车分为客车(大型、小型)、货车(大型、小型)、摩托车。

④选定观测方法:采用人工观测法,每15min为一个记录时段。

⑤制作、打印调查表格(表3-6、表3-7)。

⑥人员配备和分工。为进行机动车交通量调查,每个进口道需3个调查员,分别记录左转、直行、右转的交通量,连续记录3h。7:00—10:00的调查和16:00—19:00的调查拟安排同一组调查人员,需12个调查人员。

交叉口机动车交通量调查原始记录表　　表3-6

交叉口名称:________ 进口:________ 交叉口形式:________ 交叉口控制方式:________

调查时间段:________ 调查员:________ 调查日期:________

时段	左转					直行					右转				
	客车		货车		摩托车	客车		货车		摩托车	客车		货车		摩托车
	大型	小型	大型	小型		大型	小型	大型	小型		大型	小型	大型	小型	
7:00—7:15															
7:15—7:30															
7:30—7:45															
7:45—8:00															
8:00—8:15															
…															
合计															

注:1. 黄色牌照、渐变绿色牌照对应小型车,黄色牌照、黄绿相间牌照对应大型车,客货两用车按客车计。

2. “进口”填“东进口”“西进口”“南进口”或“北进口”。

3. 用“正”字记录车辆数。

表 3-7

交叉口非机动车交通量调查原始记录表

交叉口名称:________ 进口:________ 交叉口形式:________ 交叉口控制方式:________

调查时间段:________ 调查员:________ 调查日期:________

时段	左转	直行	右转
7:00—7:15			
7:15—7:30			
7:30—7:45			
7:45—8:00			
8:00—8:15			
…			
合计			

注:1."进口"填"东进口""西进口""南进口"或"北进口"。
2.用"正"字记录车辆数。

为进行非机动车交通量调查,每个进口道需1个调查员,记录左转、直行、右转的交通量,连续记录3h。7:00—10:00的调查和16:00—19:00的调查拟安排同一组调查人员,需4个调查人员。

(2)调查人员培训

通过培训,使调查人员明白车型识别方法、填表方法以及调查中应注意的事项。

进行正式调查前,必要时需进行小范围内的试调查,尽早发现问题,及时采取相应解决措施,为顺利进行正式调查做好充分准备。

(3)进行调查

调查日当天,调查人员应在预定的时间前20min到达调查现场,熟悉调查车辆的车型、数据记录的方法,明确各自的具体分工。

提前10min做好准备,拿好硬板夹、调查表、铅笔,填好表头中的调查时间和观测方向。

时间(如7:00)一到,各观测员认真确定车辆类型,记录在调查表格中;15min时段结束时,各观测员应立刻开始记录下一个15min时段数据,依次继续。

调查完毕,收回"交叉口机动车交通量调查原始记录表"。

(4)调查数据分析与处理

①将收回的"交叉口机动车交通量调查原始记录表"中的正字统计成数字,得到"交叉口机动车交通量调查整理表"。表3-8是北进口道机动车交通量调查整理表。

②将"交叉口机动车交通量调查整理表"中的交通量换算成标准小汽车(小客车、小型货车车种换算系数取1.0,大型客车、大型货车车种换算系数分别取2.0、2.5,摩托车车种换算系数取0.4),并计算出各进口道在每个15min时段内直行、左转、右转车的总量,得到"交叉口机动车交通量调查汇总表",见表3-9。

交叉口机动车交通量调查整理表　　表3-8

交叉口名称:发展大道+阳光路　进口:北　交叉口形式:十字形　交叉口控制方式:信号控制

调查时间段:7:00—10:00　调查日期:2022年10月19日

时段	左转					直行					右转				
	客车		货车		摩托车	客车		货车		摩托车	客车		货车		摩托车
	大型	小型	大型	小型		大型	小型	大型	小型		大型	小型	大型	小型	
7:00—7:15	12	29	0	3	4	13	70	0	1	10	1	40	0	2	0
7:15—7:30	10	64	0	0	5	5	136	0	1	22	3	82	0	0	3
7:30—7:45	9	70	0	0	36	8	138	0	0	48	2	82	0	0	15
7:45—8:00	8	74	0	0	18	8	169	1	0	29	0	88	0	0	4
8:00—8:15	8	95	0	0	10	7	176	0	2	21	0	47	0	0	2
8:15—8:30	7	74	0	1	12	2	159	0	0	18	0	45	0	0	2
8:30—8:45	4	88	0	1	10	5	114	0	0	28	1	83	0	0	2
8:45—9:00	7	67	0	2	12	9	122	0	0	21	2	69	0	2	2
9:00—9:15	7	60	0	2	11	3	121	0	2	15	1	87	0	0	2
9:15—9:30	12	96	0	1	15	5	206	0	2	16	5	75	0	0	7
9:30—9:45	6	77	0	0	8	3	109	0	1	17	0	82	0	0	1
9:45—10:00	7	71	0	0	9	3	120	0	1	14	0	38	0	0	2
合计	97	865	0	10	150	71	1640	1	10	259	15	818	0	4	42

③根据“交叉口机动车交通量调查汇总表”可确定出机动车交通量高峰小时,由表3-9可知,早高峰的高峰小时为7:45—8:45,高峰小时流量6225pcu/h。计算高峰小时内各进口道左转、直行、右转流量,得到“交叉口机动车高峰小时流量流向表”,见表3-10,同时绘出交叉口机动车高峰小时流量流向分布图。

④同理,对非机动车交通量进行整理分析,确定出非机动车高峰小时流量。如果机动车高峰小时与非机动车高峰小时不相同,可以将每个15min时段的机动车交通量与非机动车交通量按车种换算后相加,计算出每个15min时段总交通量,再确定整个交叉口的高峰小时或高峰小时交通量。

表 3-9

交叉口机动车交通量调查汇总表(7:00—10:00;单位:pcu/h)

交叉口名称:发展大道+阳光路　交叉口形式:十字形　交叉口控制方式:信号控制　调查员:张三　调查日期:2022 年 10 月 19 日

时间段	北进口			南进口			东进口			西进口			合计
	左转	直行	右转	左转	直行	右转	左转	直行	右转	左转	直行	右转	
7:00—7:15	57.6	101.0	44.0	83.6	54.4	57.2	56.2	111.2	91.8	35.2	84.8	41.8	818.8
7:15—7:30	86.0	155.8	89.2	91.8	134.0	73.2	54.0	127.8	72.4	58.0	129.8	62.6	1134.6
7:30—7:45	102.4	173.2	92.0	122.6	135.4	79.4	70.2	192.0	119.6	54.2	121.4	80.4	1342.8
7:45—8:00	97.2	199.1	89.6	109.0	169.6	80.4	119.6	215.2	119.4	58.0	208.4	83.4	1548.9
8:00—8:15	115.0	200.9	47.8	118.8	129.8	96.8	129.0	263.8	190.6	84.0	176.0	90.6	1642.6
8:15—8:30	93.8	170.2	45.8	145.6	134.6	97.0	89.0	297.2	170.8	107.0	223.8	96.2	1671.0
8:30—8:45	101.0	135.2	85.8	87.4	101.0	82.0	96.4	217.8	126.4	62.8	198.2	68.2	1362.2
8:45—9:00	87.8	148.4	75.8	101.2	137.6	68.0	67.0	206.8	88.2	102.0	219.4	79.2	1381.4
9:00—9:15	80.4	135.0	89.8	104.4	126.4	89.2	65.0	209.8	111.4	93.6	229.4	71.4	1405.8
9:15—9:30	127.0	224.4	87.8	140.0	129.4	84.2	64.6	220.8	138.0	75.2	203.8	56.4	1551.6
9:30—9:45	92.2	122.8	82.4	156.0	175.0	70.2	158.2	289.0	106.0	102.2	216.4	81.4	1651.8
9:45—10:00	88.6	132.6	38.8	141.2	139.2	48.2	53.0	162.8	103.4	74.0	143.8	73.6	1199.2
合计	1129.0	1898.1	868.8	1401.6	1566.4	925.8	1022.2	2514.2	1438.0	906.2	2155.2	885.2	16710.7

表 3-10

交叉口机动车高峰小时流量流向表(早高峰 7:45—8:45;单位:pcu/h)

进口道	北进口				南进口				东进口				西进口				交叉口总计
流向	左转	直行	右转	合计	左转	直行	右转	合计	左转	直行	右转	合计	左转	直行	右转	合计	
流量(pcu/h)	407	705	269	1381	461	535	356	1352	434	994	607	2035	312	807	338	1457	6225

第三节 行车速度调查

一、行车速度调查的目的和意义

在交通工程学范畴内,车辆速度或车流速度是重要的基本参数,其数值大小与道路的通行能力、交通安全、交通控制管理、规划设计等方面有着直接的关系。车速是度量各级道路交通设施服务功能的一项重要指标,它综合反映了这些设施的功能、质量和服务水平的状况。行车速度调查的目的和意义具体体现在以下几个方面:

①掌握车速分布状态及车速的变化和发展规律,探求车速发展趋势。

②根据车速资料制定某种交通管理措施,如限速标准、确定建议车速、车辆运行调度等。

③行车速度作为道路几何设计的依据,可用于确定平纵曲线半径、纵坡及变速车道长度等指标。

④进行交通事故分析时,需考虑行车速度的大小,进行危险路段的评定。

⑤利用行车速度资料,判定道路服务水平、交通拥挤情况。

⑥行车速度是道路可行性研究及工程经济评价中的一项重要指标,据此可以计算道路工程项目实施后的效益;通过事前、事后调查可判断交通管理和工程措施的效果。

⑦行车速度参数可用于交通流理论的研究。

二、地点车速的调查方法

1. 调查地点的选择

调查地点应根据调查目的进行选择,一般应考虑以下因素:

①调查地点一般应选择视野条件好的道路直线段,并应选在无特殊交通标志、无交通信号、无公交站台和不受道路交叉口影响的道路区间部分。

②当为确定信号控制而进行车速调查时,调查地点应选在控制对象范围内,并应选择不受其他信号影响的地点。

③当为判断交通措施效果而进行事前、事后调查时,事前、事后调查应选择同一位置。

④对事故多发地区进行调查时,应调查进入该区时的车速,调查地点应不受其他因素影响。

另外,为使调查结果不受调查本身的影响,在选择调查地点时还应注意测量仪器及观测人员不应吸引驾驶员注意,并且不引起群众的围观。

2. 调查时间的选择

调查时间一般应选择非高峰小时的时段,事前、事后调查应选择相同的时段,地点速度调查还应避开交通异常时间,如节假日及恶劣天气等。

同调查地点的选择一样,应根据调查目的选择调查时间。没有特殊说明,不应选择交通有异常的日期和时间。例如,节假日由于大部分居民不上班,车流量少,因此,车速一般高于平时;又如一些大型体育赛事或集会活动举行前后,交通量会突然增大,车速较平时变缓。为制定交通管理措施搜集数据或为检验交通改善措施的效果,调查应选择在机动车早高峰或晚高峰时段,因为这段时间交通量大,矛盾最为突出。

3. 调查抽样率

地点车速调查不同于交通量调查,需要进行抽样调查。为节省人力、物力,抽样数量应在满足实测精度的条件下尽量少。根据地点车速调查的精度要求,调查总样本数量不应少于150 辆,其中单一车种不应少于 50 辆,测速时段不宜过短,一般应在 1h 以上。此外,在抽样时不仅应先保证足够的抽样率,还应尽量避免人的主观选择,保证抽样的随机性。为此,调查抽样可以按以下形式进行:

①避开调查开始时的车辆。

②对各种车型的抽样率应与其在车流中的混入率基本一致。

③抽样时,可事先选定车牌尾数,如只测尾数为偶数车或只测尾数为 0 或 5 的车,以此使抽样无偏。

4. 调查方法

地点车速的调查方法很多,现只介绍几种常用的方法:

(1)人工调查法

人工调查法实际上是实测车辆通过某一微小路段的平均车速,如果车辆匀速通过该路段,则这一平均速度即为通过该路段内任一断面处的地点车速。

因此,此方法只需在拟测地点附近选择一个小路段并量测其长度 l,观测员使用秒表测定各种类型车辆经过该路段的时间,记录员在标准记录表上记录车型及车辆通过两端的时间,经整理计算,可得到各类型车辆的地点车速。

具体做法是:在选定的量测长度两端设置两个参考标记,可用色漆画横线于路面上或行道树干上,使观测员能清晰看到;观测员站在测量路段末端,当车辆前轮经过首端参考线时,观测员立即开动秒表,当车辆前轮经过末端参考线时,观测员立即停止秒表。记录表格见表 3-11。

地点车速测量原始记录表 表 3-11

日期:____年____月____日 时间:__________ 地点:__________ 方向:__________

天气:__________________ 测定区间长度:__________________ 调查员:________

车种	车辆经过首端参考线时刻 t_1(s)	车辆经过末端参考线时刻 t_2(s)	$t = t_2 - t_1$(s)	$v = \frac{l}{t}$(m/s)

测得通过该路段车辆所需时间 t 值(单位为 s),即可由下式计算车速值(单位为 km/h):

$$v = \frac{3.6l}{t} \tag{3-6}$$

某种车型通过该点的地点车速为算术平均值。

测量路段越短,越能保证车辆通过时车速均匀,但车辆通过时间过短时,测时误差会增大,因此建议测量路段长度为30~50m,车速较高的路段距离可稍长,以通过时间2~3s为宜,最短也应在1.5s以上。

人工调查法简单易行,但较难进行长时间观测。

(2)道路检测器法

道路检测器法可分为临时检测器法和长期检测器法。

临时检测器法通常是在道路固定距离间隔的两端横越车道各置一根充气橡胶管,当车辆通过第一根管时,车轮压管瞬时产生空气冲击波,从而触发计时装置开始计时,当车轮通过第二根管时,计时装置自动停止。时间数据可由观测员读记,也可借用自动数据记录器记下。由于距离 l 是已知的,记录下通过时间 t,则可由 $v = l/t$(m/s)或 $v = 3.6l/t$(km/h)计算车速。如果有双向车流,为了测量另一行驶方向的车辆车速,通常安装一个调换开始和停止计时方向的装置。也可以采用传感器代替充气橡胶管,用电信号代替空气冲击波,其原理是相同的。

长期检测器法一般采用视频图像识别技术,通过架设于道路上方的摄像头获取车辆通过摄像头下方的动态图像,在图像中设置虚拟速度检测器,利用图像识别技术获取车速数据。

(3)雷达测速仪法

雷达测速仪法原理为多普勒效应——雷达发射波与移动物体反射波的频率差与移动物体的速度成正比。这种雷达测速仪可以在选定地点直接测出车辆通过的瞬时车速,并可直接记录、打印车速数据,是测定地点车速的理想工具。由于此种仪器测定低速车辆的车速较为困难,且在同时感知两辆车时,只显示高速车辆的车速,所以在交通工程学研究中使用并不广泛。

(4)车辆感应器测速法

使用车辆感应器测量车速时,可通过电磁感应或超声波反射原理,同时感知车辆通过的距离和时间,从而计算车辆通过速度。这种测速方式与交通量调查同时进行,便于研究交通量与通过速度的关系,且几乎不受通过区间时的车速变化影响,能较准确地测出地点车速,并且能做长时间连续调查。但当有故障车或事故车停留在感应器上时,车速记录会出现异常。此种感应器设备复杂,费用也高,只能在部分城市或其他有条件的地方使用。

5. 地点车速实测数据分析处理

对于一般使用目的,对由上述测定方法测得的地点车速数据,常做以下分析处理。

(1)绘制速度分布图与分布表

将实测数据按一定间隔分组,凡位于同一组的车速值都认为其值为该分组的中值速度(即车速中值),然后求各组车速数量及频率,将其列表即得地点车速分布表(表3-12)。

地点车速分布表

表3-12

车速范围(km/h)	车速中值 v_i(km/h)	观测车辆数及频率		累计观测车辆数及累积频率	
		车辆数(辆)	频率(%)	累计车辆数(辆)	频率(%)
[53.5,56.5)	55	2	1.0	2	1.0
[56.5,59.5)	58	8	4.0	10	5.0
[59.5,62.5)	61	18	9.0	28	14.0

续上表

车速范围(km/h)	车速中值 v_i(km/h)	观测车辆数及频率		累计观测车辆数及累积频率	
		车辆数(辆)	频率(%)	累计车辆数(辆)	频率(%)
[62.5,65.5)	64	42	21.0	70	35.0
[65.5,68.5)	67	48	24.0	118	59.0
[68.5,71.5)	70	40	20.0	158	79.0
[71.5,74.5)	73	24	12.0	182	91.0
[74.5,77.5)	76	11	5.5	193	96.5
[77.5,80.5)	79	5	2.5	198	99.0
[80.5,83.5)	82	2	1.0	200	100.0
总计		200			

为不使一个数据同时跨越两个分组,各组分界值应是实测单位下移一位的中值。如实测值单位为 km/h 时,分界值应为 0.5km/h,这样每一实测值只可位于一个固定组。将上述表列的频率值绘成车速频率分布曲线(图 3-8),即为车速频率分布图。如将该图纵坐标改为累积频率,则可绘制成车速累积频率分布图(图 3-9)。图 3-8 中任一车速值对应的频率数均表示在该车速以下行驶的车辆数占总车辆数的百分比。

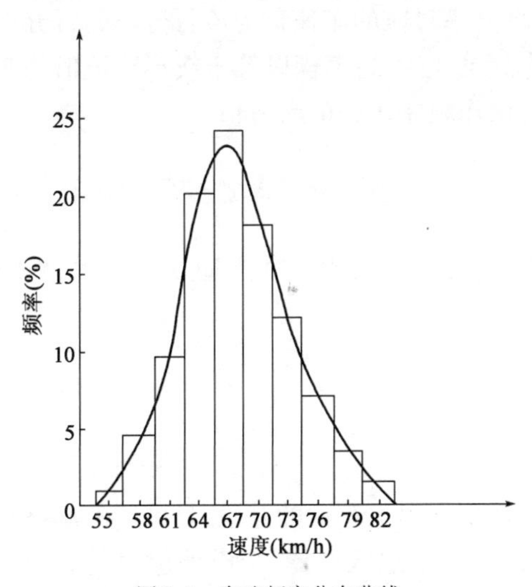

图 3-8 车速频率分布曲线

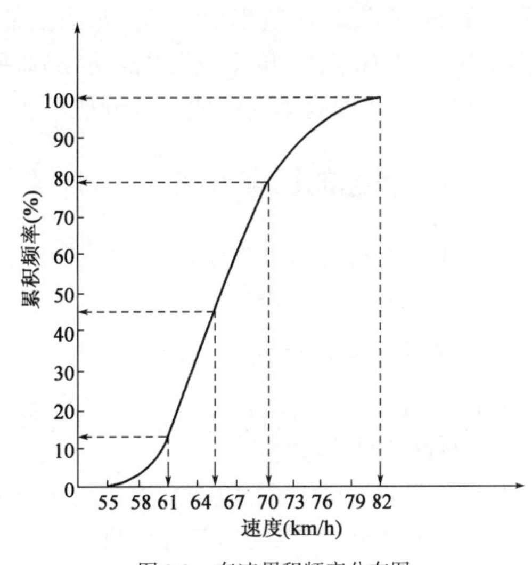

图 3-9 车速累积频率分布图

(2)统计处理

①车速均值及其均方差。均值及均方差是统计分布的两个主要特征值。正态分布的车速数据其均值即为算术平均值,也就是平均车速,它表示道路上通过车辆的统计平均趋势。平均车速越高,表示大部分车辆都以较高的车速行驶,反之大部分车辆的通过速度都较低。均方差表示统计分布的离散程度。均方差越大,表示存在于通过车辆中的速度差越大。当交通量较小时,表示车辆选择速度的自由度大;当交通量较大时,表示交通混乱程度严重。

平均车速及均方差可用式(3-7)和式(3-8)计算:

$$\bar{v}=\frac{\sum_{i=1}^{K} f_i v_i}{n} \tag{3-7}$$

式中:$\bar{v}$——平均车速,km/h;

v_i——各分组的车速中值,km/h;

f_i——对应 v_i 的车辆数;

K——分组数;

n——全体被测车辆数,$n=\sum_{i=1}^{K} f_i$。

$$\sigma=\sqrt{\frac{1}{n-1}\left[\sum_{i=1}^{K} v_i^2 f_i-\frac{1}{n}\left(\sum_{i=1}^{K} v_i f_i\right)^2\right]} \tag{3-8}$$

式中,各符号意义同上。

②统计分布中的特定车速:

a. 中值车速(中间车速)。中值反映车速分布的对称性,车速中值指累积频率为50%的车速值,即中间车速。

b. 众值车速(最常见车速)。众值表示统计分布中发生频率最高的对应值,在车速统计中,众值车速表示最常见的车速。

c. 百分位车速。车速累积频率分布图上某一百分率对应的车速称为该百分率的百分位车速,如85%位车速、15%位车速分别表示85%的车辆或15%的车辆以等于或小于该值的车速行驶,50%位车速即为车速中值。百分位车速常被用作限制车速的参考值。

三、区间车速的调查方法

区间车速调查资料可为编制建设前期工作计划、公路发展规划和交通规划等提供依据。此外,不同数据分析有不同方面的用途。

1. 调查的区间与时间的选择

调查区间与时间均应根据调查目的进行选定。

(1)调查区间的选择

对于一般目的的调查,应选在主要交叉口之间无大量出入车辆的路段,且区间的起终点应选在无交通阻塞处;当以交通管理为目的时,应在拟定管辖地区选择;当以评价交通措施效果为目的时,在采取措施前后均应进行调查,且事前、事后调查应选择相同的路段。

(2)调查时间的选择

可分上、下午高峰与白天和夜晚非高峰等四个时段,每次应连续1h以上,且应避开节假日及天气不良时段。进行事前、事后调查时应选择相同季节、相同周日及相同天气条件。

2. 调查方法

区间车速的调查要实测车辆通过某一已知长度路段的时间,调查方法有流动车观测法、跟车法、车辆牌号对照法、驶入驶出调查法等。此处主要介绍比较常用的流动车观测法、跟车法。

(1)流动车观测法

此方法与调查交通量时的流动车观测法完全相同。即观测车在已知区间内做往复行驶调查,并记录在通过区间的时间内对面车道的来车数及本车道的超车与被超车数量,区间车速计算如下:

$$v_A = \frac{60l}{\overline{T}_{A\text{-}B}} \tag{3-9}$$

$$v_B = \frac{60l}{\overline{T}_{B\text{-}A}} \tag{3-10}$$

式中: l——区间长度,km;

v_A、v_B——在测试路段上测定的由 A 向 B、由 B 向 A 方向的区间平均车速,km/h;

$\overline{T}_{A\text{-}B}$、$\overline{T}_{B\text{-}A}$——由 A 向 B、由 B 向 A 的车流平均行程时间,min;

$\overline{T}_{A\text{-}B} = T_{A\text{-}B} - \frac{Y_{A\text{-}B} - Z_{A\text{-}B}}{Q_A}$;

$\overline{T}_{B\text{-}A} = T_{B\text{-}A} - \frac{Y_{B\text{-}A} - Z_{B\text{-}A}}{Q_B}$;

其余符号意义同本章第二节。

此方法要求驾驶员有熟练的驾驶技术。

例 3-3

已知条件同【例 3-1】,求区间平均车速。

解:

由 A 向 B 方向的平均车速:

$$v_A = \frac{60l}{\overline{T}_{A\text{-}B}} = \frac{60 \times 1.60}{2.46} = 39.0(\text{km/h})$$

由 B 向 A 方向的平均车速:

$$v_B = \frac{60l}{\overline{T}_{B\text{-}A}} = \frac{60 \times 1.60}{2.52} = 38.1(\text{km/h})$$

(2)跟车法

跟车法是利用观测车在观测路段往返行驶,同时记录下所用的时间,用路段的长度除以该时间即可得区间车速。

在测速前应利用大比例尺的地形图量测路段全长及各变化点之间的距离,对路段进行编号,然后到现场勘测,按图上各点在实地做好标记,并补充地形图上遗漏的地物特征点;测试车应具备良好的性能,应能跟上道路上行驶的车辆,一般一辆观测车应配备两名观测人员,观测人员必须熟记预设在道路上的各个标记。

测速时,两名观测人员中的一人观测沿线交通情况,用秒表读出经过各标记地点时的时间、沿线停车时间,并指出停车原因,另一人记录。观测车必须紧跟道路车队行驶,一般不允许超车,但是如果遇到速度较低的车辆可以超越;当观测车遇到阻塞或严重减速时,应该记录减速次数或停车延误时间及原因。

一般要求观测车往返6~8次,每次往返时间尽量小于40min。在道路条件良好、交通顺畅的市郊道路,路段长度以不超过15km为宜。对于市区边缘道路,路线长度以不小于10km为宜。市中心区道路一般交通繁忙,车速低,并受到交叉口的影响,路线长度应小于5km。

跟车法的优点是操作简单容易,能测量全程及路段的行程时间、行驶时间、延误、沿途交通情况,以及交通阻塞原因等,劳动强度低,适用于交通量大、交叉口多的城市道路。缺点是观测次数受行程时间影响,有时还要受到偶然因素的影响。

例3-4

如图3-10所示,观测车从A点出发到G点,经过B、C、D、E、F、G共6个交叉口和6个公交停靠站(观测前量得AB、BC、CD、DE、EF、FG段长度分别为1088m、682m、641m、346m、474m、590m),单方向行驶5次(早高峰时段7:00—9:00行驶2次、晚高峰时段17:00—19:00行驶2次、平常时段9:00—11:00行驶1次),用秒表计时,第1次行驶测得的原始记录如表3-13所示(第2~5次原始记录略),经过整理后得表3-14,试计算区间平均车速。

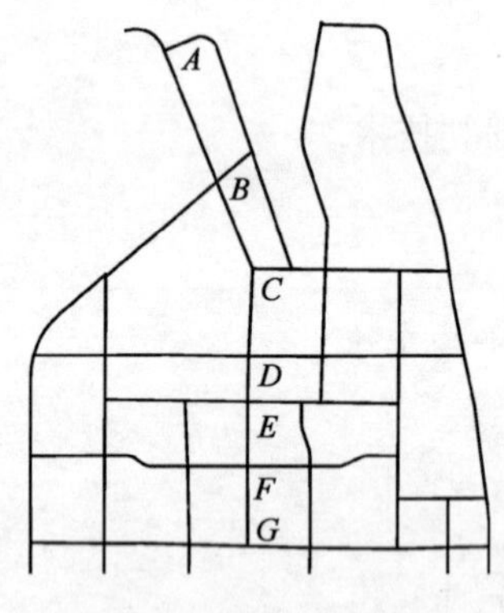

图3-10 观测区间位置图

跟车法测速原始记录表

表3-13

调查路线:长丰路—工农路　　天气:晴

调查日期:2021.3.15(周四)　　调查时段:8:40—9:00　　调查员:

路段编号(路名)	起点	终点	行驶时间(s)	停车时间(s)		停车原因	减速次数(次)	减速原因	备注
				路口	路段				
1长丰路	A	B	150	102		红灯			
2新开路	B	C	67				1	行人横过马路	
3春风路	C	D	58						
	D	E	39		20	紧急阻塞			
4工农路	E	F	62	56		红灯			
	F	G	31	9		红灯			

注:停车、减速原因有红灯、转向车、行人横过马路、自行车、公交停靠、紧急阻塞、其他。

跟车法测速记录整理表 表 3-14

路段名称	起点	终点	长度(m)	行驶时间 t_1(s)					停车时间 t_2(s)					备注
				第1次	第2次	第3次	第4次	第5次	第1次	第2次	第3次	第4次	第5次	
长丰路	*A*	*B*	1088	150	155	172	154	142	102		19		42	
新开路	*B*	*C*	682	67	78	78	79	73				11		
春风路	*C*	*D*	641	58	73	69	56	71					48	
	D	*E*	346	39	47	41	40	35	20	10	29			
工农路	*E*	*F*	474	62	69	77	70	59	56	22	5	7		
	F	*G*	590	31	81	80	68	91	9				59	
合计			3821	407	503	517	467	471	187	32	53	18	149	

解：

平均行驶时间 $\bar{t}_1 = \frac{1}{n}\sum_{i=1}^{n} t_{1i} = \frac{1}{5}\sum_{i=1}^{5} t_{1i} = \frac{1}{5} \times (407 + 503 + 517 + 467 + 471) = 473(\text{s})$。

平均停车时间 $\bar{t}_2 = \frac{1}{n}\sum_{i=1}^{n} t_{2i} = \frac{1}{5}\sum_{i=1}^{5} t_{2i} = \frac{1}{5} \times (187 + 32 + 53 + 18 + 149) = 87.8(\text{s})$。

平均行程时间 $\bar{t} = \bar{t}_{1i} + \bar{t}_{2i} = 473 + 87.8 = 560.8(\text{s})$。

AG 区间车速 $\bar{v} = \dfrac{\frac{l}{1000}}{\frac{\bar{t}}{3600}} = \dfrac{\frac{3821}{1000}}{\frac{560.8}{3600}} = 24.5(\text{km/h})$。

3. 区间车速实测数据分析处理

区间车速实测数据分析处理常用的方法有如下三种。

(1)用数理统计法计算与分析区间车速与频率

当需要得到区域路网或公路全线和某一状况下的车速分布曲线、区间车速及百分位车速时，可以使用地点车速的数据处理方法。

(2)计算速差比绘制曲线图

速差比计算公式：

$$r = \frac{v + v_i}{v} \tag{3-11}$$

式中：r——速差比；

v——全天平均车速；

v_i——每小时的观测车速。

以每小时的时间间隔为横坐标，对应的速差比为纵坐标，将各点连成曲线，即为速差比曲线。

(3)绘制路网等时线图

以交通枢纽为中心，绘制路网图，以固定的运行时间间隔(如 1min、5min、10min)计测各车辆在路网中各条线的行驶距离，再将此距离点绘于路网图上，用顺滑的曲线连接起相同时间的各点，便绘成了等时线图，如图 3-11 所示。

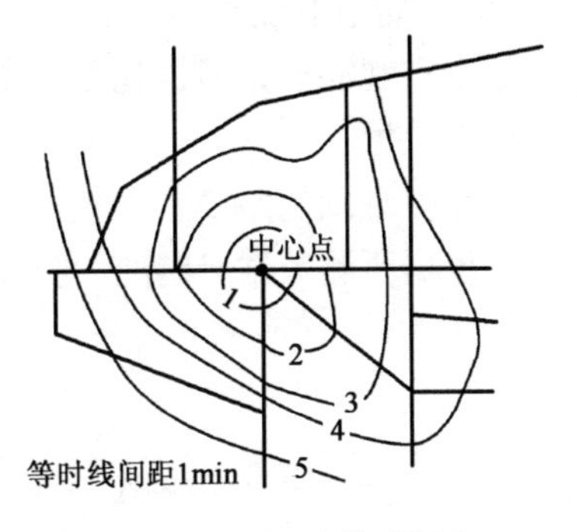

图 3-11 车辆运行等时线图

第四节 交通流密度调查

一、交通流密度调查的目的

交通流密度与交通量不同,它不表示车辆通过道路断面的频繁程度,而表示道路空间上车辆的密集程度。在正常交通流的状况下,交通量 Q、交通流密度 K 与区间平均车速 $\bar{v}_s$ 有以下关系:

$$Q = K\bar{v}_s \tag{3-12}$$

已知区间平均车速 $\bar{v}_s$ 与交通流密度有以下关系:

$$\bar{v}_s = v_f - \frac{v_f}{K_j}K = v_f\left(1 - \frac{K}{K_j}\right) \tag{3-13}$$

式中:v_f——道路上车辆的畅行速度;

K_j——阻塞密度。

由此可知,在正常交通流状态中,已知区间平均车速、交通流密度、交通量中任两个参数即可求取第三个参数。交通流密度与区间平均车速有关,区间平均车速又随交通流密度增加而降低,这在交通流状态中表现为交通拥挤。因此,可以用交通流密度表示交通车流状态。交通管理与控制中经常需要使用交通流密度这一物理量。

二、交通流密度调查方法

1. 调查时段和区间长度

在道路某一区段范围内,交通流密度每时每刻都在变化。因此,所谓密度,是指某一瞬间的密度值或者某一时段内的密度平均值。

根据大量的实测资料分析,在交通流密度调查时,测试时段通常应延续5min以上,路段长度应尽量大于800m。

2. 调查方法

常用的交通流密度调查方法有定点观测法、出入量法和摄影法。

(1)定点观测法

定点观测法是通过观测车流量及车速数据,应用流量、车速、密度三者的函数关系间接得到密度数据。

在拟观测的路段上,选取一定长度的路段,分别记录车辆通过路段两端的车辆牌号与交通量。根据所测数据,计算区间平均车速如下:

$$\bar{v}_s = \frac{l \cdot n}{\sum_{i=1}^{n} t_i} \tag{3-14}$$

式中:$\bar{v}_s$——区间平均车速,km/h;

t_i——第 i 次行驶的行程时间,h;

l——观测路段长度，km；

n——车辆行驶于区间 l 的次数。

将整理后的数据填入表 3-15 中，即可计算得密度$\overline{K}$，$\overline{K}=Q/\overline{v}_s$（辆/km）。

测定车流密度记录表 表 3-15

序号	车辆牌号	分组时间（h:min:s）	起测时间（h:min:s）	终测时间（h:min:s）	行驶时间（h:min:s）	测定时间（h:min:s）	汽车数量（辆）

（2）出入量法

在如图 3-12 所示的无出入交通的路段 AB（一般取 1km 左右）上，t_0时刻存在的车辆数为 E_{t0}，若从 t_0到 t 一段时间内进入该路段的车辆数为 Q_A，驶出该路段的车辆为 Q_B，则 t 时刻时 AB 段上的车辆数应为：

$$E_t = E_{t0} + Q_A - Q_B \tag{3-15}$$

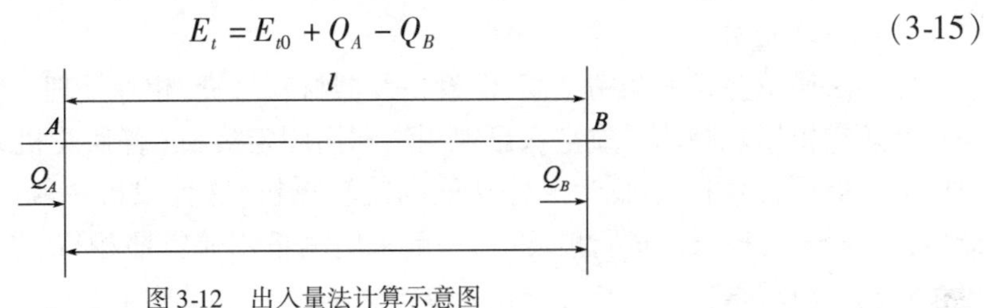

图 3-12　出入量法计算示意图

可使用上述方法连续求得各时刻的存在车辆数，然后用其除以路段长度，即得各对应时刻的交通流密度。Q_A和 Q_B可在 A、B 两断面处测得，问题是如何测得 E_{t0}（实测段的初期密度值）。下面介绍用观测车法求取 E_{t0}的方法。

使观测车在试测路段 A、B 内匀速行驶，观测车在 AB 段行驶时间内，累计测得的 Q_A、Q_B应分别是 t_A和 t_B 时刻存在于 AB 路段的车辆数，当实测路段上所有车辆均以观测车速度匀速行驶时，实测值完全准确。而当车速有变化时，实测值会出现误差，此时，可通过加、减超车数 a 与被超车数 b 进行调整。

用此方法可在某一实测路段进行交通流密度的长时间连续测定。方法较简便，不需要很多设备，且测量精度较高。

（3）摄影法

①地面（高处）摄影法。地面（高处）摄影法利用高处（或地面）定时摄影方法求得实测路段的车辆数，然后除以路段长度即可得到摄影时刻的路段交通流密度。若进行连续摄影，即可连续测得各时刻交通流密度。在拟测路段上选长度 50～100m 区段并在路面上做出标记，然后调整摄影机，使其对准拍摄范围做定时拍摄即可。若区段长度超过 100m，会使摄影精度下降，因此当实测区段较长时，可使用多架摄影机分段同时拍摄。

摄影的时间间隔依据测定路段的长度而异。当测定路段长度为 50～100m 时，摄影间隔可取 1 画面/（5～10s）。需要详细分析交通流的情况时，如需要同时观测交通量，为了取得正确的观测值，需要缩短摄影间隔，一般取每秒 1 个画面；在高速公路上，由于车速高，可取每秒 2 个画面。如果总的观测时间大于 5min，则交通的偶然性变化或周期性变化就能消除。这种方法可以很方便地看出交通流密度随时间的变化情况。

现场测量结束后,在每个拍摄画面(Δt 时间)中读取观测路段长度(l)内存在的车辆数(k_i),计算总观测时间内观测路段长的平均车辆数,然后换算成每车道每公里存在的车辆数,即得密度值:

$$K = \frac{\sum_{i=1}^{m} k_i}{m} \times \frac{1}{l} \times \frac{1}{n} \tag{3-16}$$

式中:K——t 时间段内,观测路段内每车道的平均交通密度值,pcu/(h · ln);

k_i——第 i 个(组)画面测定路段内存在的车辆数,pcu;

l——观测路段长度,km;

m——在总的观测时段内的画面数(或画面组数),$m = \frac{t}{\Delta t}$;

t——总观测时段,s;

Δt——读取车辆数的时间间隔,即摄影间隔,s;

n——车道数。

此方法简单并且实测精度高,但设备及器材较昂贵,相片处理工作也较复杂。

②航空摄影观测法。航空摄影观测法利用固定翼机(普通飞机)或旋转翼机(直升机)从空中向下摄影;多用具有低速悬停功能的旋转翼机,这种飞机一般以在 1000 ~ 1500m 高空中能停留 30min 为极限。进行航测时,一般采用测量用航空照相机。航空摄影的缩小比例一般可按式(3-17)求得:

$$\text{摄影缩小比例} = \frac{\text{透镜的焦距}}{\text{摄影高度}} \tag{3-17}$$

如果比例尺与透镜焦距已知,则可根据上式求得摄影高度。根据调查目的,航空摄影在交通调查中所使用的缩小比例尺种类有多种,但考虑到放大照片的限制,一般取 1/10000 ~ 1/12000。

在摄影后的胶卷或是照片上读取观测路段内存在的车辆数后,根据式(3-16)可求得平均交通流密度。

使用航空摄影观测法测定路段交通流密度能得到较为准确的数值。因直升机在空中飞行时间有限和航空照相机单次摄影的张数限制,航空摄影观测法观测时间不宜过长。

第五节 交通延误调查

一、行车延误的含义

行车延误是指车辆在行驶中,由于受到驾驶员无法控制的或其他意外车辆的干扰或交通控制设施等的阻碍所损失的时间。由于形成的原因和着眼点不同,可有以下几种延误类型。

①基本延误(固定延误)是由交通控制装置所引起的延误,与道路交通量多少及其他车辆干扰无关。

②运行延误是由于各种交通组成间相互干扰而产生的延误。一般包含纵向、横向与外部和内部的干扰,如停车等待横穿、交通拥挤、连续停车以及由于行人和转弯车辆影响而损失的时间。

③停车时间延误是指车辆在实际交通流条件下由于车辆本身的加速、减速或停车而引起的时间延误,该延误与外部干扰无关。

④停车延误是由于某些原因导致车辆实际停止不动而引起的时间延误。

二、延误产生的原因

基本延误主要产生在车辆通过交叉口时,这种延误与交通流动特性无关,是由信号、停车标志、让行标志及平交道口等原因造成的。

运行延误是因受其他车辆干扰而产生的延误:

①车辆干扰,如车辆停止、起动、转弯、故障以及行人过街等的干扰。

②交通流内部干扰,如交通量增大产生拥挤、道路通行能力不足、合流及交织交通等的影响。

三、区间行车延误的调查方法

区间行车时间调查与区间车速调查时的行车时间调查完全一样。而延误调查实际上也是对不同条件下的行车时间调查。因此,延误调查可采用区间车速调查时所采用的方法。一般情况下,区间速度的调查往往和区间行车延误调查同时进行。

区间行车延误的调查可以采用如下方法:试验车法、车辆牌号对照法、跟车法和驶入驶出调查法,下面主要介绍跟车法和驶入驶出调查法。

1.跟车法

跟车法是指观测人员乘坐观测车沿着待测路段行驶,观测并记录有关行车延误数据的方法。跟车法有人工记录和机械记录两种收集数据的方式:若采用人工记录,则需要两名观测员和两块秒表;若采用机械记录,则只需要一名观测员,操纵机械记录装置,记录行程距离、行程时间和延误等信息。

在正式开始调查之前,要确定路段的起终点,还要沿着调查路线选择交叉口等控制点,并利用比例尺可靠的地图确定路程总长度以及各控制点之间的长度。

调查时间可以根据调查目的选择高峰小时或非高峰小时,有时还需要对比分析。对重要的工业区和商业区,其高峰时间和非高峰时间与普通市区不同,应注意调整调查时间。调查通常应该在良好的天气下进行,进行对比调查时,应选择相似的天气条件和类似的交通特性时间,以便调查结果具有可比性。

调查时,若采用人工记录,当观测车通过调查路段起点时,观测员启动第一块秒表,记录沿途经过各控制点的时间;当车辆停止或被迫缓行时,观测员启动第二块秒表,量测每次延误持续时间。记录员将此延误持续时间连同延误地点、延误原因记录下来。观测车通过测试路段终点时,观测员立即停止第一块秒表,记录该次测试行程的总时间。记录表见表3-16。如果采用机械记录,观测员操作相应的按钮,便可以记录每次延误的起止时间和延误类型。

跟车法调查行程时间和延误原始记录表 表3-16

调查日期:__________ 天气:__________ 路段:__________ 调查员:__________

行程开始时间:__________ 行程结束时间:__________

控制点		停止或被迫缓行		
地点	时间	地点	延误(s)	原因

行驶距离:__________ 行驶时间:__________ 行驶车速:__________ 路段总延误:__________

行程距离:__________ 行程时间:__________ 行程车速:__________

2. 驶入驶出调查法

驶入驶出调查法应用的前提条件是假设车辆到达和离去属于均匀分布,即车辆出入是均匀的。车辆排队现象存在于某一持续时间的其中一段时间内,如果到达的车辆数大于道路通行能力则开始排队,而当到达的车辆数小于路段的通行能力时,则排队开始消散。

驶入驶出调查法多用于瓶颈路段的延误调查。

调查时,在路段起终点同时进行调查,并在起终点各设一名观测员,用调查交通量的方法,以5min或10min为间隔累计交通量。当车辆受阻排队有可能超过瓶颈路段起点断面时,应根据实际情况将起点断面位置后移;若该路段的通行能力为已知,则瓶颈路段终点断面可不予调整。

四、交叉口延误的调查方法

交叉口延误是指车辆通过交叉口范围的时间延误。在道路或路网的总行车延误中,交叉口延误所占比例一般在80%以上,因此,交叉口延误调查是非常重要的。

交叉口延误的调查方法可以分为两类。

第一类方法是行程时间法。根据行程时间测定方法的不同,行程时间法又可分为流动车观测法、车辆牌号对照法、间断航空摄影法、抽样追踪法等。这类方法是测定从交叉口前的某一点至交叉口内或交叉口之后的某一点的行程时间,各车辆的平均行程时间减去这段行程的自由行驶时间就是交叉口的延误。这类方法测得的延误,不但包括停车延误,还包括加速延误和减速延误。

第二类方法是停车时间法。根据停车时间测定方法的不同,停车时间法可分为延误仪测记停车时间法和点样本法等。这类调查方法得到的交叉口延误只包括停车延误,没有计入加速延误和减速延误。

下面主要介绍抽样追踪法和点样本法。

1. 抽样追踪法

与前面提到的区间行车时间调查方法基本相同。此方法以停车线为出口断面(Ⅱ断面),

以引道延误起点为入口断面(Ⅰ断面),车辆通过两断面间路段的时间减去用畅行速度行驶时间之差即为延误时间。使用此方法应注意抽样的随机性并应保证抽样数量,样本中各车型比例应与交通流中的车型比例一致。表3-17为抽样追踪法引道时间观测表。

抽样追踪法引道时间观测表 表3-17

序号	车型	车号	Ⅰ断面时间	Ⅱ断面时间	流向	时间差
1	小客车	812	9:45:02	9:45:55	直	0′53″
2	中型货车	054	9:46:08	9:47:29	左	1′21″
3	中型货车	319	9:46:57	9:48:30	左	1′33″
4	大型客车	925	9:47:13	9:48:50	直	1′37″

2. 点样本法

(1)观测方法

由若干名调查人员在入口引道路侧用秒表和计数器测定车辆通过交叉口时的停车数量及累计停车时间。交叉口每个进口道需要4名观测员,其中一人为报时员,两人为观察员,另一人为记录员。

观测时间间隔通常取15s,这样每分钟分为0′—15′、15′—30′、30′—45′、45′—60′共4个时间间隔。

观测开始后,报时员手持秒表,每15s报时一次;一名观察员在报时后立即统计停留在进口道停车线之后的车辆数,另一名观察员统计相应的观测时间段内的进口道车辆数(停驶车辆和未停驶车辆分别统计,所谓停驶车辆是指经过停车后通过停车线的车辆,未停驶车辆是指不经过停车而直接通过停车线的车辆);记录员逐项记录两名观察员的统计结果;计算求得延误。

只要时段选择合适,使用此方法可使实测精度提高很多。

调查的时间以所取得的样本量足够或交叉口交通状况有显著改变为止。注意最小样本量要保证满足统计数据置信度(一般取95%或90%)要求且不少于50。调查时段通常取5min、10min或15min等。

(2)调查资料的整理

根据记录表可以得到下列交叉口延误调查结果:

总延误 = 观测停车总数量数 × 观测周期(辆·s);

$$每辆停驶车的平均延误 = \frac{总延误}{停驶数}(s);$$

$$每一入口车辆的平均延误 = \frac{总延误}{入口交通量}(s);$$

$$停驶车辆百分比 = \frac{停驶数}{入口交通量} \times 100\%。$$

表3-18为交叉口延误的调查原始记录表。

交叉口延误调查原始记录表(间隔取 15s)　　表 3-18

观测时间(h:min)	下列各时刻交叉口进口道停车数量(辆)				进口交通量(辆)	
	+0s	+15s	+30s	+45s	停驶数	未停驶数
9:00	0	2	7	9	11	6
9:01	4	0	0	3	6	14
9:02	9	16	14	6	18	0
9:03	1	4	9	12	17	0
9:04	5	0	0	2	4	17
小计	19	22	30	32	56	37
合计	103				93	

由表 3-18 得总延误 $=103\times15=1545$(辆·s),每辆停驶车的平均延误 $=1545\div56=27.6$(s),每一入口车辆的平均延误 $=1545\div93=16.6$(s),停驶车辆百分比 $=56\div93=60.2\%$。

五、调查资料的应用

①行车时间及延误的调查可用来评价道路拥挤程度,并可通过实测延误的大小、位置及原因确定缓解拥挤的对策。

②行车时间调查资料可用于确定车辆通过区间的通畅程度。

③事前、事后调查可用于评价交通措施效果。

④可为路网交通分配提供行车时间依据。

⑤可用于计算运营成本及经济效益。

⑥可通过周期性调查,掌握道路上车辆行车时间及延误的变化趋势。

⑦交叉口延误调查可为交通控制提供设计依据。

第六节　非机动车、行人交通调查

非机动车是指以人力或者畜力为驱动,上道路行驶的交通工具,以及虽有动力装置驱动但设计最高时速、空车质量、外形尺寸符合有关国家标准的残疾人机动轮椅车等交通工具,包括自行车、三轮车、人力车、畜力车、残疾人机动轮椅车、电动自行车等。需要注意的是,时速 20km 以下且车重不大于 40kg 的电动自行车属于非机动车,时速在 20 ~ 50km 且车重大于 40kg 以上或时速大于 50km 的电动自行车应属于机动车。

随着社会经济的发展,我国的交通设施和管理得到了一定改善。但是,随着大量摩托车(属于机动车)与自行车涌入城市交通,我国的道路交通的混合交通特性越来越明显,而多数道路的交通拥挤、事故频发等问题都是由于混合交通所致。慢行交通的参与给道路交通设计人员提出了新的问题。因此,如何解决好混合交通已成为我国道路交通的特有问题。解决混合交通有改善道路交通设施和加强交通管理两种方法，但每种方法的实施都需要同时掌握机动车、非机动车及行人等的交通状态及交通特性。为此，除对机动车交通进行调查外，还需进行非机动车及行人的交通调查。此外，现代交通工程学强调的以人为本的指导思想也要求我们做好对行人和非机动车的交通调查。

一、非机动车交通调查目的与方法

非机动车交通调查主要是为了掌握非机动车交通量的现状及变化，从而分析其对机动车交通的干扰与交通事故的相关关系；分析其对道路和其他交通设施的需求情况；通过调查资料判断是否应修建非机动车专用道路以及非机动车道路应保证的几何尺寸。

由于作为一般出行的自行车车速变化范围很小，因此，除特殊需要外很少进行自行车车速调查和交通流密度调查。

在我国，非机动车在道路上指定部位或者在机动车交通两侧行驶，但非机动车行驶在空间上很难将其约束成一列行驶，多数是在相互穿插、超越、躲让的条件下进行的，因此，对非机动车交通量的调查不再分车道，只分行驶方向。

对非机动车交通量一般只进行某天或高峰时段的调查，且一般用人工测定法。除自行车交通量专项调查外，非机动车交通量调查通常与机动车交通量调查同步进行。具体调查方法为：根据调查目的选定调查地点和调查时段，计测通过车辆数。由于非机动车车体小，在道路上常以车群通过，为计测方便可每通过 5 辆作为一个计数单位。当计测时段短于 1h 时，如 5min、15min 等，可由实测数据计算出高峰小时交通量。

二、行人过街调查

排除道路上行人的干扰可大大提高道路的通行能力。另外行人过街量达到一定数量时，交通事故随行人过街交通量的增加而增加。因此，需要组织好行人过街交通。

为排除行人过街对汽车交通的干扰及保证行人过街安全，常采用束流和分离两种手段。所谓束流，是组织过街行人从指定的人行横道通过道路，从而减少行人对道路交通的干扰范围。这种方法除需要在道路上标绘人行横道外，还应配合设置路侧栅栏以限制行人通行。分离是将过街行人交通与机动车交通立体分离，即修筑行人过街天桥或行人过街地道的方法。

一般情况下，在道路交通受到行人过街干扰时，首先采用束流措施，当无效时则采用立体分离。行人过街措施实施的基本依据是行人过街交通量。因此，在交通规划、设计及管理中，需要进行行人过街交通量的调查。

现简单介绍行人交通量的调查：

①调查内容。除调查行人过街交通量外，还应同时调查道路交通安全设施、交通管理措施、汽车交通量等情况。

②过街行人分类。由于不同类型行人的交通能力不同，调查时应分类进行，一般分为幼儿、老人、残疾人、学生和成人。

③调查时间与地点。应根据调查目的选择，一般选择高峰时段及行人交通量大的道路断面。

④调查方法。一般用人工计测通过实测点的不同方向各类行人的数量,调查结束后,对调查资料进行整理,一般只计算高峰小时交通量(人/h)及绘制行人过街交通量随时间变化图。

1. 试叙述交通调查的目的和内容。
2. 交通量的调查有何意义,调查的方法有哪些?
3. 人工测定地点车速应注意哪些问题?
4. 交通量调查的成果有哪些?
5. 如何使用出入量法调查交通密度?

1. 现需对某路段截面进行机动车交通量调查,调查道路为双向四车道、无中央分隔带的高等级公路,要求调查信息能统计出交通量的时变化、高峰小时交通量、5min 和 15min 高峰小时系数,并要求对不同的车型进行分类统计。请结合问题调查表进行调查,调查完毕写一篇基于调查的数据分析报告,要求如下:

(1)调查表方便数据记录、方便调查信息的统计。

(2)调查表能全面掌握调查时的道路交通信息,如天气、地点、时间、调查人员等信息。

(3)调查报告中须计算出以下数据:高峰小时流量和高峰时段,高峰小时系数 PHF_5、PHF_{15}。

(4)调查报告中必须给出交通量的时变图、不同车型的交通组成比例图,对图形进行简单分析并给出文字说明。

2. 某交叉口为十字形交叉口,采用信号控制(四相位),现需对该交叉口进行高峰时段机动车交通量调查(早高峰、晚高峰)。通过调查,分别统计出早高峰、晚高峰交叉口的交通总量、各进口道左转(直行或右转)交通量,确定出高峰小时以及高峰小时交通量,给出交叉口高峰小时流量流向图。试设计调查表格进行调查,调查完毕写一篇基于调查的数据分析报告,要求如下:

(1)调查点设置要合理,人员分工要合理。

(2)调查表能全面掌握调查时的道路交通信息,如天气、地点、时间、进口道、调查人员等信息。

(3)调查报告中须计算出以下数据:高峰小时流量和高峰时段,高峰小时系数 PHF_5、PHF_{15}。

(4)调查报告中必须给出交叉口高峰小时交通流量流向图,对图形进行简单分析并给出文字说明。

第四章
CHAPTER FOUR

交通流理论基础

本章导读

交通流理论是交通工程学的基础理论,其涉及内容较为丰富。本章重点对交通流各参数之间的关系、交通流的统计分布特性、车辆排队理论、车辆跟驰理论以及流体动力学模拟理论展开介绍。

教学目标

1. 知识目标

(1)了解交通流的统计分布特性、车辆排队理论、车辆跟驰理论、流体力学模拟理论。

(2)熟悉交通流各参数之间的关系。

2. 能力目标

能够运用交通流参数计算期望的最大流量和对应车速。

3. 素质目标

培养学生对国家交通规划方向和目标的关注。

思政课堂

《公路"十四五"发展规划》提出的发展目标

《公路"十四五"发展规划》提出了我国公路发展的两个阶段目标,分别是:

到2025年,安全、便捷、高效、绿色、经济的现代化公路交通运输体系建设取得重大进展,高质量发展迈出坚实步伐,设施供给更优质、运输服务更高效、路网运行更安全、转型发展更有力、行业治理更完善,有力支撑交通强国建设,高水平适应经济高质量发展要求,满足人民美好生活需要。

到2035年,基本建成安全、便捷、高效、绿色、经济的现代化公路交通运输体系,基础设施网络趋于完善,运输服务质量效率全面提升,先进科学技术深度赋能公路交通发展,平安、绿色、共享交通发展水平和行业治理能力明显提高,人民满意度大幅提升,支撑“全国 123 出行交通圈”“全球 123 快货物流圈”和国家现代化建设能力显著增强。

第一节 概述

交通流理论是运用物理学和数学的方法来描述交通特性的一门边缘科学,它用分析的方法阐述交通现象及其机理,使我们能更好地理解交通现象及其本质,并使城市道路与公路的规划设计和运营管理发挥最大的功效。

交通流理论在 20 世纪才开始发展,最早采用的是概率论方法。为使交通流理论的应用紧密跟上理论的发展,一方面要求理论工作者深入工程实际,另一方面交通工程技术人员应努力学习,钻研理论并积极运用理论,分析解决实际问题。有很多理论在探讨各种交通现象,它们包括:

①交通流量、速度和密度的相互关系及量测方法;

②交通流的统计分布特性;

③排队论及其应用;

④跟驰理论;

⑤驾驶员处理信息的特性;

⑥交通流的流体力学模拟理论;

⑦交通流模拟。

排队论是研究“服务”系统因“需求”拥挤而产生等待行列(即排队)的现象,以及合理协调“需求”与“服务”关系的一种数学理论;是运筹学中以概率论为基础的一门重要分支,亦称“随机服务系统理论”。

第二节 交通流各参数之间的关系

一、交通流基本模型

(1)交通流三参数基本关系

交通流三参数之间的基本关系式如下:

$$Q = v \cdot K \tag{4-1}$$

式中:Q——流量,辆/h;

v——车速,一般指区间平均车速,km/h;

K——密度,辆/km。

上述三个参数的变化规律反映了交通流最基本的特性。

(2)交通量、车速和交通密度的关系曲线(图4-1)

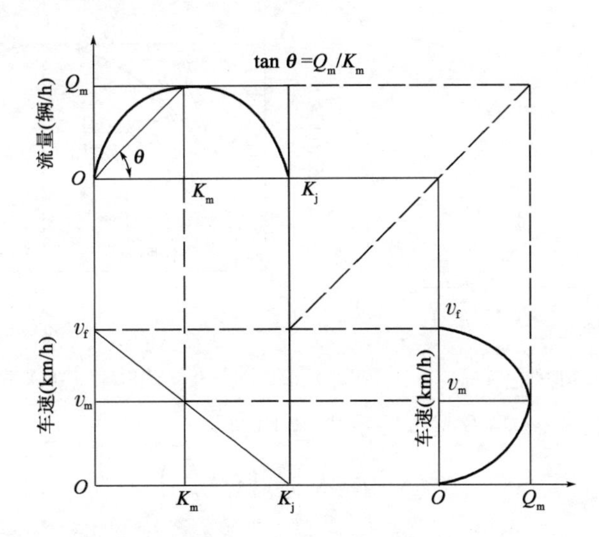

图4-1 Q-K、v-Q、v-K关系曲线

由图4-1可以确定反映交通流特性的一些特征变量:

①最大流量Q_m,就是Q-v曲线上的峰值;

②临界速度v_m,即流量达到最大(Q_m)时的速度;

③最佳密度K_m,即流量达到最大(Q_m)时的密度;

④阻塞密度K_j,即车流密集到所有车辆无法移动($v=0$)时的密度;

⑤畅行速度v_f,即车流密度趋于0,车辆可以畅行无阻时的最大速度。

二、流量、车速和密度之间的相互关系

(1)车速和密度之间的关系

当道路上车辆增多、密度较大时,车速会随之减小;反之,当车辆减少、密度由大变小时,车速会增大。关于两者之间的关系,各国学者提出了几种不同的模型。

1933年,格林希尔茨提出了车速-密度线性关系模型:

$$v=v_f\left(1-\frac{K}{K_j}\right) \tag{4-2}$$

式中,符号意义同前。

这一模型简单、直观(图4-2)。研究表明,式(4-2)表示的模型与实测数据相关性很好。

由图4-2可见,当$K=0$时,$v=v_f$,即在交通量很小的情况下,车辆可以畅行速度行驶。当$K=K_j$时,$v=0$,即在交通密度很大时,车速就趋近于零。流量变化也可以在v-K图上说明,例如:已知C点的速度为v_m、密度为K_m,流量就等于图4-2中的矩形面积(阴影部分,$Q_m=v_mK_m$)。

(2)流量和密度之间的关系(图4-3)

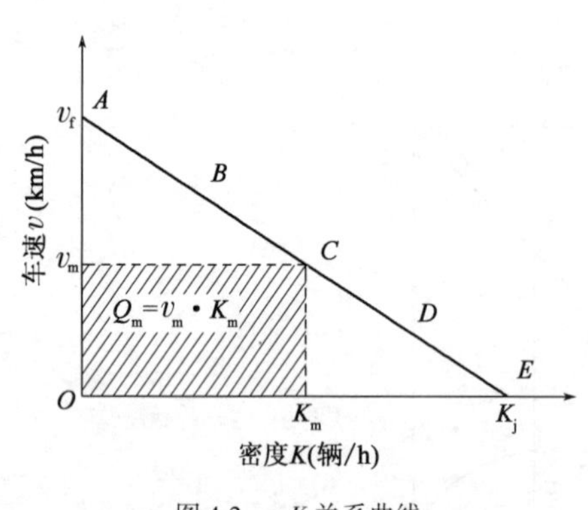

图4-2 v-K关系曲线

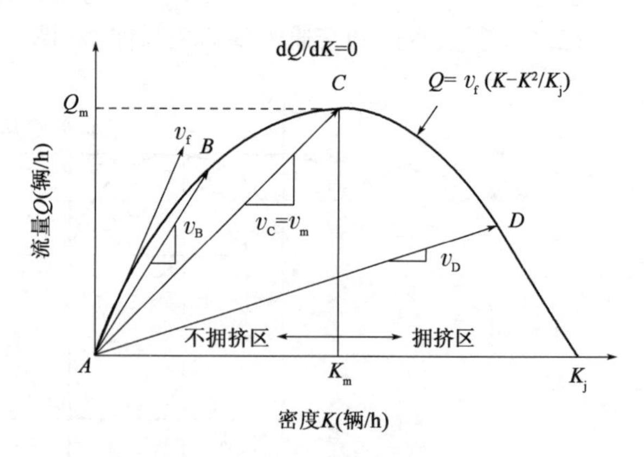

图4-3 Q-K关系曲线

根据格林希尔茨公式(4-2)及基本关系式(4-1),得:

$$Q = K \cdot v = K \cdot v_f \left(1 - \frac{K}{K_j}\right) \tag{4-3}$$

式(4-3)表示一种二次函数关系,用图表示就是一条抛物线,如图4-3所示。图4-3上点C代表通行能力或最大流量Q_m,从这点起,流量随密度增加而减小,直至达到阻塞密度K_j,此时流量$Q=0$。以原点A到曲线上的B、C和D点的箭头为矢径,这些矢径的斜率表示速度。通过点A的矢径与曲线相切,其斜率为畅行速度v_f。在Q-K曲线上,密度比K_m小的点表示不拥挤情况,而密度比K_m大的点表示拥挤的情况。由Q-K曲线还可以得到:$K_m = K_j/2$,$v_m = v_f/2$,$Q_m = v_m K_j/2$。

(3)流量和速度之间的关系

由式(4-2)得:

$$K = K_j \left(1 - \frac{v}{v_f}\right) \tag{4-4}$$

代入式(4-1)得:

$$Q = K_j \left(v - \frac{v^2}{v_f}\right) \tag{4-5}$$

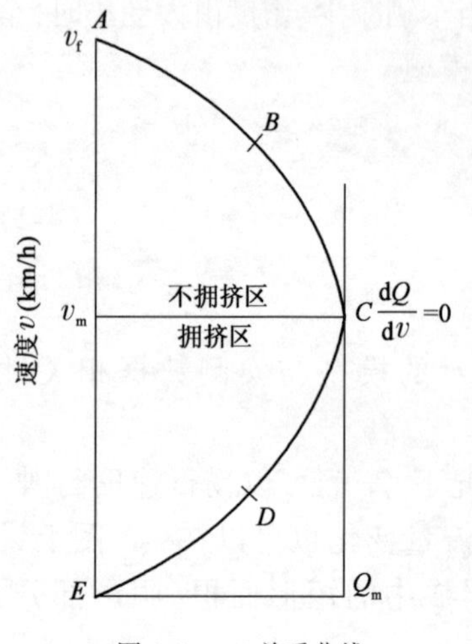

图4-4 v-Q关系曲线

式(4-5)同样表示一条抛物线(图4-4),形状与Q-K曲线相似。在流量小于Q_m时,通常速度随流量增加而降低,直至达到通行能力的流量Q_m为止;超过Q_m后,流量与速度同时下降。点A、B、C、D和E相当于Q-K和v-K曲线上同样点。从原点E到曲线上点的向量斜率表示那一点的密度的倒数$1/K$。由C点作平行于Q轴的一条直线,该直线为(上半部分)交通流不拥挤的稳定交通流和(下半部分)拥挤路段的不稳定交通流的分界线。

综上所述,由格林希尔茨的v-K模型、Q-K模型、v-Q模型(图4-2~图4-4)可以看出,Q_m、v_m、K_m是划分交通是否拥挤的重要特征值。当$Q \leqslant Q_m$,$K > K_m$,$v < v_m$时,交通拥挤;当$Q \leqslant Q_m$,$K \leqslant K_m$,$v \geqslant v_m$时,交通不拥挤。

第三节 交通流的统计分布特性

一、交通流统计分布的含义与作用

在建设或改善交通设施或确定新的交通管理方案时,均需要预测交通流的某些具体特性,并且常希望能用现有的或假设的有限数据来进行预测。例如,在信号灯配时设计时,需要预测某一信号周期内到达的车辆数;在设计行人交通管制系统时,需要预测大于行人穿越时间的车头时距频率。交通流统计分布特性知识的灵活运用为解决这些问题提供了有效的手段。

交通流的到达具有某种程度的随机性,描述这种随机性的统计规律的方法有两种:一种是考虑在固定长度的时段内到达某场所的交通数量的波动性,以概率论中的离散型分布为工具;另一种是研究上述事件发生的间隔时间的统计特性,如车头时距的概率分布,以概率论中的连续型分布为工具。

在描述像车速和可穿越空当这类交通特性时,也用到连续分布。在交通工程学中,离散型分布有时被称为计数分布;连续型分布根据使用场合的不同而被赋予不同的称谓,如间隔分布、车头时距分布、速度分布和可穿越空当分布等。

二、离散型分布

离散型分布有泊松分布、二项分布和负二项分布,本节仅介绍泊松(Poisson)分布。泊松分布适用于车流密度不大,车辆间相互影响很小,其他外界干扰因素基本上不存在的情况,即车流是随机的。

(1)基本公式

$$P(x)=\frac{(\lambda t)^{x}}{x!}e^{-\lambda t}\qquad x=0,1,2,\cdots \tag{4-6}$$

式中:$P(x)$——在计数间隔 t 内到达 x 辆车的概率;

λ——单位时间的车辆平均到达率,辆/s;

t——每个计数间隔持续的时间,s;

e——自然对数的底。

若令 $m=\lambda t$ 为计数间隔 t 内平均到达的车辆数,则 m 又称为泊松分布的参数。式(4-6)又可以写成式(4-7)的形式。

(2)递推公式

$$\begin{cases}P(0)=e^{-m}\\ P(x+1)=\dfrac{m}{x+1}P(x)\qquad x\geqslant 1\end{cases} \tag{4-7}$$

(3)参数估计

用泊松分布拟合观测数据时,参数 m 按下式计算:

$$m=\frac{观测的总车辆数}{总计数间隔数}=\frac{\sum_{i=1}^{g}x_i f_i}{\sum_{i=1}^{g}f_i}=\frac{1}{N}\sum_{i=1}^{g}x_i f_i \tag{4-8}$$

式中:g——观测数据的分组数;

f_i——每个计数间隔 t 内到达 x_i 辆车这一事件发生的次数;

N——观测的总计数间隔数。

(4)判别依据

由概率论可知,泊松分布的均值 M 和方差 D 都等于 λt,若 m 和s^2分别为其无偏估计,则当观测数据表明s^2/m 显著不等于 1.0 时,就表明泊松分布已不适用。观测数据的方差s^2可按下式计算:

$$s^2=\frac{1}{N-1}\sum_{i=1}^{N}(x_i-m)^2=\frac{1}{N-1}\sum_{j=1}^{g}(x_j-m)^2 f_j \tag{4-9}$$

(5)应用举例

见【例 4-1】。

例 4-1

假设有 60 辆车随机分布在 4km 长的道路上,求任意 400m 路段上有 4 辆车以上的概率。

解:

Q 辆车随机分布在一条道路上,若将这条道路均分为 Z 段,则一段中所包括的平均车数 $m=Q/Z$。本例中,$Q=60$,$Z=4000\div400=10$,$m=60\div10=6$,由式(4-6)得 $P(0)=e^{-6}=0.0025$,$P(1)=\frac{6}{0+1}P(0)=0.0149$,$P(2)=\frac{6}{2}P(1)=0.0446$,$P(3)=\frac{6}{3}P(2)=0.0892$。

不足 4 辆车的概率为 $P(x<4)=\sum_{i=0}^{3}P_i=0.1512$,4 辆车及 4 辆以上的概率为 $P(x\geqslant4)=1-P(x<4)=0.8488$。

本例中的各项概率可不必通过计算得出,直接查泊松分布的有关数表可得。

三、连续型分布

交通流到达的统计规律除了可用计数分布来描述外,还可用车头时距分布来描述,这种分布属于连续型分布。诸如速度等取实数值的交通流特性,其他分布也属于连续型,连续型分布有负指数分布、移位负指数分布、韦布尔分布和爱尔朗分布。

第四节 车辆排队理论

道路上交通流排队现象随时可见,因此,有必要研究交通流中的排队理论(或称排队论)及其应用。排队论是研究"服务"系统因"需求"拥挤而产生等待行列(即排队)的现象,以及合理协调“需求”与“服务”关系的一种数学理论,是运筹学中以概率论为基础的一门重要分支理论,有时称为“随机服务系统理论”。这里,主要介绍排队论的基本概念、方法及其在交通工程中的某些应用。

一、排队论的基本概念

(1)排队和排队系统的概念

“排队”单指等待服务的车辆,不包括正在被服务的车辆;而“排队系统”既包括了等待服务的车辆,又包括正在被服务的车辆。

例如,一队汽车在加油站排队等候加油,它们与加油站构成一个排队系统。其中,尚未轮到加油依次排队等候的汽车行列,称为排队。所谓“排队车辆”或“排队(等待)时间”,都是仅针对排队本身而言;如说“排队系统中的车辆”或“排队系统(消耗)时间”,则把正在受服务者也包括在内。后者当然大于前者。

(2)排队系统的三个组成部分

①输入过程。指各种类型的“顾客(车辆或行人)”按怎样的规律到来。有各种各样的输入过程,例如:

定长输入——顾客等时距到达。

泊松输入——顾客到达时距符合泊松分布。这种输入过程最容易处理,因而应用最广泛。

爱尔朗输入——顾客到达时距符合爱尔朗分布。

②排队规则。指到达的顾客按怎样的次序接受服务。例如:

损失制——顾客到达时,若所有服务台均被占,该顾客就自动离去,永不再来。

等待制——顾客到达时若所有服务台均被占,它们就排成队伍,等待服务。服务次序有先到先服务(这是最通常的情形)和优先权服务(如急救车、消防车)等多种规则。

混合制——顾客到达时若队长小于 L,就排入队伍;若队长大于或等于 L,顾客就离去,永不再来。

③服务方式。指同一时刻有多少服务台可接纳顾客,为每一顾客服务了多少时间。每次服务可以接待单个顾客,也可以成批接待,例如公共汽车一次就装载大批乘客。

服务时间的分布主要有如下几种:

定长分布——每一顾客的服务时间都相等。

负指数分布——即各顾客的服务时间相互独立,服从相同的负指数分布。

爱尔朗分布——即各顾客的服务时间相互独立,具有相同的爱尔朗分布。

为了叙述上的方便,引入下列记号:令 M 代表泊松输入或负指数分布服务,D 代表定长输入或定长服务,EK 代表爱尔朗分布的输入或服务。于是泊松输入负指数分布服务、N 个服务台的排队系统可以写成 M/M/N,泊松输入、定长服务、单个服务台的系统可以写成 M/D/1。同样可以理解 M/EK/N,D/M/N 等记号的含义。如果不附其他说明,则这种记号一般都指先到先服务,单个服务的等待制系统。

二、单通道排队服务系统(M/M/1)

此时,由于排队等待接受服务的通道只有一条,故称“单通道服务”系统(图 4-5)。

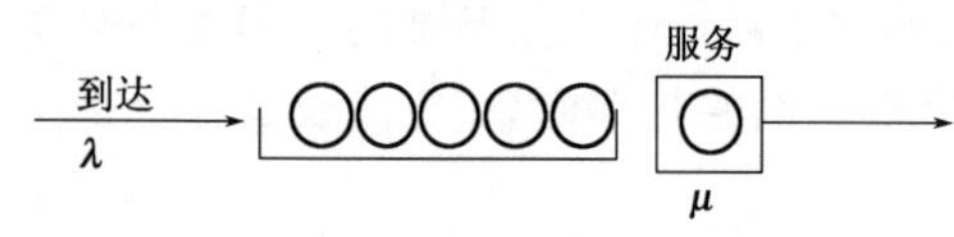

图4-5 单通道服务系统示意图

设顾客随机单个到达,平均到达率为 λ,则两次到达之间的平均间隔为 $1/\lambda$。从单通道接受服务后出来的输出率(即系统的服务率)为 μ,则平均服务时间为 $1/\mu$。比率 $\rho=\lambda/\mu$ 叫作交通强度或利用系数,可确定各种状态的性质。如果 $\rho<1$(即 $\lambda<\mu$)并且时间充分,每个状态将会循环出现。当 $\rho\geqslant1$ 时,每个状态是不稳定的,而排队的长度将会变得越来越长。因此,要保持稳定状态即确保单通道排队能够疏散的条件是 $\rho<1$,即 $\lambda<\mu$。

三、多通道排队服务系统(M/M/N)

在这种排队系统中,服务通道有 N 条,所以叫作"多通道服务"系统。根据排队方式的不同,又可分为单路排队多通道服务和多路排队多通道服务。

单路排队多通道服务:指排成一个队等待数条通道服务的情况。排队中头一辆车可视哪个通道有空就到哪里去接受服务,如图4-6所示。

多路排队多通道服务:指每个通道各排一个队,每个通道只为其相对应的一队车辆服务,车辆不能随意换队,如图4-7所示。这种情况相当于 N 个单通道服务系统。

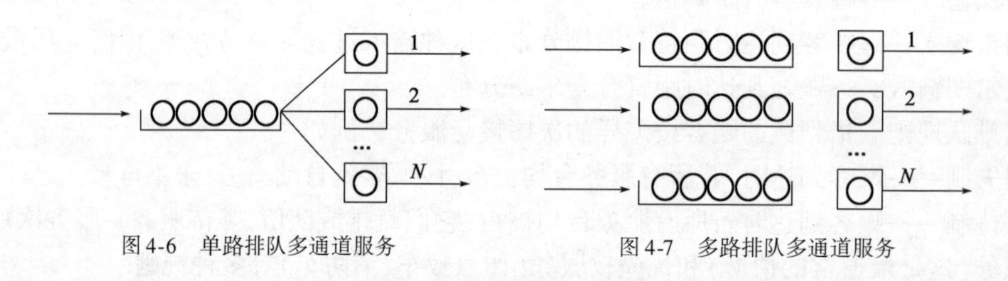

图4-6 单路排队多通道服务　　图4-7 多路排队多通道服务

第五节 车辆跟驰理论

跟驰理论是运用动力学方法,探究在无法超车的单一车道上车辆列队行驶时,后车跟随前车的行驶状态,并且借助数学模型表达并加以分析阐明的一种理论。

车辆跟驰理论研究的一个主要目的是试图通过观察各个车辆逐一跟驰的方式来了解单车道交通流的特性。这种特性的研究可用来描述交通流的稳定性、加速干扰以及干扰的传播;检验管理技术和通信技术,以便在稠密交通时使尾撞事故降到最低限度。

一、车辆跟驰特性分析

一队高密度车流在道路上行驶,车间距离不大,车队中任一辆车的车速都受到前车速度的制约,驾驶员只能按前车所提供的信息采用相应的车速。这种状态亦称为非自由行驶状态。跟驰理论只研究非自由行驶状态下车队的特性。

非自由行驶状态的车队有以下三个特性:

1. 制约性

在一队汽车中,后车跟随前车运行,驾驶员总不愿意落后很多,而是紧跟前车前进,这就是“紧随要求”。从安全角度考虑,跟驶车辆要满足两个条件:一是“车速条件”,即后车的车速不能长时间大于前车车速,只能在前车速度附近摆动,否则会发生碰撞;二是“间距条件”,即前后车之间必须保持一个安全距离,在前车制动时,两车之间有足够的距离,从而有足够的时间供后车驾驶员做出反应,采取制动措施。显然,车速高时,制动距离大,安全距离也加大。

紧随要求、车速条件和间距条件构成了一队汽车跟驰行驶的制约性,即前车车速制约着后车车速和两车间距。

2. 延迟性

从跟驰车队的制约性可知,前车改变运行状态后,后车也要改变,但前后车运行状态的改变不是同步的。这是由于驾驶员对前车运行状态的改变要有一个反应过程,这个过程包括四个阶段:

感觉阶段——前车运行状态的改变被察觉;

认识阶段——对这一改变加以认识;

判断阶段——对本车将要采取的措施做出判断;

执行阶段——由大脑到手和脚的操作动作。

这四个阶段所需的时间称为反应时间。假设反应时间为 T,那么前车在 t 时刻的动作,要经过 T 时间长,即在 $(t+T)$ 时刻后车才能做出相应的动作,这就是延迟性。

3. 传递性

由制约性可知,第一辆车的运行状态制约着第二辆车的运行状态,第二辆车又制约着第三辆……第 N 辆制约着第 $N+1$ 辆,这就是传递性。这种传递性由于具有延迟性,所以信息沿车队向后传递不是平滑连续而是像脉冲一样间断连续的。

二、线性跟驰模型

跟驰模型是一种刺激-反应的表达式。一个驾驶员所接受的刺激是指其前方导引车的加速或减速行为以及随之而发生的两车之间的速度差和车间距离的变化;该驾驶员对刺激的反应是指其为了紧密而安全地跟踪前车所做的加速或减速动作及其实际效果。

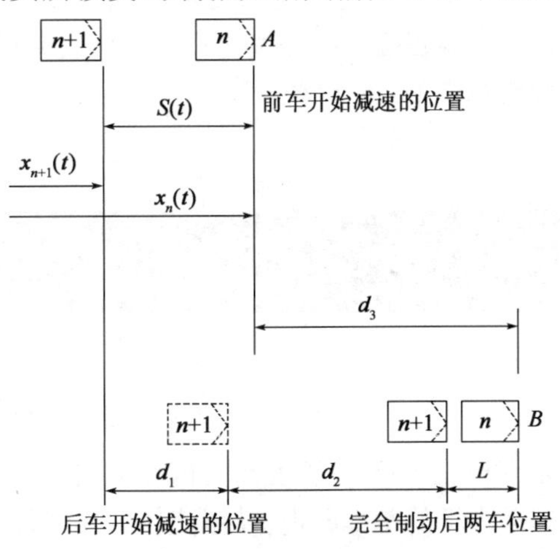

图 4-8 线性跟驰模型示意图

假定驾驶员保持他所驾驶车辆与前导车的距离为 $S(t)$,以便在前导车制动时能使车停下而不至于和前导车尾相撞。设驾驶员的反应时间为 T,在反应时间内,车速不变。这两辆车在 t 时刻的相对位置用图 4-8 表示,图中 n 为前导车,$n+1$ 为后随车。两车在制动操作后的相对位置如图 4-8 所示。

假定 $d_2=d_3$,要使时刻 t 两车的间距能保证在

突然制动事件中不发生碰撞,应有:

$$S(t)=d_1+L=T_{n+1}(T+t)+L \tag{4-10}$$

对 t 微分,得:

$$\dot{x}_n(t)-\dot{x}_{n+1}(t)=T\dot{x}_{n+1}(T+t) \tag{4-11}$$

或

$$\ddot{x}_{n+1}(t+T)=\frac{1}{T}[\dot{x}_n(t)-\dot{x}_{n+1}(t)] \tag{4-12}$$

上述图、式中:$x_n(t)$——第 n 辆车在时刻 t 的位置;

$S(t)$——两车在时刻 t 的间距;

d_1——后随车在反应时间 T 内行驶的距离,$d_1=T\dot{x}_{n+1}(t)=T\dot{x}_{n+1}(T+t)$;

d_2——后随车在减速期间行驶的距离;

d_3——前导车在减速期间行驶的距离;

L——停车后的车头间距;

$\dot{x}_n(t)$——第 n 辆车在时刻 t 的速度;

$\ddot{x}_{n+1}(t+T)$——后车在时刻$(t+T)$的加速度,称为后车的反应;

$\frac{1}{T}$——敏感度;

$\dot{x}_n(t)-\dot{x}_{n+1}(t)$——时刻 t 的刺激。

这样,式(4-12)就可理解为:反应 = 敏感度 × 刺激。

式(4-12)是在前导车制动、两车的减速距离相等以及后车在反应时间 T 内速度不变等假定下推导出来的。实际的跟车操作要比这两条假定所限定的情形复杂得多。比方说,刺激也可能是由前车加速而引起的,而两车在变速过程中行驶的距离可能不相等。为了适应更一般的情形,将式(4-12)修改如下:

$$\ddot{x}_{n+1}(t+T)=a[\dot{x}_n(t)-\dot{x}_{n+1}(t)] \tag{4-13}$$

其中,a 称为反应强度系数,量纲为 s^{-1},这里 a 不再理解为敏感度,而应看作与驾驶员动作的强弱程度直接相关。式(4-13)表明后车的反应与前车发出的刺激成正比,此公式称为线性跟车模型。

第六节 流体动力学模拟理论

英国学者莱脱希尔和惠特汉将交通流比拟为一种流体,以一条很长的公路隧道为研究对象,研究了在车流密度高的情况下的交通流规律,提出了流体动力学模拟理论。该理论运用流体动力学的基本原理,模拟流体的连续性方程,建立车流的连续性方程。把车流密度的变化比拟成起伏的水波,抽象为车流波。当车流因道路或交通状况的改变而引起密度的改变时,在车流中产生车流波的传播,通过分析车流波的传播速度,以寻求车流流量和密度、速度之间的关系,并描述车流的拥挤—消散过程。因此,该理论又可称为车流波动理论。

列队行驶的车辆在信号灯交叉口遇到红灯后,陆续停车排队而集结成密度高的队列,绿灯启亮后,排队的车辆又陆续起动而疏散成一列具有适当密度的车队。车流中两种不同密度部分的分界面经过一辆辆车向车队后部传播的现象,称为车流的波动。此车流波动沿道路向后移动的速度即为波速。

1. 已知某公路上畅行速度 $V_f = 80$km/h,阻塞密度 $K_j = 105$ 辆/km,车速-密度用直线关系式表示。求:①在该路段上期望得到的最大流量。②最大流量所对应的车速是多少?

2. 某信号灯交叉口的周期 $C = 97$s,有效绿灯时间 $g = 44$s,在有效绿灯时间内排队的车流以 $s = 900$ 辆/h 的流量通过交叉口,在有效绿灯时间外到达的车辆要停车排队。设信号灯交叉口上游车辆的到达率 $q = 369$ 辆/h,服从泊松分布,求使到达车辆不至两次排队的周期能占的最大百分率。

第五章
CHAPTER FIVE

道路通行能力和服务水平

本章导读

通过学习本章,学生应了解“十四五”规划中关于加快建设交通强国的重要意义和重点任务以及需要把握的关键问题,了解道路通行能力、服务水平的基本含义和道路系统承载能力分析方法,掌握机动车、非机动车通行能力的确定方法、应用和提高途径。通过对通行能力和服务水平的深入分析,能系统性地针对道路通行能力开展应用和研究,并提出自己的思考和建议。

教学目标

1. 知识目标

(1)了解道路通行能力、服务水平的基本含义和道路系统承载能力分析方法。

(2)熟悉通行能力和服务水平的作用和分类分级。

(3)掌握机动车、非机动车通行能力的确定方法、应用和提高途径。

2. 能力目标

能系统性地针对道路通行能力开展应用和研究,并提出自己的思考和建议。

3. 素质目标

(1)培养学生应用基础知识解决交通问题的自觉意识。

(2)树立学生尊重知识、崇尚创新的新时代科学家精神。

思政课堂

瞧,杭州有条“会说话”的智慧斑马线

2021 年,一条能发光、会“说话”,极富人性化设计的智慧斑马线亮相杭州未来科技城。智慧斑马线采用物联网传感技术,同时结合大数据分析应用,利用语音播报、闪烁道灯、高亮屏显

等方式提醒来往车辆和行人注意交通安全，显著提高了路口交通安全水平。

当允许行人通行时，智慧斑马线监测指示杆就会亮起绿灯，并以语音提醒行人通行，同时行人停止线地灯带变为绿灯，横道线警示地灯带白色波浪式闪烁，提醒行人正常通过。当禁止行人通行时，监测指示杆亮起红灯，语音自动警示行人禁行，同时行人停止线地灯带变为红灯。如果行人闯红灯，横道线警示地灯带立即会以“黄色闪烁”警示行人，并提醒过往车辆减速慢行。除此以外，智慧斑马线后续还将能与路口红绿灯联动，通过感知设备感知等候区人流量及等待时间，优化路口信号灯切换时间。

第一节 概述

一、道路通行能力概述

1. 基本概念

道路通行能力（Capacity），简称容量，是道路规划、交通规划、交通设施设计以及制定交通管理措施等采用的一个重要指标。它指道路上某一点、某车道或某一断面，单位时间内可能通过的最大交通实体（车辆或行人）数，记作 C，单位为辆/h。

2. 道路通行能力的作用

道路通行能力是道路交通特征的一个重要方面，也是一个重要指标，其作用如下：

①通过对道路通行能力和设计交通量的具体分析，可以正确地确定新建道路的等级、性质、主要技术指标和线性几何要素；

②道路通行能力可作为交通枢纽的规划、设计改建及交通设施配建的依据，如交叉口类型选择和信号设施的设计、装备；

③通过对现有道路通行能力的分析、评定，可以发现现有道路系统或某一路段存在的问题，进而提出改进的方案或措施，作为老路或旧街改建的依据；

④道路通行能力可以作为铁路、公路、水运、空运等各种交通方式方案比选与采用，城市街道网规划、公路网设计和方案比选，交通管理、运营、行车组织及控制方式确定或方案选择等的依据。

3. 通行能力的类别

根据车辆运行状态，道路通行能力可分为四类情况：

①较长路段畅通无阻、连续行驶车流的通行能力，一般称为路段（或基本路段）通行能力，它是所有道路交通系统都必须考虑的；

②在有横向干扰的条件下，不连续车流的通行能力，如具有平面信号交叉口的城市道路的通行能力；

③在合流、分流运行状态下的通行能力，如在高等级公路主线与匝道连接附近的通行能力；

④在交织运行状态下的通行能力,如立交的匝道、常规环道上车流的通行能力。

根据使用意义,道路通行能力可分三类:

①基准通行能力。基准通行能力也称理论通行能力,是指道路、交通、环境等各方面因素均处于理想状态下,每条车道(或每条道路)在单位时间内能够通过的最大交通量,亦称理论通行能力。

②实际通行能力。实际通行能力也称可能通行能力,是指在实际(或预计)道路和交通条件下,单位时间内通过道路某一点的最大交通量(在混合交通道路上为标准汽车)。

③设计通行能力。设计通行能力也称规划通行能力,是根据道路使用要求的不同(如在预计的道路、交通、控制和环境条件下),按不同服务水平,预计单位时间内通过一条车道(或一条道路)的最大交通量。

此外,根据道路上运行交通体的不同,通行能力还分为机动车道通行能力、非机动车道通行能力、人行道通行能力。

二、道路服务水平概述

1. 基本概念

道路服务水平(简称"服务水平")是指道路使用者从道路状况、交通条件、道路环境等方面可能得到的服务程度或服务质量。如道路使用者在行车速度、舒适、方便、驾驶员的视野以及经济、安全等方面所能感受到的实际效果与服务程度。

不同的道路服务水平允许通过的交通量称为服务交通量。服务等级高的道路车速快,驾驶员开车的自由度大,舒适与安全性好,交通密度小,运行质量高,但与之相适应的服务交通量就小;反之,道路服务水平低的道路,往往交通密度大,车速低,运行质量差。

目前,道路服务水平大体按下列指标划分:

①行车速度和运行时间;

②车辆行驶时的自由度(通畅性);

③交通受阻或受干扰程度,以及行车延误和每公里停车次数等;

④行车安全性(事故率和经济损失等);

⑤行车的舒适性及乘客的满意程度;

⑥经济性,即行驶费用。

由于以上因素相互之间有不同程度的联系,以及现在可用的资料不足,不能同时用上述因素来衡量道路服务水平和划分服务水平等级,而只能用与道路服务水平关系最密切、能总体代表其他因素的关键性参数来量度服务水平以及划分其等级,具体参数见表5-1。

量度道路服务水平的关键性参数 表5-1

道路组成部分	关键性参数	单位
高速公路基本路段	交通密度	pcu/(km·ln)
匝道-主线连接处	交通量	pcu/h
交织区	平均行程速度	km/h

续上表

道路组成部分	关键性参数	单位
不控制进入的汽车多车道公路路段	交通密度	pcu/(km · ln)
不控制进入的汽车双车道公路路段	延误时间百分率,可用车头时距小于5s的车辆数占总交通量的百分率来代替	%
	平均行程速度	km/h
混合交通公路(双车道)路段	平均行程速度	km/h
信号控制的平面交叉	平均延误时间	s/veh
非信号化平面交叉	剩余通行能力	pcu/h 或 mvu/h
市区及近郊干线公路	平均行程速度	km/h

注:pcu-当量小客车数;mvu-中型卡车数;veh-辆;ln-车道。

2. 道路服务水平的分级

服务水平也称服务等级,不同的服务等级相对应交通量不同,我们把在理想道路条件和交通条件下,通过道路某断面保持某级服务水平的最大交通量称为本级服务水平的最大服务流量。在考虑了客观条件(诸如车道宽度、侧向净空、交叉口等)影响,通过修正后的最大服务交通量称为服务交通量。我国的《公路工程技术标准》(JTG B01—2014)和《公路路线设计规范》(JTG D20—2017)则将公路的服务水平划分为一、二、三、四、五、六级共6个等级。

交通流通常分为连续性交通流和间断性交通流。连续性交通流是指道路上没有交通信号等外部因素导致交通流的中断,交通流状况是由交通流内部车辆之间的相互作用和影响以及道路几何结构、环境条件等对车辆作用和影响的结果。

间断性交通流道路的通行能力不仅受几何结构的影响限制,而且还受交通流有效利用道路的时间的限制。

道路交通流形式见表5-2。

道路交通流形式 表5-2

连续性交通流	间断性交通流
高速公路基本路段; 不控制进入的汽车多车道路段; 不控制进入的汽车双车道路段; 混合交通双车道路段; 匝道,包括匝道-主线连接处交织区	信号控制的平面交叉; 非信号化的平面交叉; 市区及近郊干线道路

不同交通设施所对应的服务水平的描述不同,对连续交通流一般可作如下描述:

一级服务水平:交通流处于完全自由流状态,交通量小、速度高、行车密度小,驾驶员能自由按照自己的意愿选择所需速度,行驶车辆不受或基本不受交通流中其他车辆的影响。较小的交通事故或行车障碍的影响容易消除,在事故路段不会产生停滞排队现象,很快就能恢复到一级服务水平。

二级服务水平:交通流处于相对自由流的状态,驾驶员基本上可按照自己的意愿选择行驶速度,但是开始要注意到交通流内有其他使用者,驾驶员身心舒适水平很高,较小交通事故或行车障碍的影响容易消除,在事故路段的运行服务情况比一级服务水平差些。

三级服务水平:交通流状态处于稳定流的上半段,车辆间的相互影响变大,选择速度受到其他车辆的影响,变换车道时驾驶员要格外小心,较小交通事故仍能消除,但事故发生路段的服务质量大大降低,严重阻塞后面形成排队车流,驾驶员心情紧张。

四级服务水平:交通流处于稳定流范围下限,但是车辆运行明显地受到交通流内其他车辆的相互影响,速度和驾驶的自由度受到明显限制。交通量稍有增加就会导致服务水平的显著降低,驾驶员身心舒适水平降低,即使较小的交通事故也难以消除,会形成很长的排队车流。

五级服务水平:交通流处于拥堵流的上半段,对于交通流的任何干扰,例如车流从匝道驶入或车辆变换车道,都会在交通流中产生一个干扰波,交通流不能消除它,任何交通事故都会形成很长的排队车流,车流行驶灵活性极端受限,驾驶员身心舒适水平很差。此服务水平下限时的最大交通量即为基准通行能力(理想条件下)或可能通行能力(具体公路)。

六级服务水平:交通流处于拥堵流的下半段,是通常意义上的强制流或阻塞流。这一服务水平下,交通设施的交通需求超过其允许的通过量,车辆排队行驶,队列中的车辆出现停停走走现象,运行状态极不稳定,可能在不同交通流状态间发生突变。

城市道路方面,《城市道路工程设计规范》(CJJ 37—2012)将快速路服务水平分为一、二、三、四共4个等级,并规定新建快速路应按三级服务水平设计。关于其他等级城市道路通行能力和服务水平的分析、评价,由于目前国内尚未有成熟的研究成果,规范只给出了基准通行能力与设计通行能力取值,而未给出具体的服务水平评价标准。

3. 最大服务交通量

服务交通量是指在通常的道路条件、交通条件和管制条件下,保持规定的服务水平时,道路某一断面或均匀路段在单位时间内所能通过的最大小时交通量。在不同的服务水平下,服务交通量是不同的。服务水平高的道路,服务交通量就大;反之,允许的服务交通量小,则服务水平低。

最大服务交通量就是指该道路在服务水平最高时所对应的交通量大小。

4. 道路设计采用的服务水平等级

高速公路、一级公路设计服务水平不应低于三级;一级公路作为集散公路时,设计服务水平可降低一级。二级公路、三级公路设计服务水平不应低于四级;四级公路未做规定。长隧道和特长隧道路段、非机动车及行人密集路段、互通式立体交叉的分合流区段,设计服务水平可降低一级。

第二节 影响通行能力和服务水平的因素

一、理想条件

在分析某种类型交通设施(道路路段或交叉口)的通行能力时,通常要给定此类型设施的标准条件,并备有相对应的表格和图样。对于与标准条件不相符的通常的道路条件要对照标准条件和给定的图、表进行修正,以便定量分析其通行能力和所达到的服务水平。这里,我们将给定的标准条件称为“理想条件”。

在原理上,理想条件就是通过改善也不能使通行能力有所增加的条件。例如,我国《公路通行能力手册》给出的连续交通流设施和交叉口引道的理想条件分别如下。

1. 连续交通流设施的理想条件

连续交通流设施的理想条件包括:

①车道宽度为3.75m;

②行车道边缘线与右侧障碍物之间的净宽为1.75m、距左侧障碍物之间的净宽为1.75m;

③多车道公路设计速度≥100km/h;

④交通流中只有小客车,没有其他类型车辆;

⑤平原地形;

⑥双车道公路中没有禁止超车区;

⑦没有行人和自行车的干扰;

⑧没有交通控制或转弯车辆干扰直行车的运行。

2. 交叉口引道的理想条件

交叉口引道的理想条件包括:

①车道宽3.75m;

②引道坡度为0;

③交叉口引道上没有路边停车;

④交通流中只有小客车;

⑤驾驶行为规范,冲突车流遵守优先规则;

⑥没有自行车和行人干扰。

在大多数通行能力分析中,理想条件很难达到,因此通行能力、服务流率或服务水平的计算需要在理想条件的基础上进行修正。

二、道路条件

道路条件因素包括所有描述道路的几何参数,具体包括:

(1)交通设施的类型及其所处环境

交通设施类型是道路条件中的关键因素,道路断面形式、双向车流之间是否有中央分隔带等,明显影响交通特性和通行能力;交通设施所在环境对多车道公路和信号交叉口也有影响。

(2)车道宽度

车道宽度对交通流有显著影响。车道狭窄会使车辆行驶侧向距离过小,这是大多数驾驶员都不喜欢的,驾驶员只能相应地减速或为维持一定速度而保持较大纵向间隔,这实质上降低了通行能力和(或)服务流率。

(3)路肩宽度和(或)侧向净空

狭窄的路肩和侧向障碍有两种主要影响。大多驾驶员试图避开他们觉得有危险的路边或中央障碍物,这会使其更靠近毗邻车道内的车辆,从而形成与狭窄车道相同的情形。很多地区双车道公路的路肩允许慢速车辆行驶,路肩狭窄反过来又影响交通流量。

(4)设计速度

限制设计速度会影响车辆运行和道路服务水平。驾驶员被迫低速行驶,并且对因限速而设计的较低指标的平纵线形必须更加警惕。在极端情况下,低设计速度对多车道设施的通行能力也有影响。

(5)道路平面和纵断面线形

道路的平面线形取决于设计车速和车流量,主要指标是设计车速。设计车速取决于道路等级、最小平面转弯半径、路拱横坡、加宽以及最小停车视距等。

道路的纵断面线形主要取决于地形。平原地区的纵断面线形条件一般较好,通常纵坡度不会超过3%。而山岭丘陵地带,由于地形崎岖,考虑小型车、中型车和重型车爬坡能力的不同,主要应控制纵坡度不超过规范限制。

三、交通条件

交通条件因素主要包括车辆类型分布、方向性分布和车道分布。

车辆类型分布是影响通行能力、服务流率和服务水平的主要交通流特性。如前所述的重型车辆,在两个关键方面对交通有不利影响:

①重型车比小客车大,因此占用的道路空间比小客车大。

②重型车运行性能比小客车差,尤其是加速、减速和保持上坡车速的能力。

"方向性分布"对双车道乡村公路的运行很有影响。每个方向的交通流大约各占50%时,交通条件最好。方向性分布很不平衡时,通行能力就会下降。

在多车道道路上,通行能力还受车道分布影响,典型的情况是多车道道路靠路肩的车道承担的交通量较其他车道少。

四、交通管制条件

间断流设施对具体交通流流向有效的时间管制,是影响通行能力、服务流率和服务水平的关键因素。这类交通设施中最关键的控制设施是交通信号。使用的控制设备、信号相位、绿灯时间分配和信号周期长度均影响车辆运行,交通信号决定交叉口各种车道上流向的有效时间。

停车和让路标志也影响通行能力,但不起决定作用。在允许每次流向时,信号必定分配一定时间。停车或让路标志永远将优先通行权分配给主要街道,次要街道的车辆必须在主要交通流中寻找穿越的间隙。因此,这种引道的通行能力取决于主要街道上的交通条件。

四向停车管制迫使驾驶员轮流、依次进入交叉口,这种管制限制了通行能力,并且运行特性会因各引道上的交通需求而有很大变化。

能显著影响通行能力、服务流率和服务水平的还有其他类型的交通管制和交通规则。限制路边停车能增加街道和公路的有效车道数;转弯限制能取消交叉口车流的冲突点而提高通行能力;车道使用管制可给各种流向明确地分配有效道路空间,既可以在交叉口使用管制,也可以在关键的干道上开辟变向车道。

第三节 机动车道通行能力

按照机动车交通流运行特性的变化,可将快速路、高速公路分为路段(或基本路段)、交织区和匝道及通道连接点等部分,按道路结构物造型不同又分为路段、交叉口和匝道。现行泛指和惯例均按基本路段、交织、匝道和连接处四个部分,城市道路按路段和交叉口两部分对通行能力进行分析,本书将分别分析公路、城市道路路段通行能力以及交叉口的通行能力。

一、高速公路基本路段通行能力

基本路段是指主线上不受匝道附近车辆汇合、分离以及交织运行影响的路段部分。

高速公路是多车道公路,由于上行、下行两个方面的交通运行互不影响,且在其前进方向上的线形(主要是纵断面线形)不同。因此,两个方向车行道的通行能力和服务水平的分析计算是独立进行的。

1. 服务水平

基本路段服务水平分级的关键性参数是最大交通密度,单位为 pcu/(km · ln)。高速公路基本路段服务水平分级见表 5-3。

高速公路基本路段服务水平分级　　表 5-3

服务水平等级	v/C 值	设计速度(km/h)		
		120	100	80
		最大服务交通量 [pcu/(h · ln)]	最大服务交通量 [pcu/(h · ln)]	最大服务交通量 [pcu/(h · ln)]
一	$v/C \leqslant 0.35$	750	730	700
二	$0.35 < v/C \leqslant 0.55$	1200	1150	1100
三	$0.55 < v/C \leqslant 0.75$	1650	1600	1500
四	$0.75 < v/C \leqslant 0.90$	1980	1850	1800
五	$0.90 < v/C \leqslant 1.00$	2200	2100	2000
六	$v/C > 1.00$	0 ~ 2200	0 ~ 2100	0 ~ 2000

注:v/C 是在基准条件下,最大服务交通量与基准通行能力之比。基准通行能力是五级服务水平条件下对应的最大服务交通量。

2. 通行能力

(1)基准通行能力

《公路路线设计规范》(JTG D20—2017)中给出的高速公路基本路段基准通行能力取值见表 5-3 中的五级服务水平。

表中设计速度的含义为:在气象条件良好,车辆行驶只受道路本身条件影响时,具有中等驾驶技术的人员在几何受限路段能够安全、舒顺驾驶车辆的最高速度。

基准条件下每车道的最大服务流率为：

$$\mathrm{MSF}_i = C_{bj} \times (v/C)_i \tag{5-1}$$

式中：MSF_i——基准条件下，i级服务水平相应的每车道最大服务流率，pcu/(h·ln)；

C_{bj}——基准条件下，设计速度为j的高速公路基本路段基准通行能力，pcu/(h·ln)；

$(v/C)_i$——与i级服务水平相应的饱和度阈值。

(2)实际通行能力

高速公路基本路段实际通行能力的计算公式如下：

$$C_p = C_b \times f_{HV} \times f_p \tag{5-2}$$

式中：C_p——高速公路基本路段的实际通行能力，pcu/(h·ln)；

C_b——高速公路基本路段的基准通行能力，pcu/(h·ln)；

f_{HV}——交通组成修正系数；

f_p——驾驶员总体特征修正系数，通过调查确定，通常取0.95～1.00。

中型车、大型车和拖挂车在外形尺寸和车辆行驶性能上与小客车存在显著差别，动力特性比小客车差，导致交通流中出现很大空隙，故应对其进行修正，计算公式如下：

$$f_{HV} = \frac{1}{1 + \sum_i P_i(\mathrm{PCE}_i - 1)} \tag{5-3}$$

式中：P_i——第i种车型交通量占总交通量的百分比；

PCE_i——第i种车型折算系数，应根据交通量与实际行驶速度在表5-4中选取。

高速公路基本路段车辆折算系数

表5-4

车型	交通量[pcu/(h·ln)]	设计速度(km/h)		
		120	100	≤80
中型车	≤800	1.5	1.5	2.0
	(800,1200]	2.0	2.5	3.0
	(1200,1600]	2.5	3.0	4.0
	>1600	1.5	2.0	2.5
大型车	≤800	2.0	2.5	3.0
	(800,1200]	3.5	4.0	5.0
	(1200,1600]	4.5	5.0	6.0
	>1600	2.5	3.0	4.0
拖挂车(含集装箱车)	≤800	3.0	4.0	5.0
	(800,1200]	4.5	5.0	7.0
	(1200,1600]	6.0	7.0	9.0
	>1600	3.5	4.5	6.0

根据实际通行能力，可计算得到实际条件下高速公路基本路段的单向服务流率：

$$SF_i = C_b \times (v/C)_i \times N \times f_{HV} \times f_p \tag{5-4}$$

式中：SF_i——在实际的道路交通条件下，i 级服务水平相应的单向服务流率，pcu/h；

N——单向车道数。

(3)规划和设计阶段通行能力分析

规划和设计阶段通行能力分析是根据预测的交通量和交通特性及期望的服务水平，来确定高速公路基本路段所需车道数。相对于设计分析而言，由于规划分析交通资料仅有规划年的年平均日交通量，其他必要的分析参数由分析人员假定或采用推荐的默认值，所以与设计分析相比，规划分析是比较粗略的。

例 5-1

已知某双向四车道高速公路，设计速度为 120km/h，驾驶员主要为经常往返于两地者。交通量为 1000pcu/(h·ln)。交通组成：中型车 35%，大型车 5%，拖挂车 5%，其余为小型车。试计算其实际通行能力及实际情况下三级服务水平对应的单向服务流率。

解：

由题意知，$C_b = 2200$pcu/(h·ln)，$f_p = 1.0$。查表 5-4，得中型车、大型车和拖挂车的折算系数分别为 2.0、3.5 和 4.5，则：$f_{HV} = 1 \div \{1 + [0.35 \times (2-1) + 0.05 \times (3.5-1) + 0.05 \times (4.5-1)]\} = 0.606$。

实际通行能力：$C_p = C_b \times f_{HV} \times f_p = 2200 \times 0.606 \times 1.0 = 1333$[pcu/(h·ln)]。

实际情况下三级服务水平对应的单向服务流率：$SF = C_p \times (v/C)_i \times N = 1333 \times 0.75 \times 2 = 2000$(pcu/h)。

二、一级公路基本路段通行能力

1. 服务水平

一级公路基本路段服务水平评价采用饱和度 v/C 作为主要指标，采用小客车实际行驶速度与自由流速度之差作为次要评价指标。一级公路基本路服务水平分级见表 5-5。

一级公路基本路段服务水平分级 表 5-5

服务水平等级	v/C 值	设计速度(km/h)		
		100	80	60
		最大服务交通量[pcu/(h·ln)]	最大服务交通量[pcu/(h·ln)]	最大服务交通量[pcu/(h·ln)]
一	$v/C \le 0.3$	600	550	480
二	$0.3 < v/C \le 0.5$	1000	900	800
三	$0.5 < v/C \le 0.7$	1400	1250	1100
四	$0.7 < v/C \le 0.90$	1800	1600	1450
五	$0.90 < v/C \le 1.00$	2000	1800	1600
六	$v/C > 1.00$	0 ~ 2000	0 ~ 1800	0 ~ 1600

2. 通行能力

(1)基准通行能力

《公路路线设计规范》(JTG D20—2017)中给出的一级公路基本路段基准通行能力取值见表5-5中的五级服务水平。与高速公路基本路段相比,在同一设计速度下,一级公路基本路段的基准通行能力却有所降低。

(2)实际通行能力

一级公路基本路段的实际通行能力可按下式计算:

$$C_p = C_b \times f_{HV} \times f_p \times f_f \tag{5-5}$$

式中:C_p——一级公路基本路段实际通行能力,pcu/(h·ln);

C_b——一级公路基本路段基准通行能力,pcu/(h·ln);

f_{HV}——交通组成修正系数,同高速公路基本路段;

f_p——驾驶员总体特征修正系数,通常取0.95~1.0;

f_f——路侧干扰影响修正系数。

路侧干扰对一级公路基本路段通行能力的影响与路侧干扰等级有关,其修正系数f_f可参照表5-6选取。

一级公路基本路段通行能力路侧干扰修正系数　表5-6

路侧干扰等级	1	2	3	4	5
修正系数	0.98	0.95	0.90	0.85	0.80

(3)规划和设计阶段通行能力分析

一级公路基本路段在规划和设计阶段的通行能力分析目的在于确定其车道数,其分析方法与高速公路基本路段相同。

一级公路通常取三级服务水平作为设计服务水平;当一级公路为集散公路时,可按四级服务水平进行设计。新建一级公路的设计小时交通量系数可参照公路功能、交通量、地区气候、地形等条件相似的公路观测数据综合确定。

三、双车道公路路段通行能力

双车道公路是指具有两条车行道、双向行车的公路,双车道公路包括二、三、四级公路。

目前,我国大多数干线及非干线公路均为双车道公路,同时双车道公路亦为我国公路网中最常见、最普遍的一种公路形式。《公路路线设计规范》(JTG D20—2017)规定,二、三级公路的设计服务水平采用四级,当作为干线公路时,可采用三级服务水平。四级公路则视需要而定。本书只对二、三级公路的通行能力与服务水平加以介绍。

1. 服务水平

《公路工程技术标准》(JTG B01—2014)给出的双车道公路路段服务水平划分标准见表5-7,二、三级公路设计服务水平为四级。

双车道公路路段服务水平划分标准　　表 5-7

服务水平等级	延误率(%)	设计速度(km/h)										
		80				60				≤40		
		实际行驶速度(km/h)	v/C			实际行驶速度(km/h)	v/C			v/C		
			不准超车区(%)				不准超车区(%)			不准超车区(%)		
			<30	30~70	≥70		<30	30~70	≥70	<30	30~70	≥70
一	≤35	≥76	0.15	0.13	0.12	≥58	0.15	0.13	0.11	0.14	0.12	0.10
二	≤50	≥72	0.27	0.24	0.22	≥56	0.26	0.22	0.20	0.25	0.19	0.15
三	≤65	≥67	0.40	0.34	0.31	≥54	0.38	0.32	0.28	0.37	0.25	0.20
四	≤80	≥58	0.64	0.60	0.57	≥48	0.58	0.48	0.43	0.54	0.42	0.35
五	≤90	≥48	1.00	1.00	1.00	≥40	1.00	1.00	1.00	1.00	1.00	1.00
六	>90	<48	—	—	—	<40	—	—	—	—	—	—

2. 通行能力

(1)基准通行能力

《公路路线设计规范》(JTG D20—2017)给出的二、三级公路路段基准通行能力取值见表5-8。

双车道公路路段基准通行能力　　表 5-8

公路类型	设计速度(km/h)	基准通行能力(pcu/h)
二级公路	80	2800
	60	1400
	40	1300
三级公路	40	1300

(2)实际通行能力

双车道公路路段实际通行能力可用下式计算：

$$C_p = C_b \times f_{HV} \times f_w \times f_d \times f_f \tag{5-6}$$

式中：C_p——双车道公路路段实际通行能力，pcu/h；

C_b——双车道公路路段基准通行能力，pcu/h；

f_{HV}——交通组成修正系数；

f_w——车道宽度、路肩宽度修正系数；

f_d——方向分布修正系数；

f_f——路侧干扰修正系数。

(3)设计通行能力

在计算得到实际通行能力的基础上，实际或预测及设计条件下双车道公路路段设计通行能力可计算如下：

$$C_d = C_p \times (v/C)_i \tag{5-7}$$

式中：C_d——双车道公路路段设计通行能力，pcu/h；

$(v/C)_i$——双车道公路路段设计服务水平下对应的饱和度阈值。

四、城市道路路段通行能力

《城市道路工程设计规范》(CJJ 37—2012)规定,各级城市道路设计速度应按表5-9选用。同等级道路设计速度的选定应根据交通功能、交通量、控制条件及工程建设性质等因素综合确定。

各级城市道路设计速度 表5-9

道路等级	快速路			主干路			次干路			支路		
设计速度(km/h)	100	80	60	60	50	40	50	40	30	40	30	20

城市道路交通量换算采用小客车为标准车型,各种车辆的折算系数见表5-10。

城市道路车辆折算系数 表5-10

车辆类型	小客车	大型客车	大型货车	铰接车
折算系数	1.0	2.0	2.5	3.0

1. 快速路基本路段通行能力

(1)基准通行能力

快速路基本路段一条车道的基准通行能力见表5-11。

快速路基本路段一条车道的基准通行能力 表5-11

设计速度(km/h)	100	80	60
基准通行能力[pcu/(h·ln)]	2200	2100	1800

(2)实际通行能力

《城市道路工程设计规范》(CJJ 37—2012)并未就快速路基本路段实际通行能力进行规定,可参考高速公路基本路段实际通行能力计算方法。

2. 其他等级城市道路路段通行能力

(1)基准通行能力与设计通行能力

其他等级城市道路路段的基准通行能力和设计通行能力见表5-12,《城市道路工程设计规范》(CJJ 37—2012)中规定:基准通行能力乘以折减系数0.8后取整得到设计通行能力。

其他等级城市道路路段的基准通行能力与设计通行能力 表5-12

设计速度(km/h)	60	50	40	30	20
基准通行能力[pcu/(h·ln)]	1800	1700	1650	1600	1400
设计通行能力[pcu/(h·ln)]	1400	1350	1300	1300	1100

(2)实际通行能力

其他等级城市道路路段的实际通行能力受车道宽度、交叉口、车道数、路侧干扰(如路边停车、自行车、公交车、过街行人)等的影响,应综合考虑上述因素,在基准通行能力的基础上进行修正计算得到。

目前,由于国内尚无成熟的研究成果,故在相关规范中也未有明确规定。

五、平面交叉口通行能力

两条或两条以上的道路在同一平面相交称为平面交叉。两条不同方向的车流通过平交路口时产生车流的转向、交会与交叉,平交路口可能通过此相交车流的最大交通量就是平面交叉口的通行能力。

平面交叉口的通行能力不仅与交叉口所占面积、形状、入口引道车行道的条数、宽度、几何线形等有关,而且受相交车流通过交叉口的运行方式、交通管理措施等方面的影响。因此,在确定通行能力时,要首先确定交叉口的车辆运行和交通管理方式。按交通管制方式的不同,可将交叉口分为三大类,一为无信号控制的交叉口,二为中央设圆形岛的环形交叉口,三为信号控制的交叉口。

目前交叉口通行能力计算在国际上并未完全统一,即使是同一类型的交叉口,其通行能力计算方法也不尽相同。

1.无信号控制交叉口

《中华人民共和国道路交通管理条例》第四十三条规定:车辆通过没有交通信号或交通标志控制的交叉路口,必须遵守下列规定依次让行:①支路车让主路车先行;②支、主路不分的,非机动车让机动车先行,非公共汽车、电车让公共汽车、电车先行,同类车让右边没有来车的车先行。让行车须停车或减速瞭望,确认安全后,方准通过。

根据以上规定,主要道路上的车辆通过路口不用停车,一直通过,次要道路上的行驶车辆,让主要道路上的车辆先行,寻找机会,穿越主要道路上车流的空当,通过路口。

主要道路上能够通过多少辆车,按路段计算。次要道路上能通过多少车辆,受下列因素影响:主要道路上车流的车头间隔,次要道路上车辆穿越主要道路车流所需时间,次要道路上车辆跟进的车头时距大小,主要道路上车流的流向分布。这种路口的通行能力等于主要道路上的交通量加上次要道路上车辆穿越空当能通过的车辆数。若主要道路上的车流已经饱和,则次要道路上的车辆一辆也通不过。

假设主要道路上的车辆优先通过路口,主要道路上的双向车流视为一股车流;交通量不大,车辆间的间隙分布符合负指数分布;当间隙大于临界间隙 t_0 时,次要道路上的车辆方可穿越,次要道路上的车辆跟进行驶的车头时距 $t=3\text{s}$。

按可穿越间隙理论,推算出次要道路上的车辆每小时能穿越主要道路车流的数量,其计算公式如下:

$$Q_{次}=\frac{Q_{主}\mathrm{e}^{-qt_0}}{1-\mathrm{e}^{-qt}} \tag{5-8}$$

式中:$Q_{主}$——主要道路上的交通量,辆/h;

$Q_{次}$——次要道路可能通过的车辆数,辆/h;

q——$Q_{主}/3600$,辆/s;

t_0——临界间隙时间,s,对停车待机通过者 $t_0=7\sim9\text{s}$,对减速待机通过者 $t_0=6\sim8\text{s}$;

t——次要道路上车辆跟进行驶的车头时距,s,$t=3\sim5\text{s}$。

例 5-2

一无信号控制交叉口,主要道路的双向交通量为1000 辆/h,车辆到达符合泊松分布。次要道路上车辆可穿越的临界车头时距 $t_0 = 7\text{s}$,车辆跟进行驶的车头时距 $t = 5\text{s}$。求次要道路上车辆可穿越主要道路车流的数量。

解:

将 $Q_{主} = 1000$ 辆/h,$t_0 = 7\text{s}$,$t = 5\text{s}$ 代入式(5-8),得 $Q_{次} = 191$ 辆/h。同样可计算得表 5-13。

次要道路通行能力

表 5-13

次要道路行驶方式	车头时距(s)		主要道路双向交通量(辆/h)				
	t_0	t	800	1000	1200	1400	1600
停车等空当	9	5	160	110	70	50	30
	8	5	200	140	100	70	50
	7	5	250	190	140	110	80
低速等空当	8	3	275	190	130	90	60
	7	3	345	250	185	135	95
	6	3	430	335	255	195	150

2. 环形交叉口的通行能力

环形交叉口是在几条道路相交的交叉口中央,设置圆岛或带圆弧形状的岛,使进入交叉口的所有车辆均以同一方向绕岛行驶,其运行过程一般为先在不同方向汇合(合流),接着于同一车道先后通过(交织),最后分向驶出(分流),可避免直接交叉、冲突和大角度碰撞,其实质为自行调节的渠化交通形式。其优点为车辆可以连续行驶,安全,无须使用信号管理设施,平均延误时间短,很少制动、停车,节约用油,噪声低、污染少。缺点为占地大,绕行距离长,当非机动车或行人过多时不宜采用。

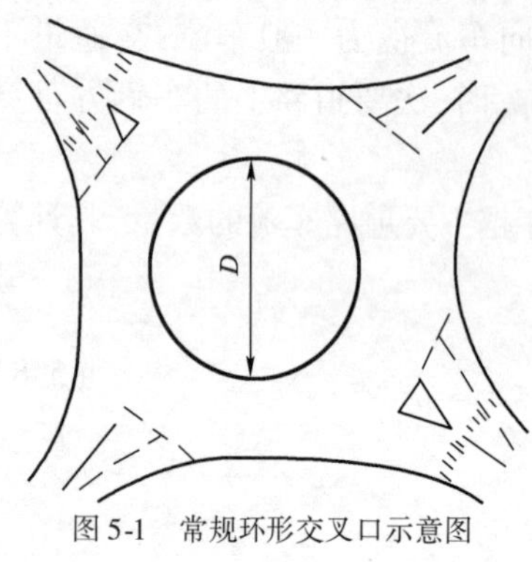

图 5-1 常规环形交叉口示意图

环形交叉口按其中心岛直径的大小分为以下三类:常规环形交叉口、小型环型交叉口、微型环形交叉口。本书介绍常规环形交叉口的通行能力。

常规环形交叉口中心岛为圆形或椭圆形,直径一般在2m 以上,交织段长度和交织角大小有一定要求,入口引道一般不扩大成喇叭形,现在我国各城市的主要环形交叉口均属此类,如图 5-1 所示。

对于常规环形交叉口的通行能力计算,各国均有推荐公式,其中较著名的公式为沃尔卓普公式:

$$Q_{\mathrm{M}} = \frac{354W\left(1 + \dfrac{e}{W}\right)\left(1 - \dfrac{P}{3}\right)}{1 + \dfrac{W}{l}} \tag{5-9}$$

式中：Q_M——交织段上最大通行能力，辆/h；

l——交织段长度，m；

W——交织段宽度，m；

e——环交入口引道平均宽度，m，即：

$$e = \frac{e_1 + e_2}{2} \tag{5-10}$$

e_1——入口引道宽度，m；

e_2——环道突出部分宽度，m；

P——交织段内进行交织的车辆与全部车辆之比，%。

上述几何参数示于图5-2。

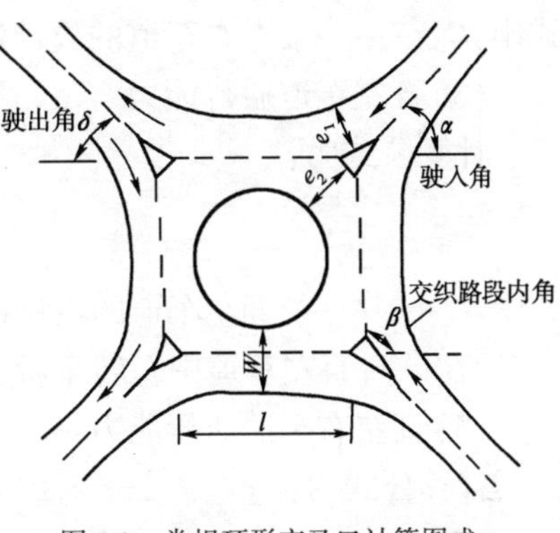

图5-2 常规环形交叉口计算图式

3. 信号控制交叉口

在信号控制交叉口，绿灯亮时，允许各行驶方向的车辆进入交叉口；红灯亮时，只允许右转车辆沿右转专用车道行进，但不得影响横向道路上直行车辆的正常行驶；黄灯亮时，已越过停车线的车辆继续行驶，通过交叉口，没有越过停车线的车辆应在停车线后等候绿灯。本书以十字交叉口的设计通行能力为例进行分析。

十字交叉口设计通行能力等于各进口道设计通行能力之和。进口道设计通行能力等于各车道设计通行能力之和。

（1）一条直行车道的设计通行能力

计算公式为：

$$C_s = \frac{3600}{T}\left(\frac{t_g - t_0}{t_i} + 1\right)\varphi \tag{5-11}$$

式中：C_s——一条直行车道的设计通行能力，辆/h；

T——信号灯周期，s；

t_g——信号灯每周期内的绿灯时间，s；

t_0——绿灯亮后，第一辆车启动、通过停车线的时间，s，如无本地实例数据，可采用2.3s；

t_i——直行或右行车辆通过停车线的平均时间，s/辆；

φ——折减系数，取0.9。

车辆平均通过停车线的时间 t_i 与车辆组成、车辆性能、驾驶员条件有关。设计时，可采用本地区调查数据。若无调查数据，直行车队可参考下列数值采用：小型车组成的车队，t_i = 2.5s；大型车组成的车队，t_i = 3.5s；拖挂车组成的车队，t_i = 7.5s；混合车队，可按表5-14选用（表中将拖挂车划为大型车）。

混合车队的 t_i 值（单位：s） 表5-14

大型车：小型车	2:8	3:7	4:6	5:5	6:4	7:3	8:2
t_i	2.65	2.96	3.12	3.26	3.30	3.34	3.42

（2）直右车道通行能力

计算公式为：

$$C_{sr} = C_s \tag{5-12}$$

式中:C_{sr}——一条直右车道的设计通行能力,辆/h。

(3)直左车道通行能力

计算公式为:

$$C_{sl} = C_s(1 - \beta_l'/2) \tag{5-13}$$

式中:C_{sl}——一条直左车道的设计通行能力,辆/h;

β_l'——直左车道中左转车所占的比例。

(4)直左右车道通行能力

计算公式为:

$$C_{slr} = C_{sl} \tag{5-14}$$

式中:C_{slr}——一条直左右车道的设计通行能力,辆/h。

(5)进口道设有专用左转与专用右转车道的情况

进口道设有专用左转与专用右转车道时,设计通行能力按照本面车辆左、右转比例计算。先计算本面进口道的设计通行能力,再计算专用左转及右转车道的设计通行能力。

①进口道设计通行能力计算公式为:

$$C_{elr} = \frac{\sum C_s}{1 - \beta_l - \beta_r} \tag{5-15}$$

式中:C_{elr}——设有专用左转与专用右转车道时,本面进口道的设计通行能力,辆/h;

$\sum C_s$——本面直行车道设计通行能力之和,辆/h;

β_l——左转车占本面进口道车辆的比例,辆/h;

β_r——右转车占本面进口道车辆的比例,辆/h。

专用左转车道设计通行能力计算公式为:

$$C_l = C_{elr} \cdot \beta_l \tag{5-16}$$

专用右转车道设计通行能力计算公式为:

$$C_r = C_{elr} \cdot \beta_r \tag{5-17}$$

②进口道设有专用左转车道而未设专用右转车道时,专用左转车道的设计通行能力 C_l 按本面左转车辆比例 β_l 计算。设有专用左转车道时,本面进口道设计通行能力 C_{el} 为:

$$C_{el} = \frac{\sum C_s + C_{sr}}{1 - \beta_l} \tag{5-18}$$

式中:$\sum C_s$——本面直行车道设计通行能力之和,辆/h;

C_{sr}——本面直右车道设计通行能力之和,辆/h。

则专用左转车道的设计通行能力为 $C_l = C_{el} \cdot \beta_l$。

③进口道设有专用右转车道而未设专用左转车道时,专用右转车道的设计通行能力 C_r 按本面左转车辆比例 β_r 计算。设有专用右转车道时,本面进口道设计通行能力 C_{er} 为:

$$C_{er} = \frac{\sum C_s + C_{sl}}{1 - \beta_r} \tag{5-19}$$

式中：$\sum C_s$——本面直行车道设计通行能力之和，辆/h；

C_{sl}——本面直左车道设计通行能力之和，辆/h。

则专用左转车道的设计通行能力为 $C_r = C_{er} \cdot \beta_r$。

(6)通行能力折减

在一个信号周期内，对面到达的左转车超过 3～5 辆时，左转车通过交叉口将影响本面直行车。因此，应折减本面直行车道（包括直行、直左、直右、直左右车道）的设计通行能力。

当 $C_{le} > C'_{le}$时，本面进口道折减后的设计通行能力为：

$$C'_e = C_e - n_s(C_{le} - C'_{le}) \tag{5-20}$$

式中：C'_e——折减后本面进口道的设计通行能力，辆/h；

C_e——本面进口道的设计通行能力，辆/h；

n_s——本面各种直行车道数；

C_{le}——本面进口道左转车的设计通过量，辆/h：

$$C_{le} = C_e \cdot \beta_l \tag{5-21}$$

C'_{le}——不折减本面各种直行车道设计通行能力的对面左转车数，辆/h，当交叉口小时为 $3n$，大时为 $4n$（n 为一小时内的信号周期数）。

例 5-3

已知某交叉口设计图如图 5-3 所示。东西干道一个方向有三条车道，南北支路一个方向有一条车道。信号灯管制交通。信号灯情况为：周期 $T = 140\text{s}$，绿灯 $t_g = 64\text{s}$。车种比例为大车：小车 =3：7，东西方向左转车占该进口交通量的 15%，右转车占该进口交通量的 10%。求交叉口的设计通行能力。

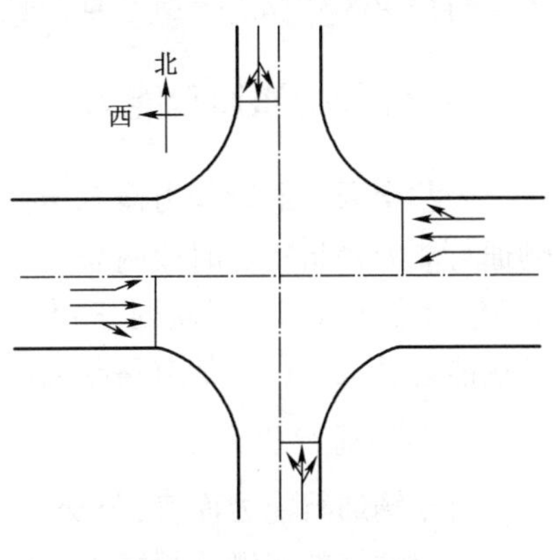

图 5-3　交叉口设计图

解：

(1)计算直行车道的设计通行能力

$$C_s = \frac{3600}{T}\left(\frac{t_g - t_0}{t_i} + 1\right)\varphi$$

取 $t_0 = 2.3\text{s}$，$\varphi = 0.9$；根据车种比例为 3：7，查表 5-14，得 $t_i = 2.96$。将已知数据代入上式得：$C_s = 506$ 辆/h。

(2)计算直右车道的设计通行能力

$C_{sr} = C_s = 506$ 辆/h。

(3)东进口设计通行能力

东进口属于设有专用左转车道而未设右转专用车道类型，其设计通行能力为：

$C_{el} = (\sum C_s + C_{sr})/(1 - \beta_l) = (506 + 506) \div (1 - 0.15) = 1191$（辆/h）。

(4)该进口设有专用左转车道的设计通行能力

$C_l = C_{el} \cdot \beta_l = 1191 \times 0.15 = 179$(辆/h)。

(5)验算是否需要折减

当 $C_{le} > C'_{le}$时,应当折减。

不影响对面直行车辆行驶的左转交通量 C'_{le}等于$4n$,n为一小时内的信号周期个数,$T=140s$,故 $n = 3600 \div 140 = 26$,则 $C'_{le} = 4 \times 26 = 104$(辆/h)。

进口设计左转交通量 $C_{le} = C_l = 179$ 辆/h。因此 $C_{le} > C'_{le}$,需要折减。

$C'_e = C_e - n_s(C_{le} - C'_{le}) = 1191 - 2 \times (179 - 104) = 1041$(辆/h)。

(6)西进口设计通行能力

与东进口相同。

(7)南进口设计通行能力

该进口只有直、左、右混行车道,其设计通行能力为:

$C_{slr} = C_{sl} = C_s(1 - \beta'_l/2) = 506 \times (1 - 0.15 \div 2) = 468$(辆/h)。

(8)验算南进口的左转车是否影响对面直行车

因为南北进口道划分相同,故可验算北进口左转车是否影响南进口车的直行。

设计左转交通量 $C_l = 468 \times 0.15 = 70$(辆/h)。

设计左转交通量 $C_l < C'_{le} = 104$ 辆/h,故不需要折减。

(9)交叉口的设计通行能力

交叉口的设计通行能力等于四个进口设计通行能力之和。

东进口折减后的设计通行能力为1041 辆/h;西进口同东进口,为1041 辆/h;南进口和北进口均为468 辆/h。此交叉口的设计通行能力为 $C = 1041 \times 2 + 468 \times 2 = 3018$(辆/h)。

六、公共交通通行能力

公共交通的通行能力概念与公路通行能力不同,它包括人和车辆两方面的行为。其中,车辆通行能力是指特定时段内公交站点、公交联合站以及公交车道或公交线路所服务的公交车辆(包括公共汽车或轻轨列车)数;客运能力是指在一定时间内按规定的运行条件,公共交通车辆能运送乘客通过某道路断面的人数。

1.车辆通行能力

对车辆通行能力而言,公交站点、公交联合车站以及公交线路是三个层次的车辆通行能力。公交站点的车辆通行能力是公交车辆通行能力的基本单元,一个公共汽车联合站或列车站的车辆通行能力则受一个站点车辆通行能力的限制,而公交车道或公交线路的车辆通行能力又受沿线关键车站的车辆通行能力的限制。

(1)公交站点的车辆通行能力

对公交站点的车辆通行能力影响最大的两个因素是车辆在站点的停留时间和公交车辆行驶的道路的绿灯时间与信号周期时长之比(绿信比)。表5-15列出了不同停留时间和绿信比g条件下,公交站点的车辆通行能力估计值,其他条件下的通行能力值可通过内插计算得到。

公交站点车辆通行能力估计值 表 5-15

停留时间(min)	通行能力(辆/h)	
	$g=0.50$	$g=1.00$
15	63	100
30	43	63
45	32	46
60	26	36
75	22	30
90	19	25
105	16	22
120	15	20

(2)公共汽车联合站的车辆通行能力

表 5-16 列出了路边直线型公共汽车联合站的车辆通行能力估计值。

路边直线型公共汽车联合站车辆通行能力估计值 表 5-16

停留时间(min)	通行能力(辆/h)									
	g									
	0.5	1.00	0.5	1.00	0.5	1.00	0.5	1.00	0.5	1.00
	站点数量									
	1		2		3		4		5	
30	43	63	79	117	105	154	113	167	115	170
60	26	36	48	67	64	89	59	96	70	98
90	19	25	35	47	46	62	49	67	50	69
120	15	20	27	36	36	48	39	52	39	53

值得注意的是,当路边直线型公共汽车联合站内的站点数量增加 1 倍时,该车站的车辆通行能力通常增加不到 1 倍。而当路边非直线型公共汽车联合站内的站点数量增加 2 倍时,通行能力可以增加 2 倍。

(3)公交线路的车辆通行能力

公交线路的车辆通行能力受关键站点通行能力限制,而关键站点的通行能力则取决于车辆占用停车站的时间。因此,公交线路的车辆通行能力计算公式如下:

$$C_{线}=\frac{3600}{T} \tag{5-22}$$

式中:$C_{线}$——公交线路的车辆通行能力,辆/h;

T——1 辆车占用停车站的总时间,s,$T=t_1+t_2+t_3+t_4$。

其中,t_1是车辆进站停车用的时间,单位为 s,用下式计算:

$$t_1=\sqrt{\frac{2l}{b}} \tag{5-23}$$

式中:l——驶入车站时,车辆之间的最小间隔,m,通常取车辆长度;

b——进站时的制动减速度,m/s^2,一般取 $1.5m/s^2$。

t_2是乘客上下车占用时间,单位为 s,用下式计算:

$$t_2 = \frac{\Omega k_r t_0}{n_d} \tag{5-24}$$

式中:Ω——公共汽车容量,人/辆;

k_r——上下车乘客占标准容量的比例,一般取 0.25~0.35;

t_0——一个乘客上车或下车所用时间,一般取 1.5s;

n_d——乘客上下车用的车门数。

t_3是开门和关门时间,通常取 3s。

t_4是车辆起动和离开车站的时间,单位为 s,用下式计算:

$$t_4 = \sqrt{\frac{2l}{a}} \tag{5-25}$$

式中:a——离开停车站时的加速度,可取 $1.0m/s^2$;

l——驶入车站时,车辆之间的最小间隔,m,通常取车辆长度。

将上述各值代入式(5-22),简化得到公交线路的车辆通行能力为:

$$C_{线} = \frac{3600}{T} = \frac{3600}{2.56\sqrt{l} + \frac{\Omega k_r t_0}{n_d} + 3} \tag{5-26}$$

式中,参数意义同前。

若一个乘客在上下车乘客最多的站,进入车厢和由车厢出来用时 1.5s,取 $k_r = 0.4$,则公交线路的车辆通行能力 $C_{线}$可表示为车厢容量、车辆长度、车门个数的函数,算例如下:

$$C_{线} = \frac{3600}{2.56\sqrt{l} + \frac{0.6\Omega}{n_d} + 3} = \frac{3600}{2.56\sqrt{17} + \frac{0.6 \times 195}{3} + 3} = 68 \tag{5-27}$$

式中,参数意义同前。

由式(5-26)可以计算出不同类型的公交线路的车辆通行能力。设计通行能力可由式(5-26)计算得到的数值乘 0.8 确定。

2. 客运能力

客运能力通常以公交车站或列车站、公交线路、公交专用车道的最大载客站点的客运能力来衡量。

公交的车辆通行能力与客运能力之间的相互关系如下式所示:

最大载客站点的公交专用车道客运能力 = 公交专用车道的车辆通行能力 × 允许载客量 × 高峰小时系数 (5-28a)

最大载客站点的公交线路客运能力 = 公交线路的发车频率 × 允许载客量 × 高峰小时系数 (5-28b)

最大载客站点的公交车站(或列车站)客运能力 = 公交车站(或列车站)的车辆通行能力 ×15min 折算的小时载客量 × 高峰小时系数 (5-28c)

3. 提高公共交通路线通行能力的途径

①维持好乘车秩序,缩短乘客上下车时间。

②增加车门个数,加大车门宽度,降低车厢底板高度,减少踏步阶数,缩短乘客上下车时间。

③改善车辆加速性能,提高驾驶员驾驶熟练程度,缩短车辆进、出站时间。

④当一条很长的街道上有几路公共汽车行驶时,在同一站点将几路公共汽车沿行车方向分成几组设站,以提高通行能力。

第四节 非机动车道的通行能力

我国现阶段道路上的非机动车主要是自行车,自行车已成为城市交通的重要组成部分。自行车尤其是共享单车的发展,大大方便了人们的出行,但同时也成为造成城市交通拥挤混乱的重要原因之一。因此,研究道路上自行车的交通特性、运行规律和通行能力,为城市规划、道路网规划和设计提供理论数据和计算方法,对城市交通管理等方面有着重要的作用。

一、自行车道的理论通行能力

1. 按"车头间距"理论进行计算

根据交通流原理,一条自行车道的理论最大通行能力可由前后车运动时之间的安全距离进行计算。

$$L = \frac{vt}{3.6} + \frac{v^2}{254(\varphi \pm i)} + l_车 + l_0 \tag{5-29}$$

令:

$$\beta = \frac{1}{254(\varphi \pm i)}$$

则:

$$N_理 = \frac{1000v}{L} = \frac{1000v}{\frac{vt}{3.6} + \beta v^2 + l_0 + l_车}$$

式中:L——前后车之间的距离,m;

v——车速,km/h,一般为 5 ~ 20km/h;

t——反应时间,s,一般为 0.5 ~ 1.0s(表 5-17 中,t 取 0.7 s,则 $vt/3.6 = 0.194v$);

φ——轮胎与路面之间的附着系数,取 0.3 ~ 0.6;

i——道路的纵坡,平坦地区取0;

β——制动系数;

l_0——安全距离,m,取1m;

$l_车$——自行车的车身长度,m,常用1.9m。

将各参数代入上式计算,即可得出一条自行车道的通行能力,见表5-17。

自行车一条车道的最大通行能力计算值 表5-17

v (km/h)	$vt/3.6$	β	βv^2	$L=l_0+1.9+0.194v$		$N_理=1000v/L$		备注
				$l_0=0.5$	$l_0=1.0$	$l_0=0.5$	$l_0=1.0$	
5	0.97	0.0079	0.20	3.57	4.07	1400	1229	$\varphi=0.5$, $l_车=0.9$m, $t=0.7$s, $i=0$
10	1.94	0.0079	0.79	5.13	5.63	1949	1776	
15	2.91	0.0079	1.78	7.09	7.59	2116	1976	
20	3.88	0.0079	3.16	9.44	9.94	2119	2012	
25	4.85	0.0079	4.93	12.18	12.68	2052	1972	

2.按“车头时距”理论计算

只要测得正常条件下,连续行驶的自行车流中前后两车的最小车头时间间隔t_i值,即可用下面公式计算:

$$N_时=\frac{3600}{t_i} \tag{5-30}$$

t_i为自行车连续行驶时纵向最小车头安全时距(单位为s),据观察,t_i的最小值为1.2s,t_i的最大值为2.37s,t_i的平均值为1.8s。代入式(5-30)计算得$t_i=1500\sim3000$辆/h,t_i平均值为2000辆/h。这与上述车头间距原理计算数字相差较大,主要原因是实际行驶时各车辆之间未保留足够的安全间隔,同时也因前车不是说停就停,也有制动距离。

二、自行车道的设计通行能力

1.长路段设计通行能力

计算公式为:

$$N_长=N_可\times C_1 \tag{5-31}$$

式中:$N_长$——长路段(一般为5km左右)每米宽度自行车道(一条车道)的设计通行能力,辆/h,不考虑交叉口或其他纵横向干扰的影响;

C_1——考虑到街道的性质、重要性和使用要求而规定的街道等级系数,根据规定,快速主干道和主干道C_1为0.8,次干道和支路C_1为0.9;

$N_可$——每米宽度内自行车连续行车1h的通过量,辆/h,计算如下:

$$N_可=\frac{N_t}{B-0.5}\times\frac{3600}{t} \tag{5-32}$$

式中:B——自行车道的宽度,m;

t——连续车流的通过时间,s;

N_t——t 时间内通过观测断面的自行车数量。

2.短路段设计通行能力(实际城市道路的路段通行能力)

根据对不同代表性城市的短路段通行能力大量观测,按有隔离路段和无隔离路段两种计算,无隔离路段的 N_t 为 0.51 辆/(s·m),有隔离路段的 N_t 为 0.58 辆/(s·m)。

故此,无隔离的 $N_{可}=0.51\times3600=1836$[辆/(h·m)],可取 1800 辆/(h·m);有隔离的 $N_{可}=0.58\times3600=2088$[辆/(h·m)],可取 2000 辆/(h·m)。

考虑到城市街道的路段通行能力与交叉口间距、行人过街道及红绿灯周期的关系很大,路口的通行能力往往控制了路段通行能力,故设计城市街道自行车通行能力时,应考虑路口信号灯等的影响因素。根据北京等地的观测分析,综合影响系数 C_2 平均值为 0.55,所以,交叉口路段上自行车道设计通行能力为 $N_{长}=N_{可}\times C_1\times C_2$。

无隔离的快速主干道、主干道路段的通行能力为:$N_{长}=0.51\times3600\times0.8\times0.55=808$[辆/(h·m)],取 800 辆/(h·m)。

次干道、支路通行能力为:$N_{长}=0.51\times3600\times0.9\times0.55=908$[辆/(h·m)],取 900 辆/(h·m)。

有隔离的快速主干道、主干道路段的通行能力为:$N_{长}=0.58\times3600\times0.8\times0.55=918$[辆/(h·m)],取 900 辆/(h·m)。

次干道、支路通行能力为:$N_{长}=0.58\times3600\times0.9\times0.55=1037$[辆/(h·m)],取 1000 辆/(h·m)。

第五节 通行能力的应用和提高途径

一、通行能力的应用

道路通行能力是道路的一项重要指标,它在道路交通的各个方面有广泛应用。

①道路规划、设计方面。通过对道路通行能力和交通量需求分析,可以正确确定道路等级、线形及几何尺寸等,这些均可以提高道路规划、组织实施的科学性及新建、改建、扩建道路的设计水平。

②道路交通管理方面。可以确定道路的服务水平,发现道路交通存在的问题,提出改进交通管理的措施;根据道路网络中每条道路的通行能力和交通量的自然分布状况,合理地调控交通量在道路上的分配,发挥现有道路的通行能力潜力,缓解某条道路或局部路段的交通拥挤状况。

③交通运输管理与运输调度方面。根据区域不同的路况及服务水平,合理制订公路客、货运价,是道路运输管理科学化的体现;根据道路通行能力和交通量的变化规律,合理制订行车计划,科学调度运行车辆,是提高运输效率的有效途径之一。

④路政管理与公路养护方面。路政管理与公路养护工作的主要目的之一是维持和恢复道路的原设计通行能力,确保公路安全畅通。对道路通行能力、服务水平的变化及各项影响因素进行分析,有针对性地制订措施予以解决,是进一步做好路政管理和公路养护工作的关键。

二、提高通行能力的途径

为提高公路的通行能力,根据我国经济发展对公路交通的需求,针对我国公路交通实际情况,提出如下具体措施:

①加快推进国家高速公路“断头路”和普通国道“瓶颈路段”建设。

②将交通量达到一定水平的公路扩建、改建成快慢车分道(路)或分车道公路是提高通行能力的有效措施。快慢车分道行驶公路在一定速度下所能容纳的当量交通量明显比快慢车混杂交通公路上的容纳量高。

③在有一定路面宽度的公路上设置快慢车分车道线和其他路面标识。实地调查的结果表明,同样路面/路基为12m/15m的公路,划线(两条快车道宽7m、两条慢车道宽5m)且交通管理较好的路段比不划线、交通较混乱的路段,在同一速度下容纳的交通量要提高22%~27%。

④利用硬化路肩等办法增加行车道的有效宽度,可以使慢车行驶时尽可能减少对汽车的干扰,从而提高交通运行质量和道路通行能力。

⑤尽量减少村镇、横交路口等横向干扰。相同横向干扰情况下,容许通行能力的实际减少数,高等级公路要比低等级公路大得多,因此减少横向干扰对二级公路或快慢车分道公路尤为重要。

⑥加强交通管理,完善交通设施。尤其在二级公路及以上和快慢车分道行驶公路等较高等级公路,交通管理和交通设施尤为重要。如涂设路面标识、平交道口渠化和设置色灯控制、交通较繁忙的路口严格实行“让路”和“停”等标志、在快慢车分车道公路上应禁止慢车进入快车道等。

⑦加强公路路政管理。诸如在公路范围内堆放建筑材料、倾倒垃圾、占路堆肥、碾场晒粮、跨路挖渠或堵渠放水、摆摊设市、占道经营等行为都违反了《中华人民共和国公路法》,应坚决予以制止。利用宣传工具教育沿线群众,增强爱路护路意识,依法治路。严禁超限超载,对于损坏公路路产、侵犯公路路权的行为要进行必要的经济赔偿,对严重损坏公路者要依法追究其刑事责任,创造一个宽松、有序、良好的交通环境。

⑧提高道路突发事件的处理能力,保障车流的顺畅。首先,所属路段交警、路网监测机构接到报警或发现高速公路某路段发生车辆交通事故或其他事故时,办案人员要快速反应;其次,办案人员抵达现场后,要立即控制事故现场,抢救伤员、减少财产损失,熟练勘测事故现场,做好询问及损坏路产现场记录工作;再次,尽快清理事故现场,有秩序地疏导被堵塞的车辆,若在高速公路上,还应通知前方路段的收费站做好应对车辆短时间蜂拥而至的准备,相关收费站要派足人手,开足收费车道,防止临时收费措施落实不够,而再次出现车辆长时间排队等候购票的现象。

⑨在主线、立交、匝道设置摄像头,通过监控中心直观了解和掌握路面、立交和匝道的车辆运行情况,及时发现路障;利用可变信息标志板显示字幕,提示过往车辆遵守公路交通规则和行车秩序,并告知前方路段突发事件,建议车辆采取有效措施。

⑩提高高速公路不停车收费系统运营管理水平,提升高速公路收费站通行能力。目前,全国高速公路已经实现电子不停车收费系统联网运营,可为高速公路收费站提供更高的通行能力、更好的服务水平、更通畅的通行环境、更低的排放和环境污染、更便捷的付费服务和更准确

的运营数据服务。要通过宣传和服务工作的改善,不断扩大使用电子不停车收费系统的用户规模,进一步发挥这些功效优势。

第六节 道路系统承载力分析

给定道路系统所能达到的最大交通量主要由路网容量来体现。路网容量是度量路网负荷性能的一个关键指标,反映了城市道路网在一定规模和布局、交通管制条件下能否满足交通需求的极限状态,也是衡量道路交通供需是否平衡、判断投资方向的重要决策量。

一、路网容量的概念

路网容量按照研究对象的不同分为高速公路网路网容量、公路网路网容量和城市道路网路网容量。

高速公路网路网容量一般是指设置中央分隔带使车辆双向分隔行驶,完全控制入口,设有平面、立体交叉口,全部采用两旁封闭的高速公路且不考虑匝道附近的合流、分流及交织流影响的最大交通量。

公路网路网容量是指一定区域内,具备一定技术标准和基础设施,相互连通,交织成网状的公路且考虑匝道附近交通流的干扰、平面交叉口通行能力制约条件下的道路网络容量。

城市道路路网容量是指供各种无轨车辆及行人通行的工程设施的道路,其交通流具有一定的模式及方向性,每条道路、交叉口的流量并不是彼此独立的,除受本身通行能力限制外,还受到其他路段、交叉口的制约。

二、路网容量的测算方法

1. 时空消耗法

对于道路设施来说,在一定时期内资源是有限的、相对稳定的、不可重复的。时空消耗法的主要内涵是把道路资源看作由时间和空间决定的一种资源,任何交通个体出行都会占用所使用道路一定的时间和空间,即要消耗一定的时空资源。

时空消耗法从概念上讲很清晰,形式也很简单,而且与经典的道路通行能力相关概念也是一致的,但是从实用角度讲,部分关键参数(如交通个体在计算周期内平均出行时间)目前还只能通过实际调查的方法获得,没有理论的依托,而且交通系统本身具有随机性和非线性,由此基于时空消耗理论建立的路网容量模型实用性与准确性还有待改进。

2. 线性规划法

线性规划法的目标是计算在路段容量限制条件下,路网的最大流量。线性规划法与时空消耗法相比,可以用数学公式表达,但是由于这种行为的随机性、复杂性,这些以一段时间内采集的数据为基础,基于研究者本身因素提出的公式,其计算结果具有很强的研究者倾向,与交通个体实际的路径选择倾向还有一定的差距。该方法无法从数学上确定出精确解,只能靠一些方法去近似,而这些方法本身也存在很多问题,因此导致这种方法可用性较差。

3. 供应分析法

供应分析法在一定程度上可以认为是时空消耗法的另一种表达形式,它同样认定城市道路资源是有限且不可重复使用的。城市交通流中的每一个人、每一辆车的移动都要占据一定的道路资源,因此,城市道路网络在一定时间内所能容纳的人流、车流也是有限的。基于供应分析法的路网容量是指单位时间内,对应于一定饱和度,城市道路网络系统所能通过的最大车公里数。

4. 交通分配模拟法

一般的道路网中,从出发点到目的地之间有多条路径可供选择,而交通分配的目的就是将总的交通量合理有效地分配到各个路径上,使得到的交通流量分布符合实际交通出行状况。交通分配模拟法的实质是模拟交通个体在出行时对路径的选择行为,以此观察 OD 交通量在整个路网上的分布状况,从而判定路网是否符合交通发展需求,是否有必要改扩建道路网等。

5. 割集法

割集法计算的路网容量是指最小割集中所有路段的通行能力之和。当找出路网上任意一个特定方向上的最小割集,一旦这些路段达到饱和,即判断路网饱和。

该方法可计算当路网达到饱和时,所能运输的最大交通个体数量。割集法的关键在于找出路网上任意一个特定方向上的薄弱环节——最小割集。对于路网来说,这个割集是由一些路段组成,一旦这些路段达到饱和,路网在这个方向上就绝对不可能再增加任何新的车流,而此时路网达到饱和,则路网容量等于最小割集中所有路段的通行能力之和。

三、路网容量的影响因素与提高途径

1. 路网容量的影响因素

提高路网容量、解决城市交通问题的关键是寻找阻碍交通发展的影响因素,盲目投资、增加交通基础设施、改扩建道路并不一定能提高城市路网容量,反而可能造成交通拥挤等更为恶劣的状况。为此,必须了解对路网容量的关键性影响因素,才能有效采取相应措施,优化路网的承载能力。

(1)客、货源集散点与路网结构的匹配程度

客、货源集散点是交通需求的主要产生地,其与道路网布局是否协调决定了该路网结构的好坏:若一致,交通个体出行时曲线系数小,时间、费用短,道路资源得到充分利用,提高了整个系统的供给能力;若不一致,交通个体需要花费更多的时间与费用到达目的地,易形成道路资源的不均衡利用。因此,在交通需求分布已知的状况下,构建什么样的路网结构,最大限度地降低整个系统的出行费用,是改善路网容量的有效措施之一。

(2)交通个体的路径选择行为

交通出行者都是相对独立的个体,根据自身认知的交通信息、性格习惯、兴趣喜好等确定所选择的出行路径。交通个体的路径选择行为带有浓重的不确定性,由此产生的交通流模式

也是随机分配的结果。该分配结果如果与路网结构匹配度越好,那么得到的路网容量就越符合理想状况;如果不相协调,致使道路资源的利用参差不齐,则大大降低了整个路网容量。

(3)路网等级结构的影响

我国城市道路主要有快速路、主干路、次干路和支路四种类型。四种类型的道路因其组成材料、结构特征、功能的差异在交通运输系统中扮演不同的角色。下一等级道路都兼有服务于上一等级道路的作用,并且为上一等级道路起疏通、集散作用。良好的路网等级结构可以促进城市交通运输事业的长远发展,直接关系到道路网络系统的整体经济效益。合理的路网等级结构可以有效提高交通效率,减少出行费用,交通流分配均匀,进而提高整个城市道路网的资源利用率。

(4)路网布局的影响

路网布局是城市交通系统的一个基本骨架,它对于城市交通流的分布模式起着决定性的作用。对于两个规模大小相同的城市道路网,如果布局形态存在差异,则路网容量区别很大。若是新城市规划建设,要在建设前期做好交通需求的调查分析,使得布局形态与 OD 分布相一致,避免盲目建设;若是老城市改、扩建,应结合该城市的交通发展战略调整路网布局,重点对路网中薄弱环节进行改善,从而提高道路的通行能力。

(5)路网服务水平

路网服务水平是指在特定道路基础设施,以及驾驶舒适感、自由度和便捷性等条件下,在一定时间内道路网所能承担的最大服务交通量。路网服务水平偏向于人类的主观感受,人类又是路网的主体,这就决定了在对城市进行交通规划与管理时必须要考虑路网的服务水平。

需要注意的是,上述对路网容量影响的各种因素彼此是相互联系、相互制约的,如客、货源集散点与路网结构的匹配程度影响交通个体的出行选择行为。城市道路网的总体容量主要由上述因素共同作用、共同影响。

2. 路网容量的提高途径

针对路网容量的影响因素,可以提出相应的提高路网容量的途径,如使用先进的出行者信息系统,让道路使用者在选择出行路径前了解更加完全的交通信息,以优化交通流分布;或是优化路网结构,严格确定各级道路的功能分配,优先发展公交,限制机动车辆的出行比例、扩大道路网规模等。这其中不可忽视路网服务水平所起的作用,因为现代城市的发展正在由“功能型”向“服务水平型”逐渐转变,人们不仅仅在乎出行结果的实现,更注重在出行过程中所获得的服务感受,并且,城市交通所能提供的服务水平也反映了城市的交通发展状况及经济能力。

1. 道路通行能力的定义、作用及其与交通量的差别和内在关系。
2. 通行能力分为几种,其各自定义如何?
3. 路网容量有哪些测算方法?如何提高路网容量?

第六章
CHAPTER SIX
道路交通规划

本章导读

交通规划是交通工程的重要分支,涉及政治、经济、社会、土地利用等许多方面,是一项十分复杂、综合性很强的研究设计工作。本章重点从交通规划的程序和内容、交通规划的调查工作、交通需求分析、公路网规划概述、城市道路网规划概述和交通规划方案评价与选择几个方面展开介绍。

教学目标

1. 知识目标

(1)了解交通规划的程序和内容。

(2)熟悉交通规划的调查工作。

(3)掌握交通规划OD调查工作、交通预测方法。

(4)掌握路网规划一般要求。

2. 能力目标

(1)能够实施交通规划OD调查。

(2)能够进行一般路网规划设置。

3. 素质目标

(1)培养学生的整体规划意识,提高团队合作精神。

(2)培养学生贯彻新发展理念,做新时代交通规划人的意识。

思政课堂

新时代的交通规划人——邢睿

“始于专业,终于热爱。能够从事自己所学专业,从事自己所热爱的事业,人生何其所幸。”这是青海省交通规划设计研究院有限公司交通规划研究中心副主任、技术总工程师邢睿工作9年来内心最真实想法。邢睿在加快推进脱贫攻坚、乡村振兴、交通强国建设、黄河流域生态保护和高质量发展等工作中高质量、高效率完成了他所承担的规划方面的工作任务，得到了领导的一致称赞。

以“两路”精神为引领，在绘就大美青海的伟大征程中，邢睿紧随一代代青海交通人步伐，融于时代，努力奋进，在建设交通强国青海篇章的伟大事业中贡献规划力量。他常说：“现在的规划不再是‘纸上画画，墙上挂挂’，规划要有思想，有引领，更要可落地，要始终秉承‘规划科学是最大的效益、规划失误是最大的浪费、规划折腾是最大的禁忌’，深刻理解创新、协调、绿色、开放、共享的新发展理念。做新时代的交通规划人，就要肯学、肯思、肯练、肯查，积土而为山，积水而为海。”

第一节 交通规划的程序和内容

一、交通规划的定义与分类

交通规划是以土地利用规划为基础，经过调查分析，预测未来的交通需求，规划道路交通网络，并加以实施和滚动调整控制的全过程。它既是总体规划的重要组成部分，又相对独立，它在综合交通规划的基础上，为区域或城市道路的投资、建设提供科学的决策依据。

广义的交通规划包括交通设施体系布局规划、交通运输发展政策规划(也可称为“交通发展白皮书”)、交通运输组织规划、交通管理规划、交通安全规划、交通近期建设规划等。狭义的交通规划主要是指交通设施体系布局规划和近期建设规划。

二、交通规划的程序

现代交通系统是一个复杂的大系统，交通规划是一项复杂的工作。交通规划的程序如图6-1所示。

1. 组织准备

进行交通规划首先要做好组织工作。制订交通规划的工作计划，提出交通规划工作的层次、内容和任务，建立交通规划的组织管理机构和技术工作机构，并与政府决策部门建立正常的工作关系，与其他有关部门取得联系和协作，必要时还要邀请社会各阶层人士参加审议。

2. 制定目标

为使交通规划方向明确，必须对规划提出明确的目标。交通规划的总体目标如下：

一是旅客和货物具有适当的可达性；

二是达到环境平衡。

对于第一个总目标，可以分解成如下子目标：①出行时间最短；②出行费用最少；③提供充分的系统容量；④提供充分的系统安全性；⑤提供充分的系统可信性。

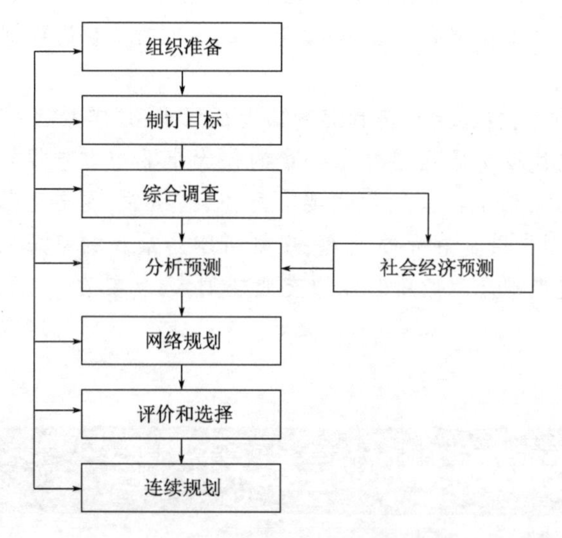

图6-1 交通规划的程序

对于第二个总目标,可以分解成如下子目标:①提供区域内生产、就业、教育、生活的可达性分布;②促进土地利用和运输设施按期望的方向发展;③减少社会纠纷,促进地区经济、交通的可持续发展;④减少空气和噪声污染。

3. 综合调查

交通规划的综合性要求收集各方面大量的数据。收集数据的目的是进行现状交通评价,提供规划区域内必要的交通特性信息,为预测分析提供基础数据。

调查的规模和深度主要取决于所做研究要达到的目标,因此,在调查之前首先要明确调查的目的和要求。

4. 分析预测

在分析预测阶段,要对调查所取得的数据进行分析,并研究预测未来交通需求的预测技术(模型)。利用这些技术或模型对所研究区域未来年份的交通需求进行预测。

5. 网络规划

网络规划即根据现状分析和交通预测结果,利用系统分析方法,对未来的交通网络建设提出若干可行的方案。

6. 评价和选择

对于所提出的不同规划方案进行技术经济评价,找出既经济可行,又能满足未来交通需求的规划方案。

7. 连续规划

规划是在分析预测的基础上进行的,而对未来的把握不可能完全准确。因此,在规划方案实施过程中,必须对交通系统进行连续的监督检测,据此不断地修正规划方案。交通规划过程是一个滚动的、连续的过程。

三、交通规划的内容

交通规划的内容主要有以下几个方面：

①道路交通规划工作总体设计：包括建立工作机构、明确规划目标、确定规划的指导思想与原则、确定规划的范围、层次和年限、交通小区的划分和规划总体流程的设计。

②现状问题和发展趋势的调查分析：包括社会经济、土地利用、就业岗位、交通现状、政策、环境等社会交通状况的调查。

③交通需求发展预测：包括人口增长、车辆发展、就业岗位、土地利用、客货运出行分布、交通方式划分、交通分配的预测。

④制订规划方案：规划交通方式，制订路网系统、对外交通系统、公交系统、换乘系统、停车系统等交通系统规划方案；通过对交通系统进行定量的适应性分析，并结合资金、政策等其他影响因素进行规划方案设计。

⑤交通系统规划方案评价：包括技术评价、社会环境评价、经济评价等方面。

⑥交通系统方案优化与调整。

⑦交通系统规划方案的实施计划安排。

在交通规划过程中涉及两个关键问题：一是通过建立相应的模型及分析程序，来预测交通需求的大小、方向及分布，这是交通需求预测模型所需要解决的问题；另一个是在把握交通需求的基础上对交通系统进行系统分析，从而制订规划方案并进行评价和决策。

第二节 交通规划的调查工作

交通调查是交通规划的前提和基础，主要是为制订交通规划提供全面、系统而又真实、可靠的实际参考资料和基础数据。

交通调查的内容应根据规划的对象及目标来确定。对于城市道路交通系统规划来说，调查内容可以分为两大部分：一是与交通相关的基础数据调查，包括社会经济及自然条件土地利用、交通运输系统状况等方面；二是将研究区域划分为交通小区，进行起讫点调查等。

一、交通规划基础数据调查

1. 社会经济及自然条件

①社会经济与人口：国内生产总值和财政收入；居民人均收入；产业结构与产值产量；主要商业流通物资；人口数量、结构及分布；与交通相关的政策、政治需求、国防需求等。

②自然条件与人文历史：地形、地质、土壤、气候、水文、水文地质以及名胜古迹等。

2. 土地利用

①土地使用性质：城市建成区土地使用面积，各类土地，如工业、商业、居住、文教卫生等的

面积及在各交通小区中的分布。

②就业、就学岗位:各交通小区的就业、就学岗位数。

③主要设施:主要公共设施、文化娱乐设施、体育设施的配置和利用。

④土地规划:土地的开发政策及规划情况。

3. 交通系统

①交通设施情况:道路网规模与等级、交通枢纽位置与规模、停车场数量与分布、公交场站数量与规模、各类交通工具拥有量等。

②交通系统运营管理状况:交通管理、交通法规、客货运输量、运营状况、公共交通运量与分布、交通流基本参数(交通量、车速及其分布)、交通延误等。

二、起讫点调查

1. 基本概念

起讫点调查,又称为OD调查,OD取自英文单词Origin和Destination的第一个字母。OD调查是交通规划研究的基础调查,在交通规划中占有极为重要的地位。通过这一调查,可以研究交通的产生与分布,揭示交通需求与土地利用、经济活动的规律。目前,在城市规划工作中,OD调查是主要的交通调查项目。OD调查中的常用术语如下:

起点:一次出行的出发地点。

讫点:一次出行的目的地点。

出行端点:起点、讫点的总称,每一次出行有且只有两个端点,出行端点的总数为出行次数的两倍。

境内出行:起讫点都在调查区范围之内的出行。

过境出行:起讫点都在调查区范围之外的出行。

区内出行:起讫点都在同一交通小区内的出行。

区间出行:起讫点分别位于不同交通小区内的出行。

小区形心:交通小区内出行的代表点,认为小区内所有出行从该点发生(或吸引),不一定是该小区的几何中心。

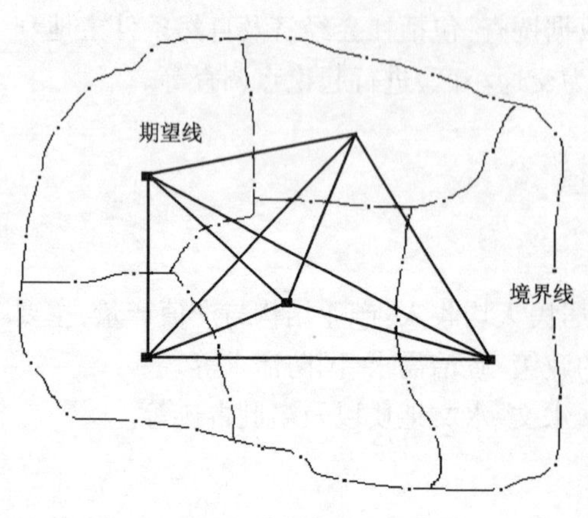

图6-2 期望线和境界线

OD表:一种表示各交通小区间出行量的表格。

期望线:又称为愿望线,是连接各交通小区形心的直线,因其反映人们期望的最短路线而得名,与实际的出行路线无关,其宽度反映出行量大小。

境界线:包围全部调查区的一条假想线,有时还分设内线和外线,内线常为城市商业中心区的包围线。期望线和境界线如图6-2所示。

分隔核查线:为校核OD调查结果精度而在调查区内部按天然或人工障碍设定的调查线,可设一条或多条,它(们)将调查区划分成几个部分,用以实测穿越该线的各道路断面上的交通量。

2. 交通小区划分

在进行交通规划时,需要定义出行起讫点的空间位置,但是实际工作中,无法对所有出行的每个起点和讫点都进行分析。因此,在进行交通规划时需要按一定的区域来分析交通量特性,即以交通小区为基本单位来讨论交通产生、吸引以及小区间的交通流。交通小区的划分主要遵循如下原则:

①同质性:分区内土地使用、经济、社会等特性尽量一致。

②尽量以铁路、河川等天然屏障作为分区界限。

③尽量不打破行政区的划分,以便能利用行政区土地、人口等的统计资料。

④考虑路网的构成,区内质心可取为路网中的结点。

⑤分区数量适当,分区中人口以1万~2万人为宜,靠近市中心的分区面积小些,靠近市郊的面积大些。

3. OD调查的目的和分类

(1)OD调查的目的

OD调查的目的是获得道路网上交通流的构成、流量、流向、车辆起讫点、货物类型等数据,进而预测远景年的交通量,为方案设计等规划工作提供基础数据。

(2)OD调查的分类

①个人出行OD调查。个人出行包括城市居民和流动人口的出行。居民出行OD调查的内容包括居民的职业、年龄、性别、收入等基础情况,以及各次出行的起讫点、时间、距离、出行目的、所采用的交通工具等出行情况。

流动人口的组成十分复杂,调查难度较大。对不同类别的流动人口,应采取相应的调查方法:对常住、暂住流动人口,一般可采用与居民出行OD调查类似的旅馆访问等方法;对当日进出城的流动人口,则可采用在城市的出入口,如车站、码头等直接询问的方法。

②车辆OD调查。机动车辆包括货车与客车。机动车出行调查的对象包括所有牌照车辆和调查日进入调查区域的外地车辆。摩托车、出租车和公共汽车应包含在客车调查范围。由于管理集中,可以通过公安交通管理部门或公路管理部门对车辆进行大样本或全样调查。

车辆出行OD调查的内容包括车型、出行目的、起讫点、平均吨(座)位、实载率、出发和到达时间等。

③货流OD调查。一般分两部分:一部分是调查货物种类、运入量、运出量、运输方式等;另一部分是调查货物流通集散点、运输设施能力(岸线、码头、泊位、年吞吐量以及铁路专用线、货运汽车情况)、停车场地、仓储情况等。

4. OD调查的常用方法

OD调查的方法很多,主要的方法可以归纳如下。

(1)家访调查

家访调查可用于居民出行调查。家访调查是对居住在调查区内的住户进行抽样家访,由调查员当面了解该户全体成员全天的出行情况。

(2)发(收)表调查

发(收)表调查是将调查表发给单位、停车场的机动车驾驶员或利用收费站发放、回收调查表格,由调查对象逐项填写并返回,可用于机动车或货流调查。

从国内一些城市的做法中可以看到,家访调查和发(收)表调查可分别推荐用于居民出行OD调查和货流OD调查。

(3)路边询问调查

路边询问调查是在主要道路或城市出入口设置调查站,使车辆停下,询问该车的起点及其他出行资料。工作中应注意交通安全,避免交通阻塞,因此一般需要交警的协调,询问对象通常限于货车驾驶员与出租汽车驾驶员。

(4)车辆牌照调查

车辆牌照调查是由各调查站分时段记下通过观测点的全部车辆牌照数字,然后汇总各个调查站的记录进行核对。第一次记到牌照的地点是该车辆的起点,最后一次记到牌照的地点便是该车辆的讫点。在交通十分繁忙以致无法使车辆停下的路段,以及小范围的年OD流调查,均可使用此方法。

(5)运输集散点调查

运输集散点调查是在一天24h或高峰小时期间,对各集散点所有上、下公共汽车、火车、飞机、公路客运班线、轮船的乘客发放要求收回的调查卡片。通过这种调查方法得到的资料用于公路规划、公共交通规划以及停车场设计。

(6)公交线路乘客调查

公交线路乘客调查是在公交车辆上将调查表发给每个乘客。调查表可当场填写、收回,也可要求寄回。这种调查限于了解某一公交线路乘客的出行特征,主要用于改善线路和调度运行车辆。

(7)境界线出入调查

境界线出入调查是在调查区域的境界上设调查站,对所有穿越该线的车辆进行调查,以统计全部交通量。在干线上则做抽样的路边询问调查。此方法可作为家访调查的补充。小城市的OD调查常采用此方法。

(8)雇员询问调查

这是一种对特殊交通生成点的专门调查。调查表分发给就业中心(一个企业或者商务办公大楼)的全部雇员,要求当天填好交回。要把分发给每个公司的表格总数和每个公司的雇员数都记录下来,以便能对每个公司的出行数据加以扩展。当涉及雇员的人数不多时,此方法最为有效。

(9)基于手机数据的人员出行调查方法

手机作为一种理想的交通探测器,为居民出行信息分析提供了很好的技术选择。手机数据能够较完整地识别手机用户的出行轨迹,通过将手机数据映射至交通分析单元,并经信息预处理、匹配分析、交通模型分析处理、数据去噪、扩样等一系列运算处理,最终可获得居民出行特征及大区或中区的OD数据。

(10)基于PDA(掌上电脑)的居民出行调查方法

为解决传统调查方法中的技术问题,基于PDA的居民出行调查方法利用先进的数据采集终端替代原有纸质调查表格,利用嵌入式GIS(地理信息系统)引擎技术和位置搜索引擎技术,结合信息全面的电子地图资源,通过数据采集终端采集居民的出行信息数据,并导入数据库,实现与分析应用平台的无缝衔接。

(11)基于互联网的调查方法

伴随计算机技术的迅速发展,利用互联网手段进行交通调查受到了越来越多的重视与欢迎。目前,基于互联网的调查可依托既有的专业网络问卷调查服务公司,也可依托提供(移动)互联网的专业调查公司。调查主要通过二维码、App小程序、网络链接等进行。

5. OD调查的步骤与实施

(1)建立机构

鉴于OD调查涉及很多方面,调查工作量巨大。因此,需要建立一个专门机构统一负责,从调查方案的设计、调查人员培训、组织实施以及数据录入处理等方面进行协调。

(2)准备资料

①收集客货流的基本情况,包括居民点的分布,土地利用现状,车站、仓库、码头、停车场位置,工业组成与分类,产品产销售额等。

②设计、印刷调查表格并确定合理的调查时间。表格设计既要简明扼要,使调查者容易填写或回答,又要结构合理,便于后续的统计分析。

(3)划分交通小区

按照交通小区划分的原则,合理划分交通小区。

(4)定抽样率

根据交通调查项目的不同以及拟获取的调查信息内容和精度要求,可以采用全样调查、抽样调查、典型调查等方式。

(5)人员培训

调查结果的质量很大程度上取决于调查人员,尤其是在面访中,调查人员的责任心和技巧将直接影响调查的成败。因此,从调查人员挑选开始,就要严格要求。一般需要调查人员具有高度的责任感,具备一定的文化程度,身体健康,对调查区域较为熟悉。培训中要讲明调查的目的、要求与内容,要模拟实地调查时可能出现的各种情况。

(6)制订调查的实施计划

根据调查目的和方法,制订调查的实施计划。

(7)典型试验

在全面铺开调查工作之前,先做小范围的典型试验,从而发现一些问题,总结教训,吸取经验,进而完善计划和做法,确保达到预期成果。

(8)实地调查

实地调查中必须严格把关,将及时抽查贯穿实地调查的全过程。

6. OD调查结果的整理与修正

(1)OD调查资料的整理

通常将OD调查的数据进行计算机录入,并按一定的规则进行归类和重组,对调查表的有效性进行处理。对于存在漏项或不合理项的调查表,可以根据统计分析需要和目的来对该表其他数据酌情取舍,以忠实于原始调查的目的。

(2)OD 调查资料的修正

根据调查范围内调查对象的样本总体和实际调查的样本数确定样本扩大系数。抽样调查最常用的是单系数扩大法,大规模调查一般采用分区确定样本扩大系数的方式,以提高结果的精度。

7. OD 调查的精度检验

(1)分隔核查线检验

将分隔核查线的出行量与 OD 调查处理结果进行比较,一般相对误差在 5% 以内符合要求;误差在 5% ~15% 的,可进行必要调整;如果误差大于 15%,则应重新调查。

(2)区域境界线检验

调查区域境界线检验与分隔核查线检验的原理一样,是将 OD 分布量(内→外、外→内和外→外出行)与境界线的调查站的实际统计量进行比较。

(3)交通集散中心检验

在调查区域内,拟定以交通枢纽、公共活动集散中心作为校核点,将起讫点调查获得的交通量按抽样率扩算后与该点上实际观测的交通量相比,作为控制市内 OD 调查精度的重要依据。

8. OD 调查结果的统计分析

OD 调查结果的统计分析大致可以分为四方面的内容:出行基本特征分析、出行时间分布分析、出行空间分布特征分析以及道路网流量特征分析。

在进行这四类分析时,可以结合交通量的影响因素进行分析,如出行距离、出行时段(高峰、平峰)、出行方式、年龄、性别等。根据调查资料,可以整理出不同因素与 OD 量的相关关系曲线。

第三节 交通需求分析

一、概述

交通需求分析即交通预测,是根据对历史的和现状的社会经济、交通供应及交通特征资料的分析研究,建立预测模型,并运用这些模型推算未来的交通需求,预测规划区域未来道路网络的交通状况,为交通系统的规划、评价提供依据。交通预测通常分四个阶段进行:交通生成、交通分布、交通方式划分和交通分配。交通预测的方法和模型很多,本书只介绍预测的基本原理和一些最常用的方法或模型。

二、交通生成预测

交通生成预测是通过建立分区产生的交通量与分区土地利用、社会经济特征等变量之间的定量关系,推算规划特征年各交通分区所产生的交通量。交通量一般分为发生交通量和吸引交通量。交通生成预测的方法包括生成率法、类别生成率法和回归分析法等。

1. 生成率法

生成率法：从交通调查资料中，得出单位用地面积（单位人口或单位经济指标等）交通产生、吸引量，假定其是稳定的，根据规划期限各交通区的用地面积（人口总量或经济指标等）进行交通生成预测。

2. 类别生成率法

类别生成率法：考虑对交通产生或吸引影响较大的某些因素，如人口、用地面积、用地性质等，由这些因素组合成不同生成率类别，根据现状调查资料，统计不同类别单位指标的交通产生、吸引量，进而进行交通生成预测。

3. 回归分析法

回归分析法：根据调查资料，建立交通产生或吸引与其重要因素之间的回归方程，利用建立的回归方程，通过对主要影响因素的预测，预测交通产生量或吸引量。

回归分析法是一种统计学方法，它根据对因变量与一个或多个自变量的统计分析，建立因变量和自变量之间的数学关系。回归分析法常用的回归模型有线性回归模型、指数回归模型、幂函数回归模型、增长曲线回归模型等；其中，最常用的是线性回归模型，其他函数模型多数可以转化为线性回归求解。

实际上，交通发生与多种因素有关，如职业、收入、年龄等，因此一般采用多元线性回归分析模型，公式为：

$$Y = \alpha_0 + \alpha_1 X_1 + \alpha_2 X_2 + \cdots + \alpha_m X_m \tag{6-1}$$

式中：Y——分区出行生成或吸引量；

$X_1, X_2, \cdots, X_m$——自变量；

$\alpha_0, \alpha_1, \cdots, \alpha_m$——回归系数；

m——自变量个数。

多元回归分析的原理与一元回归分析相类似。例如，进行居民出行发生预测时，首先考虑居民的性别、年龄、职业、生活水平、所在区域和公休情况等因素，经分析研究，最后确定几个主要因素作为分析变量。

三、交通分布预测

交通分布是指交通小区间的交通流量分布。现状的交通分布可从 OD 表中体现出来。交通分布预测的目的是根据现状 OD 分布量和各区因经济增长、土地开发而形成的交通量的增长，来推算未来各交通小区之间的交通分布。交通分布预测方法有很多，大体上分为两类：一类是增长系数法，包括均衡增长率法、平均增长率法、底特律法、福雷特法等；另一类为重力模型法，包括无约束重力模型、乌尔希斯模型、美国公路局模型等。另外还有线性回归法、介入机会法等多种方法。下面简要介绍几种常用的模型。

1. 增长系数法

（1）平均增长率法

设交通小区 i、j 间的未来分布量为 T_{ij}，现状分布量为 t_{ij}，i 区的发生增长率为 a_i，j 区吸引

增长率为 b_j,平均增长率法假定未来交通分布量按 a_i、b_j的平均值增长。即:

$$T_{ij}=t_{ij}\cdot(a_i+b_j)/2 \tag{6-2}$$

(2)底特律法

设 i 区的发生增长率为 a_i,j 区的吸引增长率为 b_j,F 为全规划区的交通生成总量的增长率,则底特律法的计算公式为:

$$T_{ij}=t_{ij}\cdot(a_i\cdot b_j)/F \tag{6-3}$$

(3)福雷特法

福雷特法认为,两交通小区间未来的交通分布不仅与两交通小区间交通生成增长系数有关,而且还与整个规划区域的各交通小区的交通生成增长系数有关。

2. 重力模型法

重力模型法认为交通区之间的交通分布受到交通区间的距离、运行时间、费用等交通阻抗的影响。该模型认为交通小区之间的出行分布同各交通小区对出行的吸引力成正比,而同交通小区之间的交通阻抗成反比,与万有引力公式相类似,故称为重力模型。

四、交通方式划分预测

交通方式划分预测就是预测各种交通方式承担的交通量。由于影响出行者选择的因素有很多,如可靠性、舒适性和安全性、方便性以及出行者的社会经济特征、出行方式等。因此可以从不同角度考虑交通方式选择,建立各种各样的交通方式划分模型。

根据预测阶段不同可以将预测模型分为四类。

①方式划分与出行生成同时进行预测;

②方式划分在出行生成和出行分布之间进行预测;

③方式划分与出行分布同时预测;

④方式划分在出行分布与交通分配之间进行预测。

一般最常用的是第四类模型。

交通规划建立的交通方式划分模型时需考虑的因素有地理环境、交通系统服务水平、出行目的、出行距离、公交车辆实载情况等。

五、交通分配预测

交通分配预测是将预测的各交通区间、各种交通方式的交通量分配到具体的道路网上,进而得到路段交通量。

交通分配需考虑以下几个因素:

①交通方式,即出行者所采取的交通形式。

②行程时间,即在某起讫点之间采用某一交通方式所需时间,它直接影响出行分布、交通方式的选择和交通分配。

③路段上的速度与流量之间的变化关系。

分配交通量的目的是分析在规划路网图上交通流究竟沿哪些线路运行，根据图上的交通量来判断规划路网是否适当。

常用的交通分配方法包括全有全无分配法（最短路径法）、容量限制分配法、多路概率分配法等。

1. 全有全无分配法（最短路径法）

该方法取路权（通常为行程时间）为基准，假定车辆的行驶速度不受路段、交叉口交通负荷的影响，将两交通小区间的交通量分配到连接两交通小区之间的路权最小的线路上，其他道路不分担交通量；当所有的起讫点交通量在路网上都通过了最短通路分配，就完成全有全无分配；最后，累计得出各路段和交叉口的总交通量。

全有全无分配法的关键是寻找网络最短路径。寻找网络最短路径的方法有多种，包括动态规划法、矩阵迭代法、线性规划法等。

2. 容量限制分配法

全有全无分配法通常会产生这样的结果，具有最少费用的道路吸引了大量的出行交通量，而不具有最少费用的道路则只有少数的出行交通量。但实际上这种情况不大可能。因为原来最小费用的道路，当大量出行集中于该路时，就会出现行车速度慢、超车困难的情况，导致费用增加。

运行费用和交通流量之间存在某种平衡关系，容量限制分配法考虑了车速与流量之间的关系来解决交通分配问题。

容量限制分配法的主要步骤如下：

①建立分配路网，以“零流量”路段行程时间开始；

②依次对每个 OD 对计算通过路网的最短行程时间的通路；

③按全有全无分配模型，将 OD 对的交通量分配到路网上；

④计算分配到每条路段上的交通量；

⑤用流量-行程时间模型，重新计算路段行程时间；

⑥用修正的路网行程时间，按全有全无分配模型将下一 OD 对的交通量分配到路网上；

⑦返回到步骤④，并继续进行分配，直到分配完毕为止。

3. 多路径概率分配法

一般来说，各交通小区之间有许多条线路相通，出行者实际上分布于这些路线上。因为出行者不可能精确地判断哪条道路最合适，不同出行者可能会有不同的选择。多路径概率分配法就是考虑这种实际情况，将 OD 交通量以一定的概率关系分配到各路段上。

多路径概率分配法根据实际路线费用函数得出道路的运行费用，并假定出行者不知道所使用路线的实际费用。该方法会给定一个偏差值，用于调整出行者对这种道路运行费用判断的不精确性，尽可能将所有的出行合理地分配到路网上。

第四节 公路网规划概述

一、公路网规划分类

公路网规划是公路交通规划的组成部分,是公路建设中一项重要的前期工作;它属于长远发展布局规划,是制定公路建设中长期规划、选择建设项目的主要依据;是确保公路建设合理布局,有秩序地协调发展,防止建设决策、建设布局随意性、盲目性的重要手段。

公路网规划一般可分为国家公路网规划和区域公路网规划。两者的关系是全局与局部的关系。国家公路网规划指导区域公路网规划,区域公路网规划补充国家公路网规划。

区域交通规划是地区建设发展规划的基本内容之一,区域公路网规划是地区交通建设规划的重要组成部分。

二、国家公路网规划的基本原则

国家公路网规划坚持以下5个基本原则:

①布局合理。按照区域发展总体战略、主体功能区战略和生态功能区划要求,与城镇化格局、城镇体系布局、资源分布和产业布局相适应,统筹经济欠发达地区发展和国防建设需要,合理布局国家公路网。

②结构优化。加强公路网结构顶层设计,注重发挥普通国道的干线作用和国家高速公路的主干线作用,构建层次清晰、功能完备的国家公路网。

③衔接顺畅。注重与其他运输方式的衔接,加强与城市交通的融合,发挥综合运输整体效率。

④规模适当。构建综合交通运输体系,科学把握未来公路交通运输需求,合理确定国家公路网总体规模,实现路网供给能力与经济社会发展要求相适应。

⑤绿色发展。统筹规划通道资源,充分利用既有路线,节约集约利用土地;加强生态环境保护,贯彻低碳发展理念,避让环境敏感区和生态脆弱区,走资源节约型、环境友好型发展道路。

三、区域公路网规划的基本内容

区域公路网规划的基本内容:

①调查搜集区域经济社会以及客、货运资料数据,并进行综合分析诊断。

②综合分析区域经济社会发展和土地利用前景与规划,明确未来区域公路交通发展的机遇与挑战,以及发展目标、要求。

③对区域综合运输需求,特别是公路交通需求进行预测分析。

④编制拟订区域公路网规划布局备选方案。

⑤对区域公路网规划布局备选方案进行交通量分配测试和技术经济综合评价。

⑥根据评价结果，对区域公路网规划布局备选方案进行调整优化，确定推荐方案。

⑦提出区域公路网分期实施计划。

四、制定公路网规划方案的程序

制订可行的公路网规划方案的一般步骤为：

1. 输入数据

路网规划的系统分析需要输入如下基本资料：

①规划区域内的人口、土地利用和社会经济现状及预测资料；

②交通预测资料；

③初始化道路网络，一般借用区域或城市的现状道路网络。

2. 方案准备

根据对区域内的土地利用、社会经济、交通需求预测，现状路网交通质量的评价，提出规划年区域内道路网改建、新建、调整、补充等一系列方案。

3. 交通分配

把规划年的交通量分配到不同的规划方案的路网上。

4. 交通质量评价

根据规划路网交通供应特性和分配交通量进行分析、比较与评估，得出规划方案在规划年可能的交通负荷和服务水平，并同规划目标比较，判断规划方案是否可行。

5. 可行方案的效益分析和综合评价

对可行方案进行效益分析和综合评价，以确定最佳路网规划方案。

第五节 城市道路网规划概述

一、城市道路的功能分级

一个现代化的城市，首先必须具有现代化的城市交通。因此，城市交通与城市道路网的规划，必然也是城市规划的基本的内容之一。城市道路网规划是城市总体规划的重要组成部分。在进行城市总体规划时，必须充分考虑城市的交通运输需求，提出科学、经济、合理的交通运输方案，确定城市主要干道的走向、等级及建筑红线宽度。

按道路在道路网中的地位、交通功能以及对沿线的服务功能等，城市道路分为快速路、主干路、次干路和支路四个等级。

①快速路特征。快速路应中央分隔、全部控制出入，以实现交通连续通行；单向设置的车道不应少于两条。

②主干路特征。应连接城市各主要分区，以交通功能为主。

③次干路主要特征。次干路应与主干路结合组成干路网,以集散交通的功能为主,兼有服务功能。

④支路特征。支路宜与次干路和居住区、工业区、交通设施等内部道路相连接,以满足局部地区交通需求,以服务功能为主。

二、城市道路网布局

根据国内外城市交通规划的经验,城市交通规划一般可以分为三个层次进行,即远景交通战略规划、中长期综合交通规划和近期交通治理计划。

1.远景交通战略规划

远景交通战略规划是战略意义上的城市交通规划,重点是配合城市总体规划编制,或者以城市总体规划为依据、以规划愿景、目标和原则为指导,拟定与城市空间布局和土地利用相匹配的多种战略性交通网络布局方案,包括选择合适的综合交通体系、对外交通线路与场站、主要客流走廊与车流走廊、干路网布局、公交干线网布局(含轨道交通和公交优先通道)、主要客货运枢纽布局等(注意国内外经验对比分析)。交通战略方案必须论证和优化的重点是:城市人口、就业、车辆的合理规模与分布,合理的城市综合交通体系构成,合理的交通方式结构,合理的土地利用、交通网络与设施布局等。

推荐的战略方案与重大交通发展政策包括:

①城市综合交通体系模式。

②与城市空间布局和土地利用相协调的重大交通网络与设施布局。

③交通工具、交通需求管理发展政策。

④公共交通优先发展政策。

⑤城市交通基础设施建设政策等。

远景交通战略规划的年限一般为20~30年。远景交通战略规划必须在较大区域内考察研究城市交通问题,这个区域应包含今后几十年内可能要发展的所有地区。

2.中长期综合交通规划

中长期综合交通规划要在远景交通战略规划的指导下进行。主要任务是:

①分析诊断城市交通设施系统现状水平、存在问题及其症结。

②预测未来10~20年内城市交通需求。

③编制一系列交通系统网络布局、结构优化规划方案,包括城市对外交通设施体系规划、道路网规划、公共交通系统规划、停车设施规划、客货运交通枢纽规划等。

④对交通设施体系规划方案进行分析测试和综合评价。

⑤对交通设施体系规划方案进行调整优化,形成推荐方案。

⑥提出城市交通设施分期建设计划。

3.近期交通治理计划

近期交通治理计划的主要任务是:

①对城市交通系统现状做出分析和评估。

②针对现状交通系统存在的问题,以远景交通战略规划和中长期综合交通规划为指导,提

出能充分挖掘现有设施潜力、见效最快的交通工程措施或建议,包括交通管理措施、货车通行限制、停车管制、公交调度、票价调整、上(下)班、工休日制度、行人交通安排、单行线开辟、交叉口渠化与控制等。

③对中长期综合交通规划方案提出3~5年内和明年的近期建设安排。

三、道路红线宽度与空间分配

道路红线能确定主、次干路、交叉口以及广场等的用地范围,既是道路两侧建筑物近远期修建的依据,也为城市公用设施各项管线工程的设计、施工提供主要依据,特别是对于旧城改造,使原有随着旧道路系统布置的各种管线设施得以合理调整和改建,以及为旧道路系统中的建筑物的保留和拆迁等提供依据。因此,道路红线在城市建设中起着非常重要的作用。

根据道路的功能与性质,考虑适当的横断面形式和定出机动车道、非机动车道、人行道、绿化等各组成部分的合理宽度,从而确定道路的总宽度,即红线宽度。

红线宽度是道路规划中各种矛盾与争论的焦点,也是整个城市建设中用地矛盾和近远期设计矛盾的焦点之一。红线宽度规划得太窄,不能满足日益发展的城市交通和其他各方面的要求,带来以后道路改建时的困难;反之,红线定得太宽,近期沿线各种建筑物就要从现在的路边后退很大距离,也会给近期建设带来困难。所以,定红线宽度时要充分考虑"远近结合,以近为主"的原则。

在城市总平面图基本方案的基础上,选择规划道路中心的位置,并按所拟定的道路横断面宽度划出道路红线宽度。

道路红线宽度的实现有以下三种方式。

①新区道路:一般是先规划道路红线,然后建筑物依照红线逐步建造,道路则参照规划断面,分期修建,逐步达到规划宽度。

②旧区道路:通过近期一次辟筑达到规划宽度,这种情况较简单,但目前只有少数道路采用。

③旧区道路:两侧建筑物按照规划红线逐步改建,道路逐步达到规划宽度。这种方式目前比较普遍。道路红线划定后,由于近期交通矛盾尚不突出,或由于拓宽、辟筑没有条件,所以道路可能暂不改建。但两侧建筑物的新建、改建是经常的,且都要依照道路红线建造,这样,通过建筑物长期的"新陈代谢"过程,道路将逐步达到规划宽度。

第六节 交通规划方案评价与选择

一、交通规划方案的一般要求

1. 充分性

交通规划方案必须在适当的原则下,能为将来的客货运输需求提供充分的设施和服务;必须对比较方案进行检验,从中找出在交通服务方面最佳的方案。衡量的根本标准是人和物运输的高效性、安全性、可靠性等。

2. 与总体规划的一致性

交通规划与区域和城市发展的总体规划要适应和协调。通过交通规划方案的实施,可以保证区域和城市总体规划所确定的社会经济发展、土地使用开发、文化价值保护等方面的目标顺利实现。

3. 与环境的一致性

交通规划方案必须与环境发展的目标相一致。

4. 可接受性

交通规划方案必须能够为大多数人、政治团体、利益集团及其他可能反对方案实施的人们所接受。

5. 财政可行性

交通规划方案的投资必须在国家、地区或城市所允许的限度之内。

二、交通规划方案的总体评价

对一个交通规划方案的评价不仅要全面、客观、公正,而且还应对交通规划方案本身进行评价,以及对交通规划方案产生的过程进行评价,这样才能真正判断交通规划方案的优劣。

1. 整体合理性评价

所谓交通规划方案的整体合理性,主要是指规划目标是否明确合理、规划机构和组织计划是否匹配、规划范围是否适当、规划年限是否合适、规划过程是否完整连续等。我国的交通规划起步较晚,交通规划的整体合理性还不够令人满意。

2. 适应性评价

交通规划是区域或城市总体规划的一部分,应考虑到与区域或城市的土地利用规划相适应,与区域或城市总体规划相适应,与社会经济发展计划相适应。与此同时,要求远近期的交通规划互相适应、专项交通规划与综合交通规划相适应、客运交通规划与货运交通规划相适应等。

3. 协调性评价

交通规划方案的协调性包括交通用地的协调性、路网功能的协调性、配套设施的协调性等。

4. 规划效果评价

交通规划方案的效果如何,既要在方案实施之前充分估计(这叫作事前考察),又要在方案实施后进行检验反馈(这叫作事后考察)。考察的内容一般有交通规划方案实施后的服务效果、安全性能、环境影响、经济效益、社会效益等。

三、交通规划方案的技术经济指标

要衡量交通规划方案的充分性、适应性、协调性和可行性,必须通过一系列技术经济指标的定性、定量分析和评价才能实现。交通规划方案的技术经济指标大致包括相对规模指标、等级结构指标、布局形态指标、投资费用指标等。

1. 相对规模指标

相对规模指标是将交通网络设施的长度、面积等与区域经济、用地、人口等相对比较，用可比的指标进行评估分析，如路网密度、道路面积率、人均道路面积等。

2. 等级结构指标

等级结构指标是指交通网络系统中不同等级（标准）的交通设施的相对比重，如公路网中高速公路、一级、二级、三级、四级公路所占的相对比重，城市道路网中快速路、主干路、次干路、支路所占的相对比重，公交系统中，轨道交通、公共汽车、出租汽车等不同交通方式的线路、车辆、客运量等的比重。

3. 布局形态指标

布局形态指标主要包括公交线网的非直线系数、公路网中位点的吻合度、道路网的连通度等指标。

4. 投资费用指标

投资费用指标主要是指不同规划方案的投资费用大小，又可细分为工程直接费用、征用拆迁费用等。

四、交通规划方案的服务性及社会环境影响

衡量交通规划方案好坏最根本的标准是人和物运输的高效性、安全性、可靠性等，即交通系统的服务性能好坏。除此之外，还要考虑交通规划方案对社会环境影响，是否有利于人类和自然的可持续发展。

交通系统的服务性能指标包括：交通设施的饱和度，人、货、车的运送速度，公交系统的准点率候车时间、换乘次数和换乘时间、车内乘客人均享用的空间、乘车舒适度，交叉口的延误，交通系统的安全性等。

社会环境影响指标包括对历史文化遗产的破坏、对自然人文景观的损害、大气污染、噪声污染、社区分隔、生态环境的恶化程度等。

1. 简述交通规划的目的与过程。
2. 交通规划中社会经济调查的主要内容是什么？
3. OD 调查的步骤是什么？
4. 交通分配的常用方法是什么？ 各有何特点？
5. 路网规划的三个规划层次间的关系如何？
6. 交通规划的评估包括哪几方面的内容？
7. 国家公路网规划的原则有哪些？
8. 按道路在城市道路网中的地位、交通功能以及对沿线的服务功能等，城市道路分为哪几个等级，功能分别是什么？
9. 什么是道路红线？

第七章
CHAPTER SEVEN

交通仿真

本章导读

交通流与交通设施、管控方案的相互作用现象非常复杂,计算机数值仿真是揭示交通流规律、分析交通系统的重要手段,可帮助学生加深对所学交通管控和优化理论的理解,更好地运用所学理论解决生产实际中的问题。本章主要介绍交通仿真的基本概念、基本方法以及一些重要的仿真模型和软件。

教学目标

1. 知识目标

(1)了解交通仿真相关基本概念及国内外发展概况。

(2)了解交通仿真典型案例具体实施过程。

(3)熟悉交通系统仿真方法分类及仿真步骤。

(4)掌握各类交通仿真软件的使用方法。

2. 能力目标

(1)掌握各类交通仿真软件的基本操作方法。

(2)能够运用多种软件实现交通仿真基本过程。

3. 素质目标

(1)培养学生严谨的工作作风,树立正确的质量强国意识和交通强国意识。

(2)培养学生求实、创新、团结、协作的工作素养。

思政课堂

通过交通仿真实现可量化的科学决策

深圳机荷高速公路立体改扩建工程项目综合运用大数据、交通模型与仿真、驾驶模拟等关键技术,搭建了可推演、高可信的定量化仿真评估分析平台,基于微观交通仿真平台,持续跟进初步设计方案的研究过程,从效率层面评估比选方案的优劣,并提出评估建议,为设计方案的迭代优化提供了可靠支撑。

"交通仿真能够搭建一个超整合的虚拟交通环境(数字孪生),用户可以在这个虚拟的交通环境里面分析和评价对交通系统做出的任何变化,比如在基础设施、交通管理、智能交通系统、交通政策、公共交通、新的出行工具和交通运输方式等方面的一系列变化,并通过多方案比较提供决策支持。"Aimsun 亚太区总监姜靖提到交通仿真的优势时这样说。

第一节 概述

一、交通仿真的概念

交通仿真是采用计算机数字模型反映复杂交通现象、复现交通流时空变化规律的交通分析方法和技术,是计算机仿真技术在交通工程领域的一个重要应用。

二、交通仿真的主要内容及应用领域

交通仿真就是利用计算机仿真技术,在计算机平台上复现现实交通运行状况或虚拟出未来交通运行状况。它是随着计算技术的进步而发展起来的采用计算机数字模型反映复杂交通现象的交通分析方法,是计算机仿真技术在交通工程领域的一个重要应用。

三、国内外交通仿真发展概况

1. 国外发展历程

国外的交通仿真研究基本上经历了从最初起步、迅速发展到深化完善的不同发展阶段。

国外的交通仿真研究始于 20 世纪 60 年代,其中 TRANSYT 交通仿真软件是当时最具代表性的成果。这一时期的交通仿真系统主要以优化城市道路的信号设计为应用目的,模型多采用宏观模型,模型的灵活性和描述能力较为有限,仿真结果的表达也不够理想,这也是由当时的计算机性能决定的。

20 世纪 70 年代至 80 年代,随着计算机的迅速发展,交通仿真模型的精度迅速提高,功能也更加多样。这期间的典型代表为 NETSIM 模型。该模型是一个描述单个车辆运动的、采用时间扫描方式的网络微观交通仿真模型,其对城市道路交通现象的描述精度达到了一个新的高度,因此广泛应用于交通控制与管理系统方案优化、交通设计方案优化以及交通工程相关领域的理论研究方面。

随着 20 世纪 90 年代初国外对智能交通系统(Intelligent Transportation System,ITS)研究的不断深入,世界上很多国家开展了以 ITS 为应用背景的交通仿真软件的研究,交通仿真研究达到了高潮,出现了一大批用于评价和分析 ITS 系统效益的仿真软件系统。进入 21 世纪以来,随着 ITS 研究和应用的进一步深化和推广,新一代交通仿真技术得到更全面的提升,呈现出高精度、多样化、在线化等新特点。

2. 国内发展现状

国内的一些具有自主知识产权的交通仿真软件,如东南大学交通学院开发的"交运之星—TranStar"系列等。21 世纪以后,国内出现了一些面向网络交通分析且较为系统化的研究成果,如同济大学先后开发出 TJTS 模型和 TESS 模型,山东省科学院开发出一个用于实时交通预测的仿真模型 DynaCHINA。

四、交通仿真的发展趋势

近年来,电子信息领域的技术发展非常快,尤其是互联网、云计算、大数据、移动互联、人工智能等技术在交通领域的应用,为 ITS 发展带来了重大的变革,也给交通仿真注入了新的技术内涵:

①交通仿真模型在精度和描述能力方面不断改进,对描述复杂路网形式和交通现象适应性明显提高,尤其是加强了面向仿真建模的高精度交通数据的采集。例如,美国联邦公路局 2003 年启动的下一代交通仿真研究计划 NGSIM。

②在商业化交通仿真系统开发方面,各大商业仿真系统开始提供各种高级应用开发接口,来满足用户个性化交通仿真分析的需要。同时开始打破微观仿真与宏观仿真的界限,出现一体化仿真解决方案。

③将交通仿真系统和外部信号控制机以硬件或软件方式集成在一起,开发出"硬件在环"交通仿真,或者"软件在环"交通仿真。该技术的研发和应用也是近年来交通仿真技术发展的一个重要特点。

④随着交通信息实时采集技术的快速发展和应用的普及,面向动态交通管控和实施方案决策支持的在线交通仿真研究成为研究与应用的热点。如美国麻省理工学院开发的 DynaMIT 模型、美国得克萨斯州大学奥斯丁分校和马里兰大学联合开发的 DYNASMART 模型等,以及我国东南大学正在研发的城市虚拟交通系统、阿里巴巴公司主推的城市交通大脑等。

⑤针对我国道路交通流特征和交通行为特点,如何借鉴国际上的交通仿真技术,开发自主创新、适合中国国情的交通仿真系统,形成具有自主知识产权的技术体系,将是今后一项重要的任务。

第二节 交通系统仿真方法

一、交通仿真的分类

根据交通仿真模型对交通系统描述细节程度的不同,交通仿真可分为宏观仿真和微观仿真,有时也将微观仿真的一部分单独划分为中观仿真(或准微观仿真)。

微观交通仿真模型对交通系统的要素及行为的细节描述程度最高。例如,微观交通仿真模型对交通流的描述是以单个车辆为基本单元的,车辆在道路上的跟车超车及车道变换等微观行为都能得到较真实反映。

中观交通仿真模型对交通系统的要素及行为的细节描述程度较高。例如,中观交通仿真模型对交通流的描述往往以若干辆车构成的队列为单元,能够描述队列在路段和节点的流入流出行为,对车辆的车道变换之类的行为也可以简单的方式近似描述。

宏观交通仿真模型对交通系统的要素及行为的细节描述程度较低。例如,交通流可以通过流量密度速度关系等一些集聚性的宏观模型来描述,诸如车辆的车道变换之类的细节行为就不予以描述。

二、交通仿真原理

交通仿真道路模型不仅是简单的几何图形的记录和表现,还应起到交通仿真载体的作用。通过有效的数据组织,道路模型可以主动和高效地体现其对动态实体车辆运行的约束作用,提高仿真运行效率。

三、宏观交通仿真方法与步骤

步骤一"交通生成":计算每个交通小区的到发量(PA 值)。常用吸引率法进行 PA 计算。相关标准规范中规定了每一类用地的高峰小时到发率,直接用用地面积乘以该比率,即可得出 PA 值。

步骤二"交通分布":将 PA 转化为 OD。步骤一只是计算出每个小区的到发总量,但不清楚这些到与发是从哪里来、到哪里去。步骤二则是明确各个小区间的出行量。最典型的计算方法是重力模型,此外还有机会模型、增长率法等。

步骤三"方式划分":步骤二得出的 OD 是总出行量,而这些出行量会由不同的交通方式来分担。这一部分对应的理论以离散选择模型(Logit 簇模型)为主。

步骤四"流量分配":将步骤三中的流量分配至路网上,最终可以得到每条路的流量。流量分配主要基于阻抗函数构建最优化模型;阻抗函数可选择最短距离、最短时间等;最优化目标有用户最优、系统最优等。

四、微观交通仿真方法与步骤

1. 数据的收集和处理

微观交通仿真建模所需基础数据一般包括道路几何数据、交通量数据等,具体视研究对象而定。

数据样本量应确保满足最小样本量的要求,以便对模型进行标定和有效性检验。数据处理方式通常包括计算均值和方差、确定数据的分布形式和相互关系、进行回归分析和单位转换等。表 7-1 列出了微观交通仿真所需的一般性基础数据。若进行行人仿真,还应对行人步行行为特征进行具体分析。

微观交通仿真需要的数据及要求表 表 7-1

数据	要求
几何数据	仿真区域路段及交叉口的详细设计图
交通量	高峰小时各路段及出入口的交通量
车辆速度	各车型期望速度曲线、路段平均车速
交通组成	机动车、公共汽(电)车和非机动车的组成
交通管制	各交叉口配时、交通管理情况,如禁行、限速等

微观交通仿真流程如图 7-1 所示。

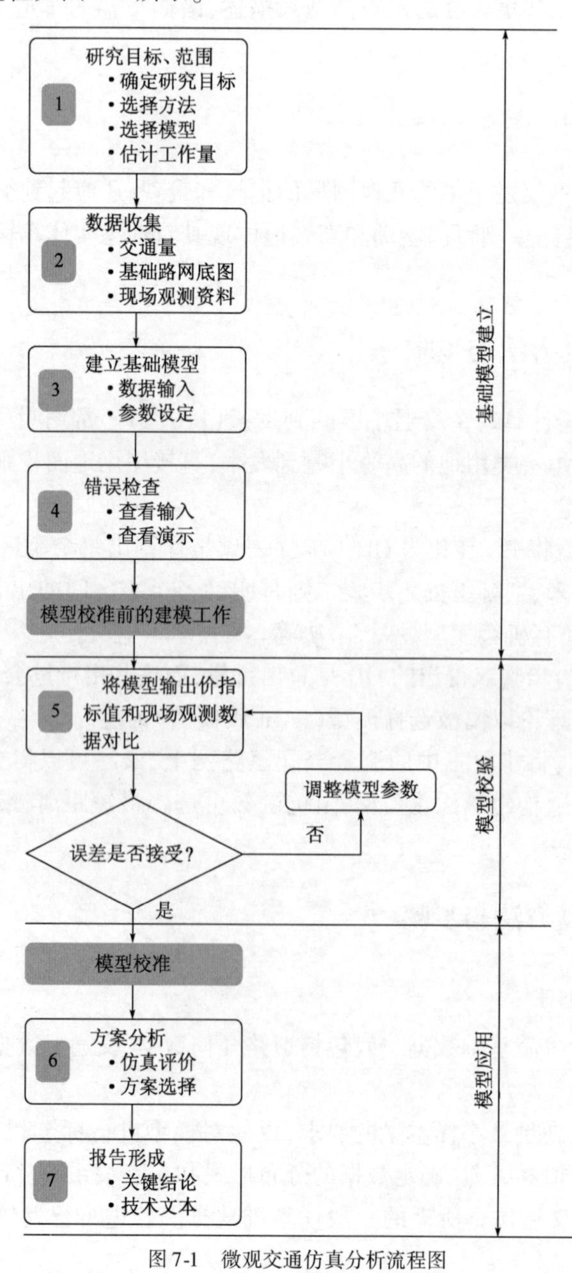

图 7-1 微观交通仿真分析流程图

2. 仿真模型的建立

微观交通仿真是通过静态路网描述模型、交通生成模型、动态驾驶行为模型等,模拟车辆在不同道路和交通条件下的运行状况,并以动态形式显示出来。从仿真技术应用角度,仿真模型的建立因研究对象及所用仿真软件的不同而略有差异。一般来说,首先是路网的建立,然后是交通流特性的输入及交通规则、信号控制方案的设置,最后是仿真模型的校准、验证及测试。表7-2列出了微观交通仿真的常用模型及输入、输出数据。

微观交通仿真的常用模型及输入、输出数据表 表7-2

输入数据	常用模型	输出数据
交通设施设计参数	道路设施模型	行程时间
交通流特性	交通生成模型	车速、延误
交通组成	车辆跟驰模型	排队长度
交通规则	换道模型	停车次数
交通信号	事件反应模型	油耗、噪声等

3. 模型校验

模型校验根据实地交通运行状况,对仿真模型参数进行调整,使模型能够准确模拟仿真对象的交通运行特征及过程。

目前,国内使用的微观交通仿真软件以国外引进为主,如VISSIM、PARAMICS、CORSIM、SYNCHRO、AIMSUN等。各种仿真软件的模型参数缺省值大多以软件开发地的交通系统特性为基础设置,并不一定适合我国交通运行状况,需要对模型参数缺省值进行校准,以确保仿真模型的准确性和可靠性。根据已有研究和相关经验总结,给出微观交通仿真模型校验的一般流程,如图7-2所示。

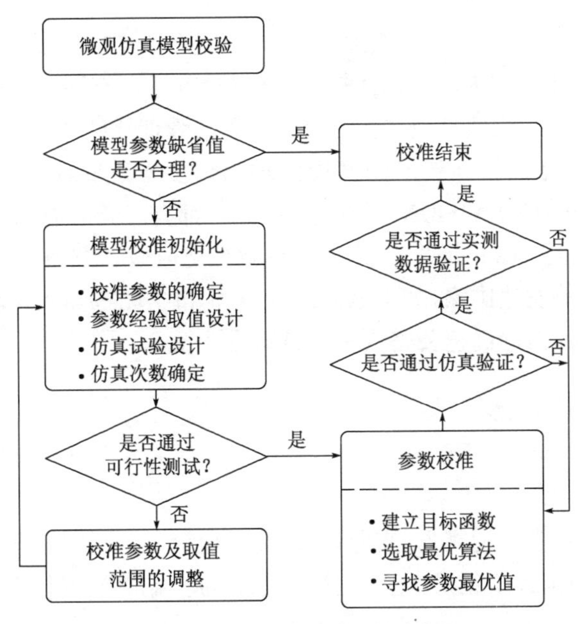

图7-2 微观交通仿真模型校验流程

(1)模型参数缺省值检验

在使用模型参数缺省值的情况下,对比仿真输出结果与实际测量数据,若符合要求,则认为该仿真模型参数缺省值是合适的;若不符合要求,则需要对模型参数进行校准。

(2)模型校准初始化

模型校准初始化包括4个步骤:①校准参数的确定;②参数经验取值设计;③仿真实验设计;④仿真次数的确定。

(3)可行性测试

可行性测试是为了找到一组最优参数组合,使得仿真输出结果与实际测量数据的差异最小,否则需要调整校准参数的取值范围。

(4)参数校准

建立参数校准目标函数,选择优化算法。通过参数调整,寻找最优解,使仿真输出结果与实际测量值的差异最小。例如,道路通行能力校准是使仿真模型检测的最大流率与实测通行能力的平均方差(MSE)最小。

(5)模型验证

使用校准后的参数值进行多次仿真,并输出模型验证所需数据。选取另外一组在参数校准过程中未使用过的实测数据,重复校准过程中使用的方法,对比分析模型输出数据是否符合要求。若符合要求,则模型校验过程结束;若不符合要求,仍需进一步校准模型。

第三节 交通仿真软件

20世纪50年代,美国开发了首个交通规划软件,定名为UTPS(城市交通规划系统),并且在芝加哥交通规划中得到成功应用。UTPS奠定了如今几乎所有同类软件的基础。UTPS的框架即著名的“四阶段”方法,仍然是现在主流交通规划与管理软件的框架。

UTPS之后,随着计算机软件技术的发展涌现出许多宏观交通仿真软件。其中,国外的TransCAD、CUBE、EMME、PTV VISION软件包在国际上都有广泛的应用,而国内同类软件则以交运之星—TranStar(简称“TranStar”)为代表。在微观交通仿真方面,目前国际上比较有名的软件集中在欧美、日本等发达国家,如Paramics、Vissim和TransModeler等,以服务于城市交通管理优化为主,部分软件面向高速公路汽车与道路设计。

一、TranStar

1. 简介

TranStar软件能为各类交通规划、交通设计、交通建设、交通管控、政策制定等交通相关项目提供详细的交通分析与评价结果,也可对相关方案的实施情况进行交通系统能源消耗与交通环境影响方面的评估。

2. 系统构成

(1)软件主体功能

①TranStar 主体功能界面为用户提供了可视化的交互式计算模块,用户可以通过主界面方便地进行城市交通系统的模型建立、参数标定、分析计算。

②模块间的逻辑结构简明、清晰,并且每个模块均提供了集成分析功能,即使非专业人员也可通过该软件进行交通系统仿真。

③用户还可通过既有模块对设计方案进行评价分析,生成详尽报告,能够直观地呈现不同方案的优劣,为决策提供有力支持。

④用户能够通过软件主界面进入图形编辑系统及图形显示系统,从而对路网结构、公交信息、管理措施、小区信息等进行可视化编辑,并且通过丰富的图形从不同层面展示方案实施后网络的交通运行状态。

(2)图形编辑系统

为了方便用户便捷和直观地对道路网络、公交网络交通系统管理方案、小区土地开发方案和交通发展政策方案进行实时自主的修改,TranStar 提供了人机交互式的图形编辑系统。

编辑主窗口由图层管理窗口、快速查看窗口和图形显示窗口组成,具有简单、清晰、操作性强等特点。用户可以在图层管理窗口更改交互模式,选择添加、单选、区域以实现不同功能,也可将分析层根据需要切换至节点层、路段层、路线层、公交层、区域管理层或底图层,并控制这些图层是否可见。图形显示窗口可以向用户可视化展示实例城市的网络形态,支持执行缩放、拖动等功能。快速查看窗口能为用户显示选择对象的简要信息,供用户快速查阅。

(3)图形显示系统

图形显示系统是 TranStar 的重要功能模块,支持前端实现的 TranStar 各类交通分析结果的可视化展示。基于用户操作习惯与交通分析结果展示的需求,TranStar 图形显示系统集成了包含交通网络信息、交通管理信息、交通流量信息、交通质量信息、公共交通分析、能源消耗与环境影响分析等模块在内的多种交通信息与分析成果的图形化功能,具有展示内容丰富、操作简便、用户自由度高等特点。

3. 主要功能

(1)数据支持

TranStar 对海量异构交通大数据具有完备的导入、处理和分析能力,能够快速处理不同来源的交通大数据,包括传统的交通出行调查数据、射频识别技术(RFID)数据、全球定位系统(GPS)数据等。数据处理能力的扩展,大大提高了 TranStar 在处理交通分析案例方面的应对能力,可满足不同用户的使用需求。

(2)交通需求分析

TranStar 具有完善的交通需求分析功能,可实现以传统四阶段法为基础的交通发生吸引预测、交通分布、交通方式划分的过程,同时提供了基于居民出行距离分布函数与交通方式优势出行距离组合的交通方式划分、交通分布、路径选择一体化交通分析方法。采用的模块化设计,一方面便于用户根据需求自由组合运行,另一方面也为后期新功能的开发提供可能。

(3)公共交通分析

TranStar 具有强大的公交分析功能,为使用者提供三类分析模块,可以满足不同规划目的和层次的分析需求。其中:

①服务于公交网络总体布局的愿望。客流分析功能可预测公交愿望客流在道路网上的分布情况,有助于寻找城市的主要公交走廊和流向,适用于还未确定公交线路具体走向的总体布局和规划阶段,包含不设运输能力限制、设置运输能力限制和考虑轨道交通线路三种预测前提。

②服务于公交网络的规划评估。客流交通分配功能可预测公交客流在公交线网上的分布情况,有助于确定每条公交线路的客流需求,适用于公交线路走向已知的规划和分析阶段,包含地面公交网络客流交通分配和考虑轨道交通的网络客流交通分配。

③服务于公交网络的系统设计。客流交通分配功能可实现公交线路断面客流预测、站点上下客流量预测和换乘次数计算等任务,适用于已知公交线路走向和站点信息的规划和管理阶段。

上述所有的公交客流分配计算都可以基于最短路和多路径分配两种方法实现。

(4)交通运行分析

通过交通运行分析模块,用户可以对交通网络阻抗进行分析,在不同的交通管理措施、交通控制策略及交通政策法规下,此模块提供的模型能够准确反映各种出行方式对应的交通网络阻抗,以服务于交通分配。

(5)综合交通评价

作为交通规划决策支持的利器,TranStar 拥有系统全面的评价功能模块。该模块在建模仿真和最终决策之间起到纽带作用,其中的网络分析评价模型可将软件各分析模块的仿真结果数据中最有价值的数据全部提炼和转化为直观的交通系统运行指标,再以列表和报告的形式呈现给用户,使用户能够在完成交通仿真后全面掌握当前网络运行状态并迅速了解土地利用和路网规划方案、交通管控政策和措施等对交通系统整体效率产生的影响,从而为面向可持续发展的城市交通决策提供支持。

二、TransCAD

TransCAD 是由美国 Caliper 公司开发的第一个完全基于 GIS 的宏观交通仿真软件,集成了四阶段交通需求预测模型。它最突出的功能是提供友好的界面以及数据的可视化,支持多种需求模型,可用于城市内或城市间的客货运交通预测分析和交通管理,也可用于省际、国际的交通规划。TransCAD 在国内外已被广泛采用,并成功应用于交通规划、设计和管理等工作中,取得了较好的效益。TransCAD 绘制路网界面如图 7-3 所示。

TransCAD 包括以下主要组成部分:

①功能强大的地理信息系统。TransCAD 软件提供了多种工具,用户可创建和剪辑数字地图和地理信息数据、制作专题地图和其他图表输出、进行各种空间和地理信息分析。TransCAD软件使用一种高效率的拓扑格式存储空间信息数据,除此之外,还提供了一种压缩式只读的地理数据格式,可对大型地理信息数据库进行快速访问。

②可拓展的数据存储系统。该系统为运输数据的显示和处理提供基本的工具，可以把新的数据类型和传统的地理信息系统数据类型做共同处理，操作简单、方便且功能强大。

③一个含多个分析程序的交通分析程序集。完整的 TransCAD 包括一套核心的交通网络分析和运筹学模型、用于特殊应用的高级分析模型和一套统计与计量经济分析的支持工具。这些程序可独立使用或联合使用来解决用户工作中遇到的问题。这种模块化方法使用户能够更灵活地处理特定的建模和数据问题。

④强有力的二次语言开发系统。该系统可用于建立宏语言程序、嵌入式应用程序、服务器应用程序、通用接口、相关产品及网络应用程序。TransCAD 支持 GIS 开发者工具包(GISDK)和 Caliper Script 编程语言。其中，GISDK 是一种全面的开发环境，提供用于对 TransCAD 进行二次开发的三种不同方法。

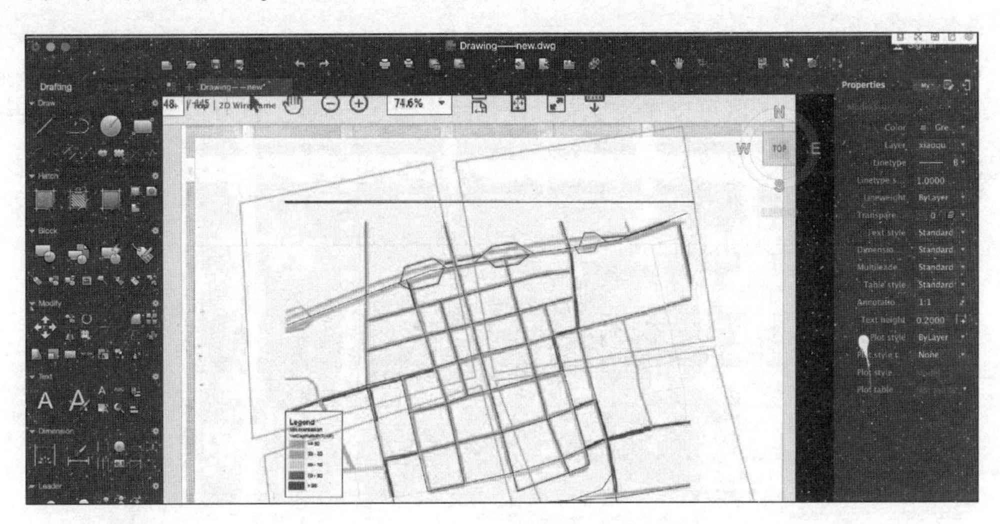

图 7-3　TransCAD 绘制路网界面图

三、Synchro

Synchro 交通信号协调及配时设计软件是美国 Trafficware 公司根据美国交通部标准《道路通行能力手册》(HCM)规范研发的，该标准中的参数是根据汽车性能、驾驶员的行为习惯、交通法规等设定的。计算得出的某些结果(如延误时间、服务水平、废气排放等)作为方案比较的相对参数，具有重要参考价值。Synchro 是进行交通信号配时与优化的理想工具，具备通行能力分析仿真、协调控制、自适应信号控制仿真等功能，并且具备与传统流行交通仿真软件 CORSIM、TRANSYT、HCS 等的接口，其简单易懂，具有很高的工程实用价值。

四、PTV VISION

PTV VISION 是用于交通规划、设计、管理和控制的一系列软件，由德国 PTV 公司开发，目前包括 Visum、Vissim、Viswalk、Vistro、Optim 等，可根据不同应用需求进行灵活组合，得到了广泛使用。

其中，在国内应用最为普遍的是宏观交通软件 Visum 和微观交通仿真系统 Vissim。Visum

是一种将私人交通和公共交通集于一体的宏观交通规划软件。而 Vissim 软件用以建模和分析各种交通条件下(车道设置、交通构成、交通信号、公交站点等)城市交通和公共交通的运行状况,是评价交通工程设计方案的有效工具。它是一个离散的、随机的、以 0.1s 为时间步长的微观仿真系统,车辆的纵向运动采用了心理生理跟驰模型,横向运动(车道变换)采用了基于规则的算法,不同驾驶员行为的模拟分为保守型和冒险型。

Visum 软件系统是整合了所有的个体交通及公共交通方式的交通模型软件,以 Vissim 微观仿真系统作为其补充。Visum 可对多数交通信息及规划信息中的基本信息进行一致性管理,并通过网络编辑器来更新这些信息。不同于简单的 GIS 系统,在 Visum 中可建立单个交通系统或多个交通系统与路网间的复杂关系。正是因为这一特点,通过 Visum 模型的运用便可建立起理想的交通模型。交通模型通常由三大部分内容组成:需求模型、基于 Visum 的路网模型以及各式各样的影响模型。

Vissim 由交通仿真器和信号状态产生器两部分组成,它们之间通过接口交换检测器数据和信号状态信息。Vissim 既可以在线生成可视化的交通运行状况,也可以离线输出各种统计数据,如行程时间、排队长度等。

Vissim 界面如图 7-4 所示。

图 7-4 Vissim 界面

第四节 交通仿真典型案例

一、现状交通组织

本节选择某市新华西路-建设南路交叉口为研究对象,该交叉口为主干路-主干路相交,现状、交通组织分别如图 7-5 和表 7-3 所示。

图 7-5　新华西路-建设南路交叉口现状

新华西路-建设南路交叉口现状交通组织　　表 7-3

进口道	方向	车道数	现状绿灯时间(s)
西进口	左转(左转+掉头)	2	75
	直行	3	108
	右转	1	—
东进口	左转(左转+掉头)	2	55
	直行	3	88
	右转	1	—
北进口	左转(左转+掉头)	1	45
	直行	3	30
	右转	1	—
南进口	左转(左转+掉头)	2	45
	直行	2	30
	右转	1	—

二、参数标定

根据上述计算公式,借助 Vissim 仿真软件对需要输入的数据进行标定,具体见表 7-4。

参数标定　　表 7-4

参数	数值
智轨车长 l_{zg}(m)	31.64
智轨加速度/减速度 a_j(m/s^2)	1.2
智轨在交叉口的限速 $v_{limit,z}$(km/h)	30
智轨驾驶员对信号灯变化做出反应的时间 t_f(s)	0.5
社会车辆在交叉口的限速 $v_{limit,v}$(km/h)	40

续上表

参数	数值
智轨从停止线到冲突点的距离 $l_{con,z}$(m)	18
社会车辆从停止线到冲突点的距离 $l_{con,v}$(m)	21
社会车辆黄灯时长 t_y(s)	3

三、仿真界面搭建

根据上文分析,主干路-主干路交叉口,宜采用固定配时的信号控制策略,而本节所分析的交叉口现状负荷度已经达到较高的水平,对于固定配时的适用性还需要进一步探究。为探究在接近饱和状态下,主干路-主干路交叉口采用何种信控方式更为合理,采用 Vissim 软件,对新华西路-建设南路交叉口采用固定配时、相对优先的方法来进行判断,仿真时间为各 10min,仿真界面如图 7-6 所示。

图 7-6 Vissim 仿真界面

四、仿真结果

采用 Vissim 进行仿真,获得的评价指标见表 7-5。

仿真结果分析 表 7-5

控制方式	信号周期(s)	评价指标			
		城市道路交通交叉口评价指标		智轨交叉口评价指标	
		负荷度	控制延误(s/veh)	不停车通过率	平均行程速度(km/h)
现状	250	0.99	62	—	—
固定配时	250	0.97	61	0.67	24.4
相对优先	264	1.12	68	1	28.7

通过上述仿真结果可知,采用固定配时方案对现状的道路交通影响不大,由于智轨路权中允许不冲突的公交车运行,其他车道的负荷度因公交车的减少而有一定改善,因此交叉口的负荷度有一定提升,相应的控制延误也有一定改善,但对于智轨的通行效率来讲,因智轨需在交

叉口停车等待,不停车通过率及平均行程速度较低。采用相对优先的配时方式,交叉口信号周期因智轨信号延长而变大,因各车道绿信比随信号周期的增加而减小,相应的负荷度、控制延误也有随之降低,而对于智轨的通行效率,因其无须停车等待信号灯而不停车通过率高,行驶速度也较大。

综合比较,采用固定配时方式对于城市道路交通影响较小,但智轨效率较低;采用相对优先方式对于城市道路交通影响较大,但智轨的效率较高。经与业主、交警对接,此路口采用固定配时的信控方案。该交叉口的交通组织设计方案及信号相位方案分别如图 7-7、图 7-8 所示。

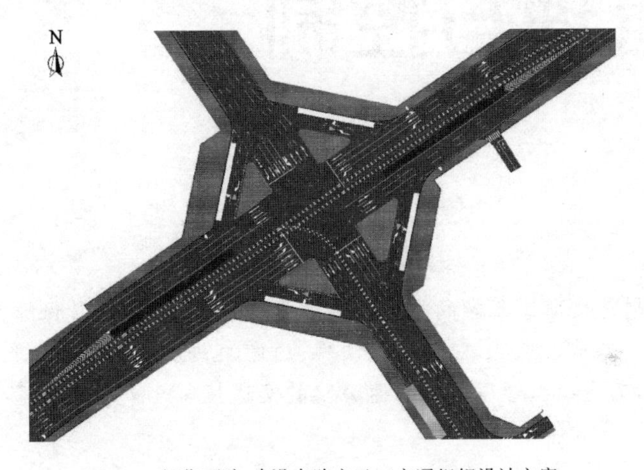

图 7-7　新华西路-建设南路交叉口交通组织设计方案

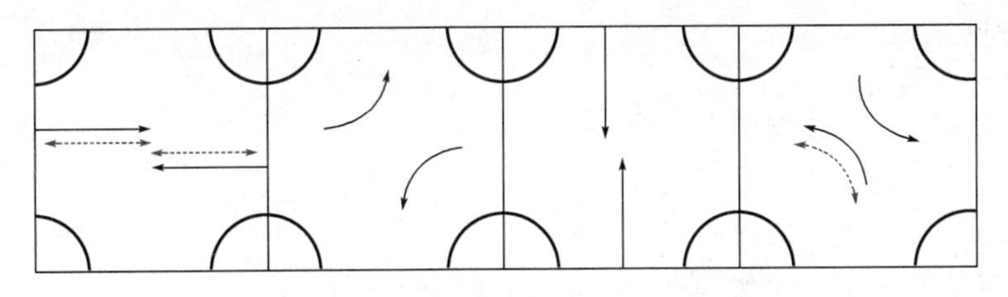

图 7-8　新华西路-建设南路交叉口信号相位方案

1. 简述宏观、中观与微观交通仿真的区别。
2. 简述常见交通仿真软件的基本功能和应用功能。

交通管理与控制

本章导读

交通管理与控制是交通工程学的重要组成部分之一,主要目的是保障交通安全,疏导交通从而保障交通畅通。本章重点从概述、交通法规、道路交通标志与标线、平面交叉口的交通管控及信号管理、道路交通组织管理以及高速公路的交通控制几个方面展开介绍。

教学目标

1. 知识目标

(1)熟悉交通法规。

(2)掌握交通管理与控制的一般要求。

(3)掌握道路交通标志与标线设置。

(4)掌握道路交叉口的交通管理与控制。

(5)掌握道路交通组织管理、高速公路交通控制的一般要求。

2. 能力目标

(1)能够熟练识别道路交通标志标线。

(2)能够辅助解决平面交叉口的交通管控及信号管理问题。

3. 素质目标

(1)培养学生的道路安全意识。

(2)培养学生遵守道路交通法规的意识。

思政课堂

成都快速公交飞驰城市快车道

从2条至14条,从60km至413km,从29对BRT到60对BRT……伴随着城市的发展,成都快速公交也迈过了高速发展的10年。运行至今(2023年5月),成都快速公交运营线路从最初的2条线增加至14条,“环+放射”快速公交网络体系逐步形成,累计载客量更是达到10.7亿人次,日均42万人乘坐快速公交出行。

快速公交改善了以公交出行为主体的“中、低收入社会阶层”的交通利益,体现了交通政策的公平和正义,具有重要的社会意义,提高了广大人民群众的“获得感”。

第一节 概述

一、交通管理与控制的必要性

1. 交通管理与控制的概念

道路交通管理与控制是交通工程学的主要研究对象之一,内容涉及交通立法、法律性或行政性的管理措施、工程技术性的管理措施以及信号控制技术等各个方面,也就是实际工作中所谓“交通综合治理”中的各种治理措施。国内外大量的实践已经证明,现代化的道路交通建设,只有具备科学的管理与控制条件,才能得到良好的效果。有学者将交通管理称为静态管理,将交通控制称为动态管理,而静态的交通管理和动态的交通控制统称为交通管控。现代交通管理与控制,包括交通管理和交通控制两大部分内容。

交通控制是依靠交通警察或采用交通信号控制设施,随交通变化特性来指挥车辆和行人的通行。

交通管理是对道路上的行车、停车、行人和道路使用,执行交通法规的“执法管理”,并用交通工程技术措施对交通运行状况进行改善的“交通治理”的一个统称。

从宏观上来说,交通管理实际上包含交通控制的内容,所谓交通控制,实际上是交通管理的某一表现方式。因此,在现代交通管理中,交通管理与交通控制是一个有机结合的整体。

通过交通管理与控制使交通中的人、车、货物能在安全、迅速、通畅的条件下运行,从而实现最高的安全率、最少的交通延误、最高的运输效率、最大的通行能力、最低的营运费用,以取得良好的运输经济效益和社会效益。

2. 交通管理与控制的作用和必要性

现代交通管理与控制,应具有指导性与协调性,即根据现有的道路网及其设施和出行分布状况,对各类出行加以指导性管理,使整个系统从时间分布和空间分布上尽可能地得到协调,以减少时间、空间上的冲突,从而保证交通的安全与畅通,充分发挥道路网的作用。

(1)交通管控的指导性

交通管控的指导性是指对交通需求加以指导性管理。国内外一些城市道路交通所出现的车辆拥堵、事故多发和污染严重的情况,并非都由于道路面积不够所产生,还与管理不善有很大关系。

城市交通领域有一个“亚当斯定律”:由于道路面积的增加,交通堵塞暂时有所缓解,但正因为这里交通畅通,引来了更多的车辆,时隔不久,新拓宽的道路又日趋拥挤。“亚当斯定律”证明,单纯地兴建与改、扩建道路不仅不能完全解决交通拥堵的问题,在某些情况下,反而会刺激、吸引交通流,加剧交通量的增长。交通流重新分配的结果是产生新的交通拥挤和事故。因此需要通过交通管制(如设置公交专用车道、引导和限制私人小汽车的使用等),从根本上对交通的需求加以引导。

(2)道路交通管控的协调性

道路交通管控的协调性旨在通过各种方法,协调道路交通系统中人、车、路、环境各个要素,以充分发挥路网及其设施的作用。这些方法包括:通过控制出行量,以协调供需总量间的矛盾;通过控制出行时间,以协调供需方面在时间上的矛盾;通过控制信号的联动,以协调绿灯显示与车辆到达之间的矛盾;通过设置各种标志、标线,以协调道路和环境实际状况与交通使用者之间的识别、判断之间的矛盾等。

随着社会及汽车工业的发展,交通管理与控制的目的也在不断变化。初期的交通管理的目的是最基本的交通要求——保障交通安全。随着车辆保有量的增加,道路上出现了车辆拥挤、阻塞的现象,因此,在保障交通安全的基础上,还要求交通管理与控制达到疏导交通、保障交通畅通的目的。在采取各种疏导措施之后,车辆还是不断增长,交通拥挤、阻塞现象日趋严重;由于道路交通工程设施的建设速度总是跟不上车辆保有量的增长速度,现有道路交通设施的交通效率总是有限的,因此,迫使近年来在交通管理与控制上产生了一种新的思路,即通过采用“交通需求管理”的方法,来减少道路上的车辆交通量的需求。

现代交通管理与控制的目的,除保障交通安全、疏导交通、提高现有设施的通行效率的传统目的外,着重于采取各种“交通需求管理”措施来减少道路上的机动车交通总量、缓解交通拥挤保障交通安全与畅通,降低汽车交通对环境的污染,并引导交通建设合理投资。

二、交通管理与控制的内容

1. 交通管理分类

交通管理的内容包括政策、法规、行政、安全教育、科学技术装备等,范围较广,内容复杂,具有社会科学和自然科学两重属性,主要可分下列几个方面:

(1)技术管理

①各种技术规章条例的完善、执行、监督;

②交通标志标线等交通管理设施的设置、管理与维护;

③信号专用设备及通信设施的设计、安装、管理与维护;

④建立各种专用车道与交通组织方法;

⑤安全防护及照明设施的安装与管理。

(2)行政管理

①规划组织单向交通与建立合理的管理体制;

②禁止或限制某种车辆、某种运行方向和方式;

③实行错时上下班或组织可逆性行车;

④对于某些交通参与者(老人、小孩、残疾人员)予以特殊照顾;

⑤选择交叉口的管理或控制方式。

(3)法规管理

①执行交通法规条例;

②建立驾驶人员、驾驶车辆的管理制度;

③建立各种违章与事故处理法规、细则,以及交通事故中法律责任的分析与认定办法,并监督实施;

④有关交通警务的监督与管理;

⑤制订各种临时的、局部的交通管理措施。

(4)交通安全教育与培训考核

①交通警察的培训与考核;

②驾驶人员的培训、考核与经常性的安全教育;

③交通法规、政策、安全条例的日常宣传与培训;

④对人民群众特别是青少年进行交通法制与安全教育;

⑤对各类交通违法的教育与处罚。

(5)交通监控

①各项交通信息的采集、传递、处理与发布;

②交叉口检测控制(定时、感应、半感应、全感应);

③线路检测控制(联动控制);

④区域控制(定时、自感应、分层);

⑤交通诱导系统的设置。

2. 交通信号控制分类

(1)按控制范围分类

①单点交叉口交通信号控制(点控):每个交叉口的交通控制信号只按照该交叉口的交通情况独立运行,不与其邻近交叉口的控制信号有任何联系。

②干线交通信号协调控制(线控):通过一定的方式把干道上若干连续交叉口的交通信号联结起来,同时对各交叉口设计一种相互协调的配时方案,使车辆通过这些交叉口时,不致经常遇上红灯。

③区域交通信号系统控制(面控):以某个区域中所有信号控制交叉口为协调控制对象。

(2)按控制方法分类

①定时控制。交叉口的信号控制机按事先设定的配时方案运行即为定时控制,亦称定周期控制。它主要适用于交通量不大、变化较稳定的交叉口。根据一天内采用配时方案的多少,定时控制可分为:单段式定周期控制,即交叉口一天只执行一种控制方案的控制方式;多段式定周期控制,即根据交叉口全天流量分布情况,制定多个控制方案,分别在不同时段执行这些控制方案的控制方式。

②感应控制。在交叉口进口道上设置车辆检测器,信号灯配时方案可随检测器检测到的车流信息而随时改变的一种控制方式。根据检测器设置方式的不同,感应控制可分为:半感应

控制,即只在交叉口部分进口道上设置检测器的感应控制;全感应控制,即在交叉口全部进口道上均设置检测器的感应控制。

定时控制的基本方式是单个交叉口的定时控制。线控制、面控制也都可用定时控制的方式,分别称为静态线控系统、静态面控系统。感应控制的基本方式是单个交叉口的感应控制。用感应控制方式的线控制、面控制则称为动态线控系统和动态面控系统。

第二节 道路交通法规

一、道路交通法规的概念

道路交通法规是国家在道路交通管理方面制定的文件、章程、条例、法律、规则、规定和技术标准等的总称,是国家行政法规的一部分,其目的在于维护交通秩序,保障交通畅通和车辆、行人安全,协调人、车、路与环境相互之间关系,也是实行交通管理控制,进行交通宣传和安全教育的依据,一切参与道路交通活动的部门、单位、车辆、机器和个人都必须切实遵守。违反道路交通法规、造成交通事故者应视情节轻重、损失大小依法给予处分,甚至追究刑事责任。

道路交通法规是经调查研究反复讨论并由立法机关正式颁布的一种带强制性的行政法规,是人们在长期的行车、道路、车辆、驾驶员管理实践中,不断积累的交通安全经验总结,它不仅具有严肃的法律性质,而且具有科学依据。

2003 年,第十届全国人大常委会第五次会议审议通过了《中华人民共和国道路交通安全法》并于 2004 年 5 月 1 日起实施。经 2007 年和 2011 年两次修订和完善,这部法律更加重视交通安全,更加体现以人为本,并对内容进行了细化、补充,使相关条文更具操作性,也更便于执行和遵守。《道路交通安全法》的通过是我国道路交通法治建设历程中的一座里程碑,是我国道路交通事业全面走向法治时代的崭新开端,也是今后指导和规范参与到道路交通系统中的所有行为的一个根本准则。

二、道路交通法规的基本作用

道路上集中了大量的各种大小、类型、不同车速的车辆以及行人,如果都要以各自的愿望行驶,道路上便会形成横冲直撞的混乱局面,结果势必是到处发生冲突或阻塞。为此,必须制定所有使用者必须共同遵守的基本规则,以维护基本的交通秩序,保障交通安全与交通畅通,同时,在发生冲突事故时,可据此判定事故的责任。

道路交通立法的正确目的,并非是要把不必要或不合理的限制强加给道路交通的使用者,而是以法律的形式和正确应用法律的权威来保障交通安全、舒适与通畅,以维护道路交通的合法使用者不受其他不正当使用者的伤害或骚扰。

三、道路交通法规的主要内容

道路交通是由人、车、路、环境组成的一个系统。道路交通法规的基本内容应针对构成道路交通系统的这几个要素。《道路交通安全法》和《实施条例》条文众多，解析其基本内容，也就是对人、车、路、环境四者的管理规则。

1. 对人的管理

道路交通的使用者包括车辆驾驶者及行人。对交通事故原因的分析，包含着复杂的因素。其中有道路设计和使用的问题，有车辆机件失灵、驾驶员的技能和人们的守法观念等一些问题。在这些错综复杂的因素中的关键因素是人。如果车辆驾驶员和行人都能按道路实际情况及交通管理的要求正确、谨慎通行，交通事故的数量及严重程度都可降到最低限度。可以说，人是交通问题的核心。

国内外交通事故有70% ~90%是由人的因素所造成。对人的管理中的主要对象是驾驶员，因为被驾驶的车辆是道路上交通的最强势群体，而行人是道路上交通的惯用说法，交通管理首先要保障行人的安全，要求驾驶员能以合格的驾驶技术在道路上正确驾车运行。

2. 对车的管理

车，特别是机动车，是道路上各种交通使用者中体形最大、速度最快的一种。因车辆运行安全设施性能低劣而在行驶中出现机件故障所造成的交通事故，在发达国家约占5%，我国约占10%。对车辆的管理，主要是应对车辆运行安全设施性能进行经常性的监督、检查与维护，以保证车辆的安全行驶。

3. 对路的管理

路是交通使用者赖以通行的基础，是使用者通行环境的主要组成部分。道路所提供的使用状况的优劣，对使用者正确使用道路具有重大影响。比如人行道被任意占用，行人无道可行，只能占用车行道，于是人车混行，背离人车分离原则，交通事故因之而生。由于不安全的道路条件或道路使用不当所造成的交通事故占一定比例，需引起重视。对道路的管理主要是要保证道路能为交通所用，并让道路交通的使用者能够正确使用道路。

4. 对环境的管理

环境主要是指道路周围的环境。环境对于驾驶员驾车具有重大的影响。比如在交通干道的两旁，令人眼花缭乱的广告、交通干道路侧行道树的树影等都对驾驶员驾车不利；设在交通标志附近杂乱的牌、杆、栏等，特别是在交通标志杆上附挂广告牌，影响驾驶员辨认标志；遮蔽扰乱信号灯的树梢、广告牌、霓虹灯等，影响驾驶员辨认信号灯色；街角上的树枝、牌等各类阻挡驾驶员视线的杂物，使驾驶员视距缩短，都足以成为引起交通事故的因素。

四、道路交通违法及处罚

对道路交通安全违法行为的处罚种类包括警告、罚款、暂扣机动车驾驶证、吊销机动车驾驶证、拘留五种。

警告是对违法人最轻的一种行政处罚，适用于道路交通安全违法情节十分轻微、未影响道路通行并能主动消除或纠正,以及有其他法定从轻处罚情节的行为人。

罚款是强制道路交通安全违法行为人缴纳一定数额货币的行政处罚,是适用最多、最普遍的一种处罚,适用于违法情节及后果一般的行为人。

暂扣驾驶证是公安交通管理部门对具有道路交通安全违法行为的机动车驾驶员在短时期内剥夺其驾驶机动车资格的行政处罚。这种处罚仅适用于机动车驾驶员。这种处罚可以与其他处罚合并适用,也可单独适用。

吊销机动车驾驶证是公安交通管理部门对违反道路交通管理法规,造成重大交通事故,负同等责任以上和造成特大交通事故,负次要责任以上的机动车驾驶员,剥夺其机动车驾驶资格的一种处罚。被吊销机动车驾驶证的驾驶员,两年内(造成交通事故后逃逸者甚至终生)不准重新申请领取机动车驾驶证。

拘留是公安交通管理部门短期剥夺道路交通安全违法行为人人身自由的一种行政处罚。拘留适用于违法行为情节严重、危害较大但尚不构成犯罪的道路交通违法行为人。公安交通管理部门对机动车驾驶员的道路交通安全违法行为除给予行政处罚外,还实行道路交通安全违法行为累积记分(简称"记分")制度。

五、驾驶员管理

车辆驾驶员的管理主要包括驾驶证管理、驾驶员教育管理、驾驶员驾车管理等。对机动车驾驶员的管理,最重要的一关是对驾驶员驾驶条件和技能的认可。生理、心理上有缺陷的、技术不熟练的驾驶员,对交通安全是一种实际的危险。任何不合规定的做法,都是对交通安全的犯罪。

道路交通法规是全世界机动车驾驶员取得驾驶资格的首考科目,因此,也是学习驾车的首学科目。遵守交通法规的本质是懂得怎样和别人分享道路。

1.驾驶证管理

对机动车驾驶员的管理,全世界都采用驾驶证管理的制度,而世界各国的实践也证明,驾驶证管理制度是对机动车驾驶员安全管理最有成效的办法。我国按照《实施条例》规定,要申请机动车驾驶证必须先学习道路交通安全法律、法规和相关知识,考试合格后再学习机动车驾驶技能,考试通过后方能领取机动车驾驶证,驾驶准驾车辆。另外,公安部颁发的《机动车驾驶证申领和使用规定》对驾驶证的管理提出了非常明确和具体的要求。

2.驾驶员教育管理

随着我国机动车驾驶员的日益增多,也出现了多种类型的驾驶员,因此,也呈现了驾驶队伍技术水平参差不齐的状况。对于前一类驾驶员的安全教育管理,采用的是"条""块"结合的方式,即驾驶员所在的单位对驾驶员所进行的教育管理与公安机关交通管理部门对驾驶员所进行的教育管理相结合的方式;对于后一类驾驶员的安全教育管理,主要由公安机关交通管理部门来实施。

对驾驶员的日常安全教育主要包括技术教育、法制教育和道德教育,主要形式有定期的安全学习活动日制度、举办各种类型的轮训班、开展各种类型的竞赛活动、对驾驶员进行再培训再教育等。

六、车辆管理及检验

即使有优良的驾驶技术与良好的驾驶习惯的驾驶员，在车辆性能失常、不能正常运行时，也难保证行车安全。由于行驶中车辆故障导致交通事故的例子并不少见。对于车辆技术性能的管理，国家专门制定了《机动车运行安全技术条件》(GB 7258—2017)。车辆管理的基本目的是使车辆经常保持良好的行驶性能，保证交通安全。

1. 车辆牌证管理

车辆牌证管理是全世界都采用的车辆管理的基本方法。我国对机动车实行登记制度。只有经过公安交通管理部门登记过的机动车，方可在道路上行驶。

经公安交通管理部门登记过的机动车可以获得车辆牌证。车辆牌证包括必须安设在车辆上规定位置的车辆号牌(俗称硬照)与车辆行驶证(俗称软照)两部分。

车辆牌证管理最主要的作用是通过车辆检验，对车辆安全设施及行驶性能合格的确认。

2. 车辆报废管理

老旧车辆报废更新是车辆技术改造的重要措施，也是促进我国汽车工业和交通运输工业发展的重要途径。这些老旧车辆继续靠维修运行，油耗高、效率低、影响安全，必须加速老旧车辆报废更新。因此，国家规定把老旧车辆报废更新作为一项经常性的车辆管理任务。

我国专门制定了《机动车强制报废标准规定》，凡在我国境内注册的民用汽车，都按该标准执行。各地车辆管理部门，在更换牌证和车辆年度检验时，对符合报废标准的老旧汽车，吊销牌证，强制淘汰。

3. 车辆检验

对登记后上道路行驶的机动车，定期进行安全技术检验，是保证交通安全的必要手段。

在车辆管理工作中，根据检验目的不同，机动车检验可分为初次检验、定期检验、临时检验和特殊检验四种。

《机动车运行安全技术条件》(GB 7258—2017)中具体规定了机动车辆(含列车)的整车及其车身、发动机、转向系、制动系、传动系、行驶系、安全防护装置、排气污染物排放、噪声等级、照明、信号装置，以及其他电气设备和特种车辆的附加要求等有关车辆运行安全的技术条件。

车辆的检验方法主要有两种：一种是人工观察及路上试行，另一种为测试设备检验。过去大多采用人工观察及路上试行的检验方法，通过观察整车状况、路上试车、车辆制动后车轮印记等来检验车辆，人工验车主要依靠验车技术人员的经验做出判断，简单易行，但验车结果视验车人员的水平而异，难免不够精确。随着测试技术的提高，可采用测试设备验车，如制动台架试验、发动机运行状态台架试验、电子称重系统、废气分析系统等。我国不少城市已装有包括检测侧滑、轴荷、制动、车速表校对、废气排放、前照灯校验、喇叭音量等项目的汽车检测线。

第三节 道路交通标志与标线

一、道路交通标志的定义和种类

1. 道路交通标志的定义

道路交通标志是用图形、符号或文字向交通参与者传递特定信息,预示前方道路交通设施、气候、环境情况,表示交通管理指令设施的状况。它是道路交通法规的组成部分与交通管理的重要手段,在现代道路交通管理中发挥着重要的作用,被人们称之为“不下岗的交警”。

道路交通标志是道路的使用说明书,是车辆行驶的指南。同时,交通标志和标线还是道路的装饰工程、形象工程和美化工程。

道路交通标志是显示交通法规及道路信息的图形符号,它可使交通法规得到形象、具体、简明的表达,同时还表达了难以用文字描述的内容。其具体作用是:提供交通信息,起到道路语言作用;指挥交通,保障交通安全;指路导向,提高行车效率。

2. 道路交通标志的种类

交通标志按其作用分类,可分为主标志和辅助标志两大类。

(1)主标志

①警告标志。警告标志是警告驾驶员、行人注意危险地点的标志。警告标志的形状是顶角朝上的等边三角形;颜色是黄底、黑边、黑图案,也有白底红图案的。看到黄色标志,驾驶员和行人应提高警觉,注意前方危险的状况,并做好应变的准备,如图8-1所示。

a)窄路标志

b)陡坡标志

c)交叉路口标志

图8-1 警告标志示例

②禁令标志。禁令标志是禁止或限制车辆、行人交通行为的标志,道路使用者应严格遵守。按国际惯例,禁令标志以红色线条表示,且最为显眼。禁令标志的形状一般为圆形,个别是顶角朝下的等边三角形,颜色为白底、红圈、黑图案,图案压杆。禁令标志用来禁止或限制驾驶员及行人的交通行为,要求严格遵守禁令标志所表示的内容,如图8-2所示。

③指示标志。指示标志是用来指示驾驶员、行人行进方向的标志,道路使用者必须遵守。其颜色除个别标志外,均为蓝底、白图案,形状分为圆形、长方形和正方形,都是指示驾驶员如何行驶,如图8-3所示。

a)减速让行　　b)禁止停车　　c)限制速度

图 8-2　禁令标志示例

a)向左转弯　　b)直行和向右转弯　　c)单行路

图 8-3　指示标志示例

④指路标志。指路标志表示道路信息的指示与引导，为驾驶人提供去往目的地所经过的道路、沿途相关城镇、重要公共设施、服务设施、地点、距离和行车方向等信息。指路标志的颜色，除特别说明外，一般道路指路标志为蓝底、白图形、白边框、蓝色衬底；高速公路和城市快速路指路标志为绿底、白图形、白边框、绿色衬底。指路标志示例如图 8-4 所示。

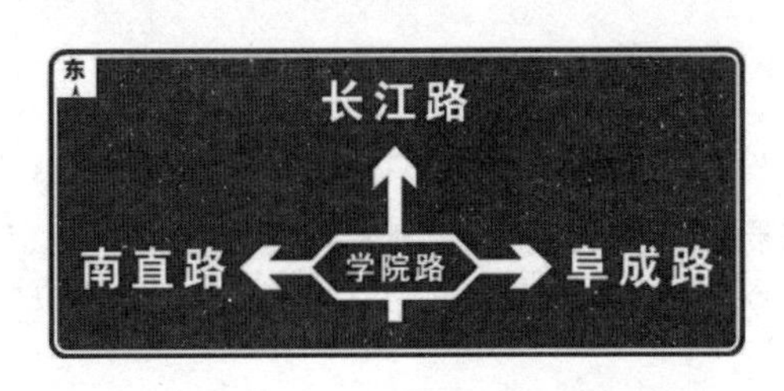

图 8-4　指路标志示例

⑤旅游区标志。旅游区标志是为吸引和指示人们从高速公路或其他道路上前往邻近的旅游区，在通往旅游景点的交叉路口处设置的标志，使旅游者能方便地识别通往旅游区的方向和距离，了解旅游项目的类别。旅游区指引标志的颜色为棕底、白字（图形）、白边框、棕色衬边，旅游符号标志的颜色为棕底、白图形（字），如图 8-5 所示。

图 8-5　旅游区标志示例

⑥告示标志。告示标志用以解释、指引道路设施、路外设施,或者告示《道路交通安全法》《实施条例》的有关内容。告示标志的设置有助于道路设施、路外设施的使用和指引,取消其设置不影响现有标志的设置和使用。告示标志一般为白底、黑字、黑图形、黑边框,版面中的图形标识如果需要可采用彩色图案,如图8-6所示。

图8-6 告示标志示例

(2)辅助标志

辅助标志一般使用黑色和白色,有时也用多种标志的组合来表达较为复杂的意思,这时就会有各种颜色组合在标志上,如图8-7所示。

图8-7 辅助标志示例

二、交通标志的三要素

要充分发挥交通标志的作用,使驾驶员在一定的距离内迅速而准确地辨认出标志的形状、文字和符号,从而掌握交通信息和管制要求,要求交通标志有良好的视认性。决定视认性好坏的主要因素是标志的颜色、形状和符号。交通标志的颜色、形状和符号被称为交通标志的三要素。

1. 交通标志的颜色

颜色可分为彩色和非彩色两类。黑、白色系列称为非彩色,黑、白色系列以外的各种颜色为彩色。不同颜色有不同的光学特性,如对比性、远近性、视认性等。

相邻区域的不同颜色相互的影响称为颜色的对比性。有的色彩对比效果强烈,有的则对比效果较差。如把绿色纸片放在红色纸片上,绿色显得很绿,红色显得更红;若把绿色纸片放到灰色纸片上,对比效果就差,而且会妨碍视认。

远近性的表现是,等距离放置的几种颜色使人有不等距离的感觉。如红色与青色放在等距离处,红比青感到近。红、黄色为显近色,绿、青色为显远色。

颜色的视认性是指在同样距离内,可见光的颜色能看清楚程度的特性。如红色的易见性最高,橙黄、绿次之,即以光的波长为序,光波长的视认性高于光波短的颜色。所以,在交通信号中将红色灯作为禁行信号是有科学依据的。

根据心理学的研究,不同颜色会使人有不同的联想,产生不同的心理感觉。因此可利用颜色的不同特性,制成不同功能的标志。

2. 交通标志的形状

交通标志上要记载各种文字和符号,故应选择比较简单的形状。

根据研究,同等面积的物体其视认性随着几何图形形状的不同而不同。在一般情况下,具有锐角的物体外形容易辨认。在同等面积、同样距离、同样照明条件下,容易识别的外形顺序是三角形、长方形、圆形、正方形、五边形、六边形等。交通标志的基本形状就是按此顺序选用的三角形、长方形和圆形。

3. 交通标志的符号

交通标志的具体含义,即规定的具体内容,最终要由图形符号或文字来表达。研究证明,在困难的视觉条件下(如低亮度、快速显示),图形符号信息无论在辨认速度还是辨认距离上均比文字信息要优越。用图形符号来表示信息的另一优点是不受语言、文字的限制,只要设计的图案形象、直观,不同国家、不同民族、不同语言文字的驾驶员均可理解、认读。因此,以符号为主的交通标志受到联合国的推荐,并已被世界上绝大多数国家采用。

三、交通标志的文字尺寸和视认距离

驾驶员在读取标识信息时要经过发现、认读、理解和行动等过程,在判读标志并采取相应行动的过程中需要花费一定的时间,行驶一定的距离。标志牌的大小应能保证在距标志一定距离内,能清楚地识别标志上的图形和符号文字,故交通标志的文字尺寸和视认距离应满足相关标准规范要求。

四、交通标志设置的原则

为了充分发挥交通标志的使用效果,交通标志的设置应遵循以下原则:

①道路标志的设置应通盘考虑,整体布局。标志布设应做到连贯性、一致性,给道路使用者提供全面的资讯,满足各种道路交通信息的需要。

②道路标志的设置应确保行驶安全、快捷、通畅。标志的布设应以完全不熟悉周围路网体系的外地驾驶员为对象,通过标志的引导,能顺利、快捷地抵达目的地,不允许发生错向行驶。

③道路标志给予道路使用者提供正确、及时的信息,避免提供过多的信息,防止信息过载。重要的信息应给予重复显示的机会。

④道路标志的位置应根据标志的类别分别计算确定,应充分考虑道路使用者对标志感知、识别、理解、行动的特性,根据速度和反应时间确定合适的设置地点。

⑤道路附属设施(如上跨桥、照明设施、监控设施等)及路上构造物(如电杆、电话、消防栓、广告牌、门架等)对标志视认性的影响要给予高度重视。在标志布设时要随时注意上述设施对标志板面的遮挡,以免影响标志的视认性。对行道树及中央带绿篱,在枝叶生长茂密季节,必须注意枝叶对标志视认性的影响。

⑥静态的交通标志应该与可变标志相辅相成、互相配合、统一布局、形成整体。

⑦应避免在交叉口处标志林立,妨碍驾驶员视野。交叉口以设置指路标志和禁令标志为多,对于指路标志,可采用前置预告的方法,把位置错开。驾驶员通过路口后,可以看到确认标志,使驾驶员知道他现在行驶的方向是否正确。禁令标志可采用组合方式或加辅助标志的方法,以减少标志数量。

⑧交通标志是交通管理设施,路上的标志具有法律效力。因此,设置标志是一件严肃、认真的工作,必须尽力避免由于标志设置不当对交通流造成影响或给管理上带来麻烦。为此,应根据交通管理法规及有关标准,正确、合理地设置交通标志。

⑨道路标志的设置不得侵占建筑界限,保证侧向余宽。标志牌不应侵占人行道有效宽度和净空高度。

五、道路交通标线

道路交通标线是由施划或安装于道路上的各种线条、箭头、文字、图案及立面标记、实体标记、突起路标和轮廓标等所构成的交通设施,它的作用是向道路使用者传递有关道路交通的规则、警告、指引等信息。道路交通标线可以与标志配合使用,也可以单独使用。

道路交通标线按功能可分为指示标线、禁止标线和警告标线三类。

1. 指示标线

指示标线是指示车行道、行车方向、路面边缘、人行横道等设施的标线,如图8-8所示。

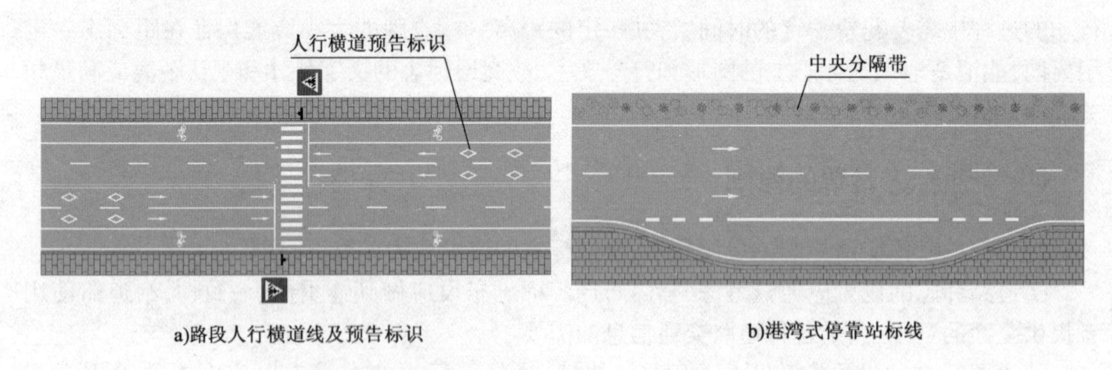

a)路段人行横道线及预告标识　　b)港湾式停靠站标线

图8-8　道路指示标线

指示标线可分为以下三类:

①纵向标线:包括双向车道路面中心线、车行道分界线、车行道边缘线。

②横向标线:包括人行横道、距离确认线。

③其他标线:包括高速公路出入口标线、停车位标线、港湾式停靠站标线、收费岛标线、导向箭头、路面文字标记等。

2. 禁止标线

禁止标线是告示道路交通的遵行、禁止、限制等特殊规定,车辆驾驶员及行人需要严格遵守的标线,如图8-9所示。

禁止标线可分为如下三类:

①纵向标线:包括禁止超车线、禁止变换车道线、禁止路边停放线等。

②横向标线:包括停止线、停车让行线、减速让行线等。

③其他标线:如非机动车禁驶区标线、导流线、网状线、专用车道线、禁止掉头线等。

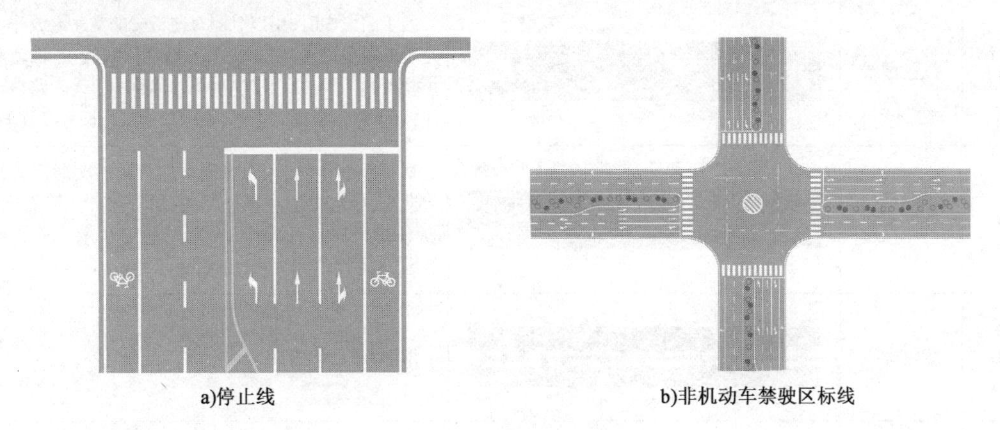

a)停止线　　b)非机动车禁驶区标线

图 8-9　道路禁止标线

3. 警告标线

警告标线是促使车辆驾驶员及行人了解道路上的特殊情况,提高警惕、准备防范应变措施的标线,如图 8-10 所示。

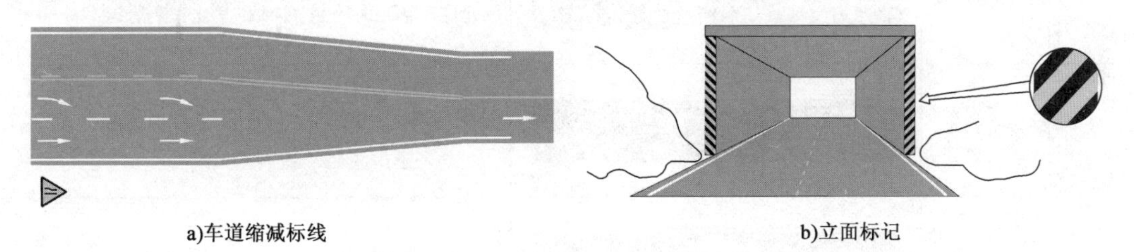

a)车道缩减标线　　b)立面标记

图 8-10　道路警告标线

警告标线可分以下三类:

①纵向标线:如车行道宽度渐变段标线、路面障碍物标线、近铁路平交道口标线等。

②横向标线:如减速标线、减速车道线等。

③其他标线:如立面标线等。

道路交通标线的颜色为白色、黄色、蓝色或橙色,路面图形标记中可出现红色或黑色的图案或文字。道路交通标线的形式、颜色及含义见表 8-1。

道路交通标线的形式、颜色及含义　　表 8-1

编号	名称	图例	含义
1	白色虚线		划于路段中时,用以分隔同向行驶的交通流;划于路口时,用以引导车辆行进
2	白色实线		划于路段中时,用以分隔同向行驶的机动车、机动车和非机动车,或指示车行道的边缘;划于路口时,用作导向车道线或停止线,或用以引导车辆行驶轨迹;划为停车位标线时,指示收费停车位

续上表

编号	名称	图例	含义
3	黄色虚线		划于路段中时,用以分隔对向行驶的交通流或作为公交车专用车道线;划于交叉口时,用以告示非机动车禁止驶入的范围,或用于连接相邻道路中心线的路口导向线;划于路侧或缘石上时,表示禁止路边长时停放车辆
4	黄色实线		划于路段中时,用以分隔对向行驶的交通流或作为公交车、校车专用停靠站标线;划于路侧或缘石上时,表示禁止路边停放车辆;划为网格线时,标示禁止停车的区域;划为停车位标线时,表示专属停车位
5	双白虚线		划于路口,作为减速让行线
6	双白实线		划于路口,作为停车让行线
7	白色虚实线		用于指示车辆可临时跨线行驶的车行道边缘,虚线侧允许车辆临时跨越,实线侧禁止车辆跨越
8	双黄实线		划于路段中,用以分隔对向行驶的交通流
9	双黄虚线		划于城市道路路段中,用于指示潮汐车道
10	黄色虚实线		划于路段中时,用以分隔对向行驶的交通流。实线侧禁止车辆越线,虚线侧准许车辆临时越线
11	橙色虚、实线		用于作业区标线
12	蓝色虚、实线		作为非机动车专用道标线;划为停车位标线时,指示免费停车位

第四节 平面交叉口的交通管控及信号管理

一、平面交叉口交通管控的原则

在一般道路上，平面交叉占交叉口的绝大多数，立体交叉只是少数。这些平交路口犹如瓶颈，成为道路的咽喉要道，它直接影响道路的通行能力大小和交通安全问题。人们对平面交叉口的要求是既要畅通又要安全。因此按不同道路性质、等级与交通情况采取不同的管制措施，采取从时间上把交叉口的交通冲突点分开的方法，使车辆能安全、高效通过交叉口。

平面交叉口交通管控一般遵循以下原则。

1. 减少冲突点

保证交叉口交通安全的基本方法是减少冲突点，可采用单行线、禁止左转弯、在交通拥挤的平面交叉口禁止左右转弯等方法。

2. 控制相对速度

可采用降低车辆进入交叉口的速度；对于右转弯或左转弯应严格控制其合流角，以小于30°为佳；必要时可设置一些隔离设施（如隔离墩或导向岛等），用以减小合流角。

3. 重交通流和公共交通优先

重交通流是指较大交通流量的交通流（干道或主干道上的交通流）。重交通流通过交叉口应给予优先权，其方法是在轻交通流方向（支路）上设置让路标志，或是延长在重交通流方向上的绿灯时间。对公共交通也可采取类似优先控制的方式。

4. 分离冲突点和减小冲突区

交叉口范围的交通流十分复杂，各种车辆在合流与分流的过程中所产生的车辆交叉运动，导致交叉口上冲突点增多和冲突区扩大，安全性大大降低。对此运用分离冲突点和减小冲突区的原则能收到较好的效果。如左转弯时，规定机动车小迂回，而非机动车大迂回；划上非机动车左转弯标示线（有条件可设置隔离墩），防止非机动车因急转弯而加大冲突区；在路口某些区域划上禁止车辆进入的标示线，限定车辆通行区域；在交叉口设置左、右转弯专用线等。这些都是分离冲突点或减小冲突区的有效办法。

5. 选取最佳周期，提高绿灯利用率

在有固定周期自动交通信号机交叉口处，应对各方向的交通流常做调查，根据流量大小计算最佳周期和绿信比，以提高绿灯利用率，减少车辆在交叉口的延误。

其他一些交叉口交通管控原则，如对不同的交通流进行分离，对机动车和非机动车划出各行其道的车道线，在较多行人横过道路（超过 15m）中央设置安全岛，都是常用且行之有效的管理原则。

具体运用上述原则时，应注意到综合考虑，灵活应用。

二、平面交叉口交通管控方式的种类

现在常用的平面交叉口的交通管控有以下几种方式。

1. 交通信号控制

交通信号控制按控制的范围可分为三种基本类型,即:

①点控制,是指个别独立交叉口的信号灯控制,此方法又可分为单点定时信号控制和感应式控制两种,感应式控制又可分为全感应式和半感应式。

②线控制,是指对一条主干道相邻交叉口的信号实行协调自动控制,亦称绿波通行带或绿波控制。

③面控制,是指对城市中某区域的所有交叉路口的交通信号,用电子计算机实行统一协调的自动控制。

2. 停车控制

车流进入或通过交叉路口时,必须先停车,观察到达路口的车流情况而后进入或通过。停车控制一般分为:

①多路停车法,是在交叉口所有引道入口的右方设立停车标志,让所有到达交叉口的车辆必须先停车待出现空当再通过,此方法又称为全向停车或四路停车,多为临时措施。

②二路停车法,是在次要道路进入交叉口的引道上设立停车标志,使次要道路的来车必须先停车,等候间隙出现再通过,此方法亦称为单向停车法或两路停车法。

3. 让路法

在次要路口或车辆较少的引道入口处设让路标志,使驾驶员放慢车速,看清楚相交道路有无来车,估计有适当间隙可以通过再加速通过。

4. 自行调节法

自行调节法采用中央岛,让各路进入车辆按逆时针方向统一、连续行驶通过环形交叉。

5. 不设管控

交通量很小的交叉口一般均不设管控,如居民区内部的交叉口等。

三、交通管控方式选择

1. 影响方式选择的因素

交叉口控制方式的选择是一个涉及多因素的问题,如设施运营的经济性,相交道路的性质、等级,车流量大小、组成、方向分布,设计车速,安全保障,行人、非机动车多少,以及当地自然条件等。但主要影响因素是设计小时交通量、相交道路性质、安全保障与不同控制方式、可能提供的通行能力、可能取得的最小延误。

2. 按相交道路性质、类型选择

根据快速路、主干路、次干路及支路四类相互交叉情况进行选择,不同类型交叉口的管控方式可参考表8-2。

按相交道路性质选择管控方式 表 8-2

序号	交叉口类型	可能的管控方式
1	快速干路与次干路	信号*
2	快速干路与支路	二路停车或信号
3	主干路与主干路	信号
4	主干路与次干路	信号或二路停车
5	主干路与支路	二路停车
6	次干路与次干路	信号、多路停车、二路停车或让路
7	次干路与支路	二路停车或让路
8	多于四条道路交叉口或畸形交叉口	环形交叉或信号
9	支路与支路	二路停车、让路或不设管制

注：* 信号设置的具体依据将在后文中介绍。

3. 按交通量和事故情况选择

应按交叉口交通量的大小和事故情况选择管控类型，见表 8-3。交通量以小汽车计，若为其他车型，则需换算为小汽车。

按交通量和事故情况选择管控类型 表 8-3

项目			管控类型				
			不设管控	让路	二路停车	多路停车	交通信号
交通量	主要道路(辆/h)		—	—	—	300	600
	次要道路(辆/h)		—	—	—	200	200
	合计	(辆/h)	100	100 ~ 300	300	500	800
		(辆/d)	≤1000	<3000	≥3000	5000	8000
每年直角碰撞(或人身伤害)事故次数			<3	≥3	≥3	≥5	≥5

4. 其他因素

若非机动车与行人流量特别大，则可以安装行人过街定时信号灯；若主次干道车流量高峰小时特别集中、间隙特别小时，则应安装车辆感应式自动控制信号灯，以便在高峰时能自动调整主次道路红绿灯间隙，使次要道路来车有可能进入或通过交叉路口。

四、交通信号管控的作用及信号灯的种类

1. 交通信号管控的作用

解决交叉口的交通冲突的方法有两种：一是空间分离法，如渠化、立交等；二是时间分离法，如信号控制法、多路停车法及让路法等。本章只讨论时间分离法中的信号控制法。交通信号的作用是从时间上将相互冲突的交通流予以分离，使其在不同时间通过交叉口，以保证行车

安全。交通信号对于指挥和控制交通流的流向、流量、流速以及维持交通秩序等均有重要的作用。

2. 信号灯的种类

道路上用来传送具有法定意义的,指挥交通流通行或停止的光、声、手势等,都是交通信号。道路上常用的交通信号有灯光信号和手势信号。灯光信号通过交通信号灯的灯色来指挥交通;手势信号则由交通管理人员通过法定的手臂动作姿势或指挥棒的指向来指挥交通。手势信号现在仅在信号灯出现故障时或无交通信号灯的地方使用。

交通信号灯及其控制技术随着交通的发展而发展。初期的信号灯仅红、绿两色,绿灯表示允许通行,红灯表示不准通行,十分简单。交通信号灯用在交叉口中,由人工操作,哪条路上先来车就给亮绿灯,指挥来车通过;同时给相交的横向路亮红灯,指挥该路上的来车暂停,等候绿灯通行,以维持车辆通过交叉口秩序。

1918 年在美国纽约街头出现了红、黄、绿三色信号灯,后来这种信号灯被普遍采用。随着交通的发展,在交叉口上,各方向的车-车冲突,车-人冲突越来越复杂,对车流、人流需要更为严密的时间分离。为适应发展的需求,信号配时技术的研究不断进步,相继出现了各种时间分离的方法;同时,由于电子技术的发展也设计出适应需要的信号控制机与交通检测器,相应产生了符合多种时间分离方法的多样化的现代化信号灯。

现代信号灯,除了原来红、黄、绿三色基本信号灯外,又增加了以下两种信号灯:

(1)箭头信号灯

箭头信号灯是在灯头上加一个指示方向的箭头,可有左、直、右三个方向。它是专门为分离各种不同方向交通流,并对其提供专用通行时间的信号灯。这种信号,当然只在设有专用转弯车道的交叉口上使用才能有效。在一组灯具上,具备左、直、右三个箭头信号灯时,就可取代普通的绿色信号灯。

(2)闪烁灯

普通红、黄、绿或绿色箭头灯,在启亮时,按一定的频率闪烁,以补充其他灯色所不能表达的交通指挥意义。

目前,部分路口已安装附有随灯色显示倒计时间的信号灯,可以告诉驾驶人正在显示的灯色所余留的时间,以使驾驶员随时掌握自己的驾车动作。

五、设置信号灯的依据

信号控制交叉口的交通事故,往往多发生在交通量较低的交叉口上,或是交通量较低的时段内。不少事故记录表明,最惊人和最危险的事故往往发生在这种交叉口上。因此,研究制定合理设置生产交通信号灯的依据是十分必要的。在技术上,使设置信号灯有据可依,避免乱设信号灯现象;在经济上,可避免无谓的投资浪费;在交通上,可避免不必要的损失和浪费。

《道路交通信号灯设置与安装规范》(GB 14886—2016)做出如下规定:

①城市道路主干路与主干路平面交叉的路口、主干路与次干路交叉的路口应设置信号灯。一级公路与一级平交的路口应设置信号灯。平面交叉路口的安全停车视距三角形限界内有妨

碍机动车驾驶员视线的障碍物时，宜设置信号灯。

②机动车进入同一路口高峰小时流量超过表 8-4 所列数值时，应设置机动车道信号灯。

路口机动车高峰小时流量 表 8-4

主要道路单向车道数（条）	次要道路单向车道数（条）	主要道路双向高峰小时流量（pcu/h）	流量较大次要道路单向高峰小时流量（pcu/h）
1	1	750	300
		900	230
		1200	140
1	≥2	750	400
		900	340
		1200	220
≥2	1	900	340
		1050	280
		1400	160
≥2	≥2	900	420
		1045	350
		1400	200

注：1. 主要道路指两条相交道路中流量较大的道路。
2. 次要道路指两条相交道路中流量较小的道路。
3. 车道数以路口 50m 以上的渠化段或路段数计。
4. 在无专用非机动车道的进口，应将该进口进入路口非机动车流量折算成当量小汽车流量并统一考虑。
5. 在统计次要道路单向流量时应取每一个流量统计时间段内两个进口的较大值累计。

路口任意连续 8h 的机动车平均小时流量超过表 8-5 所列数值时，应设置信号灯。

路口任意连续 8h 机动车平均小时流量 表 8-5

主要道路单向车道数（条）	次要道路单向车道数（条）	主要道路双向任意连续 8h 平均小时流量（pcu/h）	流量较大次要道路单向任意连续 8h 平均小时流量（pcu/h）
1	1	750	75
		500	150
≥2	1	900	75
		600	150
≥2	≥2	900	100
		600	200
≥2	≥2	900	100
		600	200

③3 年内平均每年发生 5 次以上交通事故,从事故原因分析通过设置信号灯可避免发生事故的路口或 3 年内平均每年发生一次以上死亡交通事故的路口。

④非机动车驾驶员在路口距停车线 25m 范围内不能清晰视认用于指导机动车通行的信号灯的显示状态时,应设置非机动车信号灯。对于机动车单行线上的路口,在与机动车交通流相对的进口应设置非机动车信号灯。非机动车交通流与机动车交通流通行权冲突,可设置非机动车信号灯。

⑤在采用信号控制的路口,已施划人行横道标线的,应设置人行横道信号灯。行人与车辆交通流通行权冲突,可设置人行横道信号灯。

⑥在需要提示驾驶员和行人注意瞭望、确认安全后通过的路口,宜设置闪光警告信号灯。

⑦达到以下条件之一的道路与铁道平面交叉口(即道口),应设置道口信号灯:

a. 日间连续 12h 内,通过道口的车辆平均小时流量达到 500pcu/h 以上,且瞭望条件良好的道口;

b. 日间连续 12h 内,通过道口的车辆平均小时流量达到 200pcu/h 以上,且瞭望条件不良的道口;

c. 近 5 年内发生过较大事故或重复发生事故的道口;

d. 有通勤汽车或公交车通过的道口。

在交叉路口信号灯配时设计时应以国家标准为依据,同时要尽可能考虑交通组成、交通安全、发展趋势、经济效益、行车方便等有关因素,做到依据国家标准,从实际出发,实事求是,科学合理。

六、交通信号基本参数的确定

单点定时交通信号的主要参数为相位、周期长度、绿信比,一般称之为三要素,其他参数有绿灯间隔时间、黄灯时间等,分别说明如下:

1. 相位(或称为信号相)

信号机在一个周期内有若干个控制状态,每一种控制状态即称为相,也就是在一个周期时间内,对一条或几条车流按顺序发出同步同色信号显示顺序,并按此顺序循环开放信号灯,每一种不同组合信号称为相。

一般多用二相定时信号,东西通行,南北不通为一相,南北通行,东西不通又是一相,此即二相位(图 8-11),在某些情况下有三相位、四相位(图 8-12),一直到八相位。

对于行车而言,相位越多越安全,但相位越多,周期越长,延迟的时间也就越长,效率也就越低;相反,相位少,交叉口车流虽然较乱,但通行效率反而高。

2. 周期长度

周期长度是信号机设计的基本项目,在计算中首先将进入交叉口的各种车辆换算成标准小汽车,并将左转车折合成等效直行车。

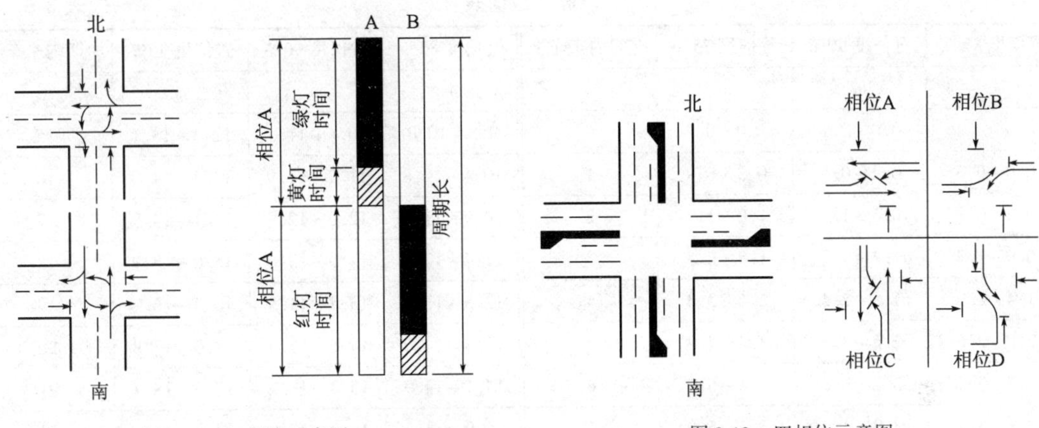

图 8-11　二相位示意图

图 8-12　四相位示意图

(1)车辆换算

等效车流量：

$$V_{\mathrm{b}}=\frac{V+0.6L+0.5H}{N} \tag{8-1}$$

式中：V_{b}——进入交叉口的等效车流量，辆/h；

V——实际进口总车流量，辆/h；

L——左转车辆数，辆；

H——公共汽车和货车数量，辆；

N——有效车道条数。

(2)周期长度、相位和交通量的关系

交通量大就要增加相位，而相位增加则要延长周期，它们之间的关系由相关图表查出。

3. 绿信比

绿信比是一个相位的绿灯显示时长同周期时长之比，以百分数(%)表示，即一个周期内可用于车辆通行的时间比例。根据美国得克萨斯州交通研究所的报告，对于分道行驶的交叉口，可以通过式(8-2)来确定绿灯时间长短。

$$n_{\mathrm{E}}=\frac{G-t_{\text{前}}}{t_{\mathrm{i}}}+2 \tag{8-2}$$

式中：n_{E}——绿灯时间内从某个车道进入交叉口的车辆数；

$t_{\text{前}}$——车队中前两辆车进入交叉口所需时间，s；

t_{i}——前两辆车之后各车的平均车头时间间隙，s；

G——绿灯时间，s。

或采用式(8-3)：

$$G=2.1x+3.7 \tag{8-3}$$

式中：x——周期内来车数，辆，可查用表 8-6(利用泊松公式制成的 m-x 数值表)得到。

m-x 数值表 表 8-6

置信度 85%	置信度 90%	置信度 75%	周期内来车数	置信度 85%	置信度 90%	置信度 75%	周期内来车数
m	*m*	*m*	*x*	*m*	*m*	*m*	*x*
	0.0~0.1	0.0~0.2	0	9.3~10.0	10.4~11.1	12.3~13.1	15
0.0~0.3	0.2~0.5	0.3~0.9	1	10.1~10.8	11.2~11.9	13.2~14.0	16
0.4~0.8	0.6~1.1	1.0~1.7	2	10.9~11.6	12.0~12.8	14.1~14.9	17
0.9~1.3	1.2~1.7	1.8~2.5	3	11.7~12.4	12.9~13.6	15.0~15.9	18
1.4~1.9	1.8~2.4	2.6~3.3	4	12.5~13.2	13.7~14.5	16.0~16.9	19
2.0~2.6	2.5~3.1	3.4~4.2	5	13.3~14.0	14.6~15.3	17.0~17.8	20
2.7~3.2	3.2~3.8	4.3~5.0	6	14.1~14.9	15.4~16.2	17.9~18.7	21
3.3~3.9	3.9~4.6	5.1~5.9	7	15.0~15.7	16.3~17.0	18.8~19.6	22
4.0~4.6	4.7~5.4	6.0~6.8	8	15.8~16.5	17.1~17.9	19.7~20.5	23
4.7~5.4	5.5~6.2	6.9~7.7	9	16.6~17.4	18.0~18.8	20.6~21.5	24
5.5~6.1	6.3~7.0	7.8~8.6	10	17.5~18.2	18.9~19.7	21.6~22.4	25
6.2~6.9	7.1~7.8	8.7~9.5	11	18.3~19.0	19.8~20.6	22.5~23.3	26
7.0~7.7	7.9~8.6	9.6~10.4	12	19.1~19.9	20.7~21.5	23.4~24.3	27
7.8~8.4	8.7~9.4	10.5~11.3	13	20.0~20.7	21.6~22.3	24.4~25.2	28
8.5~9.2	9.5~10.3	11.4~12.2	14				

4. 绿灯间隔时间

一个信号相位结束放行,到另一个信号相位开始放行之间的间隔时间,即一个信号相位上绿灯时间结束到下一个信号相位上绿灯开始之间的间隔时间,称为绿灯间隔时间,一般定为3~5s。由于在绿灯间隔时间内变换信号灯色的两条进口道都产生了一段通车时间的损失,因此绿灯间隔时间在符合安全的前提下,应取最小值。

5. 黄灯时间

黄灯时间是为了将已经进入交叉口并正在前进的车辆,从交叉口内予以清除所需的时间,亦可看作一种安全措施,由车速和交叉口的宽度确定,而与交通量的大小无关。一般定为3~5s,或利用下式计算:

$$T_{黄} = t + \frac{v}{2d} \tag{8-4}$$

式中:$T_{黄}$——黄灯时间,s;

v——进口车速,m/s;

d——减加速度,m/s^2;

t——反应时间,s。

有些国家应用全红灯,其全红时间约占周期长2%,在车辆感应式自动信号机中可定为1.5s。在驾驶人看到黄灯后,如车速很高而无法将车制动时,则可以继续开车通过交叉口,否则就必须将车停住。若黄灯时间太长,则可将2s改为全红灯时间。

6. 行人过街绿灯信号时间

行人过街绿灯信号时间，一般可按式(8-5)计算：

$$G = R + W + 2(N - 1) \tag{8-5}$$

式中：G——行人过街绿灯信号时间，s；

R——行人反应时间，s，一般取 2 ~ 3s；

N——行人过街的排数；

W——人行横道的长度(即街口宽度)，m。

按一般行人步行速度为 1.2m/s，通过人行横道长度 W，所需时间为 $W/1.2$s，安全起见(如考虑行动较慢的老师和儿童)，可乘以 1.2 的安全系数，故式中用 W。

七、交叉口单点信号控制

交叉口单点信号控制，简称点控制，是以单个交叉口作为控制目标，是交通信号控制的最基本形式。点控制有两种，即定周期(时)自动信号控制与车辆感应式自动信号控制。

1. 定周期(时)自动信号机

定周期自动信号机，又称定时自动信号机，发明于 20 世纪 20 年代，应用至今。这是一种既经济、可靠，又准确的交通控制定时信号装置，它特别适应于各个方向车流量相差不大的市内各交叉口上，亦可用于将两个交叉口的信号机协调起来，使用联动装置，以减少交叉口的阻车时间。车辆少时，可改用闪光灯的方法。

2. 车辆感应式自动信号机

如图 8-12 所示，一般主干路信号灯常为绿灯，如次干路上来车，而此时主干路又无车，则主干路的绿灯马上变成黄灯迅速转为红灯，同时次干路上信号灯变成绿灯，让次干路上车辆通过，随后又恢复主干路绿灯，如图 8-13 所示。这种装置在独立的交叉口具有较高的灵活性，但是造价很高，且没有固定的周期和时段。

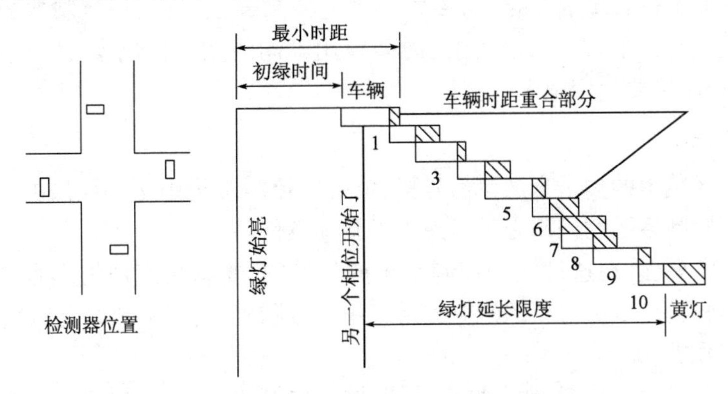

图 8-13　车辆感应式信号机计时示意图

3. 半感应式自动信号

这种信号机特别适用于主干路与次干路相交的交叉口上，在主干路上无检测器，主干路总是维持着持续不变的绿灯,除非是次干路上有车辆和行人要通过而提出要求时才变换灯色为红灯。在给予次干路绿灯之前,主干路保持一最小绿灯时间。这种信号机的检测器安装在次干路上。

当然,对次干路而言,其出现的初绿时间和车辆时距比较短。

八、"线控"系统和"面控"系统简介

1. 线控制系统

线控制系统又称为线系统控制或联动系统。在一条较长的道路上,有若干个相邻近的交叉口,如采用点控制组织交通,则各交叉口的绿信比、周期长度和绿灯开始的时刻互不协调,这样必然增加停车次数。

而采用线控制使各交叉口取统一周期长度,变动绿信比,各交叉口的绿灯时刻按行车路线方向错开一定的时间,称为相位差。这样只要车辆按规定的速度行驶,理论上可以做到处处遇到绿灯,从而减少停车次数与时间延误,提高道路通行能力。这种控制方法称为线控制,亦称为绿波交通。现在北京、上海、天津、南京、深圳等地的某些路段上已采用,其方法有联动控制、单系统控制和多段系统控制三种。

(1)联动控制

联动控制系统中,有一个信号机为主机,统一控制其他信号机,整个系统使用同一周期长度。各联动的路口其最大距离一般取 800m;超过 800m,中途由于有纵向和横向干扰,车队离散,从而严重影响联动的效果。

(2)单系统控制

路段上有 5~20 个相邻的交叉口,预先确定一种控制方案的系统控制称为单系统控制。单系统控制一般不设主控制机,而按统一设计的周期、相位差,用石英钟调准各交叉口的开机时间,从而达到系统控制的目的,这样可不用导线传递控制指令。

(3)多段系统控制

为了适应交通运行状况的变化,与多段定周期控制系统一样,把控制参数(周期、绿信比相位差),按事先设计好的程序,在不同的时间段用不同的系统控制参数。此外,还有自动感应系统控制,其控制机要使用电子计算机。

2. 面控制系统

将城市中某区域中的多个交叉口信号机,由中央控制室集中统一控制的方式称为面控制或区域控制。面控制系统的采用必须考虑以下几项条件:

①控制性能发展性:在这种大的控制系统的建设中,要有次序地把现有的定周期式信号机,更换为面控制系统,尽量将新的研究成果应用在控制机中,而不致改变原来的机器构成,即尽量利用老的信号机。

②控制范围有扩大的可能:随着城市发展,城市规模的扩大,必须有可能扩大控制范围,以扩大中央控制室的作用。

③高度的可靠性:所有机器要有高度的可靠性,即系统中的一部信号机发生故障,能在早期发现并加以修复,系统中其他信号机不会出现异常,整个系统仍能照常工作。

④使用方便:随着交通状况的变化,对机器控制的内容及机器动作的监视和变更要比较容易,如出现暂时性异常时,亦应能及时处理。

⑤在我国现实交通条件下,还必须考虑自行车交通的合理处理问题。

第五节 道路交通组织管理

一、机动车交通管理

机动车交通管理是指对行驶中的机动车进行管理,主要包括:

1. 行驶中的分道管理

行驶中的分道管理,是对同方向行驶的车辆按车种类型的不同或行驶速度的不同,实施交通流分离管理。一是分离非机动车与机动车,严格控制非机动车驶入机动车道;二是在有条件的道路上分离公交车辆与其他机动车,保证公交车辆优先通行;三是在划分快、慢机动车道的道路上分离低速机动车与快速机动车,提高车道的通行效率和车辆的行驶速度;四是机动车在进入划有路口转向指示符号的道路上分离左转、右转、直行车辆,要求通过道路交叉路口的车辆应在转向标示符号的起点,根据行驶方向、目的,及时变换车道。

2. 行驶中的操作管理

行驶中的操作管理就是对车辆的操作实施规范或约束的管理。一是在狭窄的双向道路上,要求驾驶人礼让通行;二是在道路上超车,必须符合交通规则规定的条件,严禁强行违章超车;三是同一车流中的车辆必须保持前后车距,以避免紧急制动引起碰撞。前后车距的大小由车流速度、路面状况及驾驶人的反应时间等因素决定。

车辆管理的目的是使车辆经常保持良好的行驶性能,保证交通安全。我国的车辆管理主要依据《道路交通安全法》执行。

二、非机动车交通管理

非机动车交通在大多城市中仍占主导地位,其数量日益增长,分布在大街小巷,早晚高峰时段较集中,影响机动车与整个城市交通系统。非机动车管理不好,必然会影响机动车交通,从某种意义上讲,管好了非机动车就管好了城市交通。对非机动车交通的管理措施主要有以下几个方面。

1. 安全教育

应做好骑车人的遵守法规的安全教育工作。非机动车交通事故的主要原因是疏忽大意、抢道行车、突然猛拐等,故在管理中做好交通安全宣传教育,提高骑车人遵守法规与安全意识非常必要。利用典型事故的现场录像和生动事例能大大增强骑车者印象和记忆,促使其时刻注意安全,将遵章守纪逐渐化为自觉行动。

2. 交叉口管理

交叉口是管理的重点,据统计,非机动车交通死亡事故发生在交叉口占比较大,因此管好交叉口是关键。

①完善交叉口的信号配时。考虑到非机动车行动快、灵活、机动,骑车人有抢先通过交叉口的心理,因此可将非机动车的停车线前置,让其先行通过,或让非机动车信号先亮,使非机动车先进入交叉口,先行通过,两次绿灯时差以取10s左右为好。

②绿灯开放时禁止机动车右转。为解决机动车右转弯时非机动车直行受阻,当绿灯亮时禁止机动车右转,使非机动车顺利通过交叉口,然后红灯亮时再让机动车右转,以减少两者冲突。

③左转非机动车二次等待。当非机动车左转流量不大而机动车流量很大时,为解决左转非机动车对机动车的干扰,可让非机动车先直行,至中间候驶区,等待另一方向绿灯开放时,再行通过,即二次等待,可以减少左转非机动车与直行机动车在交叉口的交叉冲突,有利于非机动车的安全和机动车通行。

④交叉口个别方向右转非机动车流量特别大时,可设置专用的非机动车右转车道。

⑤个别交叉口非机动车左转量不大,附近又有路可以实现左转时,也可采取禁左方式。

总的交叉口管理原则是尽可能减少交叉口机动车与非机动车流的交叉冲突,实现交通分离,以利安全。在具体实施时,可因地制宜,灵活运用。

3. 机非分离

在路段上使非机动车与机动车分道行驶,最好是设计非机动车专用道系统,与机动车完全分开。在主干路与次干路相交叉路口可建简易式立交;在条件不足时,亦可对非机动车流量大的路口,增设长为30~50m、宽为3~4m的非机动车右转专用车道,以减少非机动车流的排队长度,增加进口车道数,提高路口的通过能力。

对于机非混行的断面,应设置分隔带。路口宽度不足时可采用设置隔离的方式,在最低条件下,亦应划线分隔,以避免机非混行的杂乱状况。

在市区路网密度较大的地区,特别是方格式路网有相互平行路线且间距不大时,可组织非机动车单行线,以提高行车安全与路段通行能力。国内外实践经验表明,采取机非分离措施,不仅能大大改善非机动车的行车条件、交通秩序、提高路段的通行能力,且有利于机动车行驶和交通安全,降低交通事故率。

4. 规划建设非机动车停车场

规划建设一定数量的分散的非机动车停车场,对于维护交通秩序是非常必要的。

①新建公共建筑必须同步按规定设立停车场或停车棚。

②沿街机关单位、商店非机动车停车场建设应由本单位自己设法解决。

③应在沿街大型公司、旅馆、商场等单位门前或后院设置非机动车停车场或停车棚,使非机动车有处可停,以避免乱放乱停,但不得挤占人行道的地面。

④建立一些小型分散的非机动车停车场,见缝插针,充分利用零散地块街区角落、广告牌等处,分散设置规模较小、便于就近使用的非机动车停车处,但也要有利于市容市貌,不影响观瞻。

⑤对于大型公交站场或转乘换乘枢纽站处,视非机动车的停车要求量,设置一定规模的停车场,以方便骑车人在此驻车换乘,节省上下班时间。

三、行人交通管理

1. 步行方式的特点

步行是以人的体力为依据的基本交通方式,不管交通如何发达,每次出行的始终端均须步行承担。步行活动范围视人的体力而变化,是适应能力最差、最不耐久的一种方式,但也是对道路条件要求最低,可达性最好的方式。

2. 步行方式的要求

总体来讲,人们对步行的要求主要是方便、自由、舒适、安全、连续和无障碍六个因素,特别是步行道的连续性,许多城市的步行道常是断续的,走走停停,或高程不连续,或摆摊设点等。在安全方面常受到机动车、非机动车的干扰。从现代交通管理系统来看,对行人舒适安全所采取的措施还很不完善,没有充分发挥出现代科技的作用。

3. 步行交通存在的问题

目前,步行交通中存在的问题主要是重视不够、设施不足、人行道不连续、部分街道过街困难、部分地方管理秩序欠佳、环境较差、交通事故率偏高,还有少数城市把重要的人行道改为行人与非机动车合用,给行人特别是老年人带来很大困难。

4. 人行步道的管理要求

从工程设施方面考虑,步行道的线形平面上要顺,视线开阔,纵向要连续,不要忽高忽低,路面要平稳,不要太光滑,宽度不要突然收窄或放宽,窨井盖与路面要大致齐平。要清除妨碍行人通行的电杆、广告牌、灯柱、电话亭、报刊亭等障碍物。

路口视距宽且开阔,交通繁忙的路上最好设人行天桥、地道,条件不足时要做好渠化,设置安全岛或行人护栏,夜间要加强照明,使行人能看清人行横道线与来往车辆,过宽的街道中间要设安全岛,保护行人。

5. 老年人、残疾人的人行交通管理与保护

对于行动不便的残障人士,也应在行人道规划设计中充分重视,做好无障碍系统的规划设计,并在设施上予以保证。

与此同时,要认真做好宣传教育工作。在公园或老年人、残疾人常去活动的场所举办有关交通安全图片展,经常播放交管部门与电视台合作拍摄的老年人、残疾人交通安全短片等。此外,交通管理部门在制订交通安全规定设施、信号等技术标准时,应充分考虑到残疾人与老年人生理、心理上的特点,使其尽可能遵守。

6. 对儿童、学生过街的保护

通常对儿童、学生过街采取的保护措施有:

①设置黄闪信号。在有学生或儿童过街处设置黄闪信号,把这种信号悬挂在道路上方并设“学校”字样的标志,引起驾驶员注意。

②限制车速。在有较多儿童或学生过街处(人行横道)对机动车采取限制车速。

③在学校或幼儿园附近儿童过街处设立“学校”或“儿童过街”字样的交通标志,提醒驾驶员谨慎驾车。

④建立专人负责制度。一般在有儿童或学生较多的过街人行横道处,由交通警察或专职安全员定时护送,可暂时中断机动车交通,让学生、儿童过街;也有些学校指派负责儿童过街的安全员,经短期培训后在学生、儿童过街处或路口负责保护学生与儿童横过街道。

7.人行横道的管理

(1)人行横道的意义和作用

人行横道特别是斑马线式人行横道,对于保障行人交通安全、维护交通秩序、提高道路通行能力等均有重要的意义与作用。人行横道的设置降低了行人过街的危险性,大大提高了行人过街的安全通过率,对保障过街行人的安全具有很大的意义。

(2)人行横道的规划原则

①尽可能让人行横道与行人流向一致,不强制行人不自然地迂回,让其顺利地沿原有的流向穿过人行横道,为行人创造方便、安全与舒适的行车环境。

②人行横道应尽量与车行道垂直,这可以使行人过街距离最短,可以减少过街时间,提高路口通行能力。

③人行横道要尽可能接近路口中心,但不影响机动车的通过,减少路口的交叉面积,缩小交叉口的范围,减少通过路口的时间。

④人行横道的长度一般应不大于15m,如超过此值,中间应设安全岛,维护行人安全,且应让驾驶员容易看清人行横道的位置;其宽度应视过街行人交通量计算,通常不小于4m,支路相交也不应小于2m。总之,人行横道规划应视实际情况充分满足行人需要,并留有余地。

四、未设置信号灯控制交叉口的管理

目前我国城市道路设置信号控制的交叉口虽然日益增多,但是仍有大量应设置交通信号灯的交叉口,由于种种原因没有设置信号灯。如何管理好这些交叉口,对于改变城市交通的紧张状况,提高车速,增加通行能力和保障行驶安全具有重要的现实意义。下面介绍这类交叉口的交通组织管理方法。

1.多路停车(安全停车)让行

设置多路停车标志或信号需要有工程技术资料的依据。根据我国近年来的经验,认为应有以下依据:

①交通量较大,由于经济或其他原因,尚未安装信号灯之前,采用多路停车管制,作为临时措施。

②对于在全年记录中有5起或更多直角碰撞(人身伤害)或左转弯撞车事故的交叉口,应采用多路停车。

③当交通流量满足下列四项中任何一项时,可以实施多路停车让行控制。

a.进入交叉口的总车辆数,在一个普通日(24h)内取任意连续8h时间段,其平均小时交通流量不小于500辆/h。

b.由次要道路上来的车辆和人流的混合交通量,在与上述a项相应的8h内平均≥200“单位/h”(车与人同样各按原单位计算),而且高峰小时期间次要道路上的车流平均延误时间达每辆30s以上时。

c. 当主要道路上85%的交通流进入交叉口的车速超过64km/h时,则降低a、b两项验证要求的30%。

d. 非机动车与过街行人交通量大,不设停车标志易产生混乱时。

2. 二路停车(单向停车)让行

单向停车保证主干路畅通。次干路或支路车辆停下来观察等待主干路车流有空隙时穿过,如果发生车祸,都由次干路或支路机动车驾驶员负责,因次干路、支路已设停车标志让主路先行,故每一场车祸均由次干路、支路驾驶员负责。

3. 让路控制

让路控制是要求次要道路上的车辆进入交叉口时,对能否利用主路车流空当通过,应预先估计,如果接近交叉口的安全速度在16~24km/h,应考虑设让路控制,它比停车让行控制对行车的限制更小。在道路合流端由于冲突点较少,让路标志也是可用的(因让路的“让”字含义有些含糊,发生车祸时交警不好处理,故很少采用)。

4. 不设控制(不设任何标志控制)

对于居民住宅区与工业区内部道路交叉口,由于流量不大、车速不高、本地区情况驾驶员熟悉,则可不设控制,但视距一定要有保证。在视距三角形内不应有任何障碍,如局部街道不得不留有视线障碍物时,则仍需设置单向停车或多向停车让行标志。

五、单向交通管理

单向交通是指一条道路上的车辆只能沿某一方向行驶,通常又称为单向行车、单行线、单向路或单向街道。如多条街道均为单向通行,并能相互衔接自成体系,称为单向交通系统。对于老城市,特别是有许多狭窄街道的城市,完全采用双向行车,则难以通过,采用单向行车可以开通公交线,有利于公交发展。因此,单向交通管理是利用现有街道系统、扩大公交覆盖率、解决交通拥挤、提高通行能力、减少交通事故最为经济有效的一种交通管理方式之一。

1. 单向交通的类型

①固定型:单向交通全天时间内车道上所有车辆均沿同一方向行驶。

②定时型:单向交通或潮汐式交通,部分时间单向交通,其他时间仍双向行车。

③可逆行的单向交通或称变向交通:对于流向非常不均,如KD>3/4时可实行逆向交通(KD为单向流量)。

④规定车种类型的单向交通(或称为专用车道):如公交专用车道或非机动车专用道等。

2. 单向交通的主要优点

单向交通由于按同一方向行车减少了对向行车的冲突与干扰、过交叉口的延误和碰撞,因此,在改善城市交通方面有以下主要优点:

①提高道路通行能力。国外长期实践经验和我国北京、上海和广州的统计表明,实施单向交通通行能力可以提高20%以上。

②增进交通安全。根据国内外经验,实行单向行车的道路事故大大降低。

③提高行车速度。伦敦一些街道实行单向行车后速度由12.9km/h上升到27.4km/h,美国《交通运输与交通工程手册》的统计资料表明车速可提高20%~80%。

④可充分利用狭窄道路。对于老城市的原有狭窄道路,若双向行车无法通过,组织单向行车就可利用原有狭窄道路。如上海、广州、南京等均有部分宽度不足7m的道路,如果组织单向行车,就有一部分可以利用。

⑤节约工程、运营与管理费用,减少房屋拆迁,提高道路利用率和公交覆盖率,还可使交叉口交通组织简化。

⑥减少停车次数和环境污染,便于实行面控、线控。

3. 单向行车的主要缺点

①因绕行而增加行程长度。

②公交乘客增加步行上、下车的距离。

③初施行时行人与外地驾驶员不易习惯。

④对于急救、消防等特种车辆常造成行车困难。

⑤对某些商业特别是零售商店可能产生不利影响,尤其是实行单向行车的初期。

4. 组织单向行车的基本条件

从原则上或总体上来看单向行车有很多优点,但具体实施还应从实际出发,认真调查、全面分析、谨慎决定,不仅要分析正面影响,还要分析其所带来的负面影响。组织单向行车一般应满足下列条件。

①在道路方面,最好是方格形路网,有大致平行且通行能力相近的道路,其间距不大于200~300m,以免绕行太远和便于组织配对行车。

②在交通方面,应有双向交通量大致相近且很少反向行驶的特种车辆。

③对车道数为奇数的道路,早晚双向流量相差较大,潮汐性显著的道路可实行逆向交通。

④主干路两侧有可利用的较窄的道路时,可组织单向行车或单车种行车。

⑤其他经分析论证整体性、综合效益均有较大提高的路段。

总之,应从线路的网络系统进行认真全面的分析,特别要做好行车组织的实施规划。

六、公交车辆的管理

在我国优先发展公交政策的指导下,公交车辆在路网上比重日益增大,已成为职工通勤、学生通学的主要工具。做好公交车辆的管理,对解决行路难、乘车难问题,缓解道路拥堵具有重大意义。公交车辆管理的措施主要有以下几个方面。

1. 设置公交车专用道

(1)目的

给公交车辆较多的道路使用权,以提高行驶速度,减少行程时间与延误,降低运输成本,提高公交车对乘客的吸引力和服务水平,更好地为城市大众服务。

(2)类型

公交车专用道按车辆行驶方向可分为顺向式、逆向式和可变式;按设置区位则可分为外侧式与中央式;按行驶时间又可分为全天式和高峰式(高峰时段采用);按其与一般车道的分隔方式,可分为物体分隔式或划线分隔式,物体分隔又分为隔离墩分隔或绿岛分隔。

(3)原则

①公交车专用道,应在不恶化或很少影响其他交通方式的原则下进行,因其最终目标是节省广大出行者的行程时间,在公交优先的同时也要尽可能少地影响其他交通。

②实行公交车专用道措施后,所取得的综合效益要好于实施前的状况。

③必须公众可以接受,在具体选用时必须充分考虑居民的意愿、态度和方案的可行性。

(4)条件

①道路的断面形式、宽度、机动车道条数、连续性与交通饱和度对公交车专用道有利,一般认为单向应具备两条以上的机动车道,如单向有 3 ~4 条则更佳。

②单向公交高峰小时客运量大于 5000 人次,并初步形成公交走廊,道路总宽度在 30m 以上为好。

③在有条件的交叉路口应设置专用的公交进口车道,使其不致在路口形成再次排队或拥挤堵塞无法通过。

(5)优缺点

优点是设置公交车专用道投资省、实施方便、见效快,容易显现公交的优势,提升服务水平,吸引乘客,缓解道路拥挤;缺点是非公交车辆行程时间与路口延误可能增加,速度亦可能有所下降。

2. 公交车辆优先通过

在繁忙的交叉路口为提高公交车辆的运行速度,减少在交叉口的时间延误,可规定公交车优先放行,而在路段上仍为公交车同其他车辆共行。

3. 设置港湾式停车站

在新设公交路线时应建立公交车辆专用的港湾式停车站,对于老的公交线路也应尽可能争取设置港湾式停车站,避免公交车停驻时造成路段堵塞。

第六节 高速公路的交通控制

高速公路以及附属交通设施的管理、控制,是保证高速公路上的车辆能高速安全运行的必要条件。高速公路具有投资大、通行能力大和车速高等特点,其管理的好坏对于运输效益有很大的影响。若管理控制措施与高速公路特点不能相适应,则高速公路即使按对应标准进行建设,也无法达到预期的效果,甚至使交通事故层出不穷,人民生命财产受到重大损失。因此,高速公路的控制与管理特别重要。

一、高速公路交通控制措施

高速公路的交通控制,一般采取下列措施:

①平时,为预防自然阻塞,一旦交通量超过道路通行能力,就实行控制,禁止车辆驶入高速公路。

②万一发生交通事故等紧急情况,为迅速解除由此产生的阻塞,实行控制驶出,禁止驶入的措施。

以上两项措施是为了维持高速公路顺利行车。

③随着高速公路的使用,常对其周围环境造成影响和损害。为了保护环境,应在道路交通将对人类造成危害时,实施交通控制。

高速公路交通控制的性质在正常情况下和紧急情况下是不同的,在正常情况下是为了预防自然阻塞,而在紧急情况时则以解除事故阻塞为目标。

二、高速公路交通控制的重点和方法

高速公路交通控制应以匝道处的控制为中心,即出入口处的控制。经验表明,高速公路的交通应该有一个最佳的密度和车速,低于此车速就容易造成时停时开的不稳定车流,大大浪费运行时间,并容易导致交通事故。控制出入口交通流可以保持车速-密度-间距的最佳组合,当然这首先取决于路上的交通量。

控制高速公路立体交叉匝道上交通流的方法,主要是在高峰期间使用设置在匝道上和邻近系统上的车辆传感器,将整个立体交叉系统的车辆运行情况,传送到交通管理情报中心,由电子计算机决定不同方向的路口中,哪些开放,哪些关闭,同时对整个系统的出入口发出信号,指示车辆按指定的方向运行,这样整个立体交叉系统就能获得车速-密度-间距的最佳组合。

三、高速公路交通管理系统的组成

高速公路现代化交通管理系统按功能划分,可分为通信系统、监控系统、收费系统和电源系统四大部分,每个系统又包括若干个功能单元,每个功能单元完成一些特定的功能。该系统组成如图 8-14 所示。

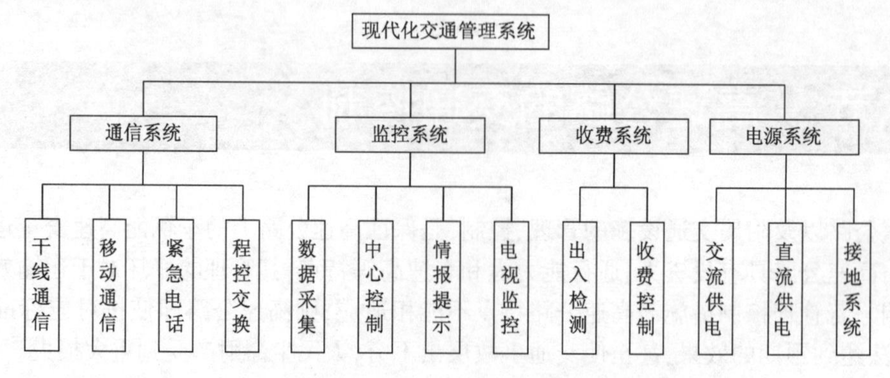

图 8-14 高速公路现代化交通管理系统组成框图

通信系统包括干线通信(微波、光纤等)、移动通信、程控交换、紧急指令等系统设备,完成的主要任务是,根据规定的技术要求确保全系统数据、命令、图像及语言传输的及时性和准确性。

监控系统包括数据采集(主干线和匝道)、中心控制、情报显示、电视监视等系统设备。其主要完成实时采集、记录和显示交通流数据、事故信息、气象信息;并据此判断各路段的交通状况,发布交通控制信息,对全线交通状况进行控制和调度。

收费系统包括出口检测、入口检测和收费控制等系统设备。其实现的主要功能:收费口交通量统计和车辆分类;按标准收取通行费并发放收据;汇总、整理收费的有关数据和交通流数据,传送到上一级计算机和监控中心进行处理,并根据监控中心发布的命令,对出入高速公路的车辆进行控制和调节。

电源系统包括交流供电、直流供电、接地系统及路面供电系统等设备。其主要功能:按照规定的技术要求,不间断地对机房内部设备和外部终端安全供电。

四、监控系统

监控系统是利用电子技术和电子计算机系统,从事高速公路管理业务,对道路安全、交通状况等进行实时监视和控制,从而达到“安全、高速、舒适、方便”的目的。这里所谓的“监视”,就是利用路面、路旁的数据采集、监测设备和人工观察,对道路交通状况、路面、天气状况、设备工作状况等进行实时观察和测量,并通过传输系统传送至中心控制室。所谓“控制”,就是指利用监控中心控制计算机或监控员实时处理系统的各种数据,按照一定的模式进行分析、判断和决策,并将最终决策结果和控制命令通过传输系统传送至路上驾驶员信息系统、收费口控制设备或匝道控制设备,将路况及各种控制信息提供给驾驶员,使驾驶员能采取相应的措施和做好心理准备,以保证行车安全,提高行车效率;对引起延误的事件,迅速响应,提供紧急服务,快速排除事件,把事件引起的延误控制到最小,从而达到调节和控制道路交通状况的目的。

由上述可知,高速公路监控系统是为了解决高速公路运营中存在的两个主要问题——拥挤与安全而建立起来的。通过建立完善的高速公路监控系统,可以减少高速公路常发和偶发性拥挤的影响,保障运行安全,并提供必要的信息,帮助使用者有效利用高速公路的设施,缓解他们在脑力和体力方面的紧张情绪。同时,如果道路使用者在高速公路上遇到困难,还可以为他们提供及时的援助。

1. 交通管理与交通控制的概念、目的和作用各是什么?
2. 交通管理与控制的原则是什么?
3. 交通管控包括哪些内容?
4. 什么是交通法规? 有何特性?
5. 什么是交通标志? 可分为哪几种?
6. 交通标志的三要素是什么?
7. 什么是交通标志的视认距离?
8. 交通标志设计的原则有哪些?
9. 什么是路面标线? 其可分为哪几种?
10. 平面交叉口的管控方式有哪些? 具体的一个平面交叉口如何选择其管控方式?

11. 机动车行驶管理包括哪些内容?
12. 如何对行人交通实施管理?
13. 交叉口交通信号灯各种灯色的含义是什么?
14. 在什么情况下,一个平面交叉口需要采用信号灯管控?
15. 交通信号的主要参数有哪些? 其如何取值?

道路交通安全

本章导读

本章主要介绍交通事故种类、交通事故调查方法、交通事故成因分析、预防交通事故应采取的安全措施。通过本章的学习，学生应具备进行交通事故调查的能力、提出合理的交通管制措施以预防交通事故的能力。

教学目标

1.知识目标

(1)了解交通事故的成因。

(2)熟悉交通事故的现象和种类。

(3)掌握交通事故的调查方法。

2.能力目标

(1)能进行交通事故的调查与分析。

(2)能提出预防交通事故的措施。

3.素质目标

(1)培养学生的交通安全法治意识和珍爱生命的意识。

(2)培养学生保护交通中弱势群体的人文情怀。

思政课堂

"让"出温情斑马线

在崇左市江州区山秀路与龙峡山路的十字路口处和广西民族师范学院附属中学门前路口处，有行人经过斑马线时，过往的车辆都会自觉地停在斑马线前，为行人让行。"这种情况在崇左市还是很常见的，我平常出门买菜的时候会遇到车辆主动让行，心里面感觉还挺温暖的。"正在等待绿灯通行的黄阿姨说。

对于机动车驾驶员来说,礼让行人应成为一种习惯、一种常态。“如果行人走到斑马线的一半了,即便不是绿灯,我也会停下来让他们先走。像在学校路段,学生、行人很多的时候,如果着急开过去,很容易发生事故,所以我平时都会注意礼让行人,让他们先走。”车主施师傅说。

行驶到斑马线前,车流停下来,让行人先过;而行人点头致谢,疾步通过,这样的情景正在全国各地上演。斑马线,成了温情线!

第一节 概述

一、道路交通事故与安全

道路交通安全一般理解为在交通过程中不发生交通事故。不发生事故的概率大,交通安全度大;反之,交通安全度小。

现今的交通事故,不仅涉及交通部门、公安部门,而且已经发展成为一个社会性的大问题,它涉及各个单位、部门、行业,几乎与所有的人有密切关系。道路交通事故已经被逐渐成为当今社会的一大公害。

自汽车问世以来,交通事故也就随之而来,大量的交通事故给每一个国家造成的人员伤亡和经济损失都是巨大的。世界卫生组织的报告指出(2018 年发布),全世界每年因交通事故死亡的人数达 135 万人,5 ~29 岁儿童及年轻人最主要的死亡原因是交通事故。

在我国,交通事故的发生同样可怕,尽管我国在改善道路状况和加强安全管理方面做了大量的工作,但情况仍是非常严峻。据不完全统计,2010—2019 年,我国共发生道路交通事故约 213 万起,死亡约 62 万人,受伤 229 万人,直接经济损失约 115.6 亿元。

二、交通事故的定义和分类

1. 交通事故定义

根据《道路交通安全法》给出的定义:交通事故是指车辆在道路上因过错或者意外造成的人身伤亡或者财产损失的事件。

我国交通事故中发生的“伤”是指医生证明需要休息 1 天以上者,或有骨折,或皮肉裂伤需要缝合者,或脑震荡者;“亡”是指主要因交通事故而造成的在事故后 7 天内死亡者;“财产损失”是指直接经济损失 20 元以上(城市道路)或 50 元以上者(公路)。

2. 交通事故的构成要素

从以上对交通事故的定义中可以看出,构成交通事故应具备 7 个缺一不可的要素。

(1)车辆

交通事故各方当事人中,必须至少有一方使用车辆,包括机动车和非机动车。车辆是构成交通事故的前提条件,无车辆参与则不认为是交通事故。例如,行人在行走过程中发生意外

(如碰撞或自行跌倒),致伤或致死均不属于交通事故。

(2)在道路上

这里的道路是指公用道路,即《道路交通安全法》规定的"公路、城市道路和虽在单位管辖范围但允许社会机动车通行的地方,包括广场、公共停车场等用于公众通行的场所"。

(3)在运动中

在运动中即在行驶或停放过程中。停放过程应理解为交通单元的停车过程,而交通单元处于静止状态停放时所发生的事故不属于交通事故。

(4)发生事态

发生事态即发生碰撞、碾压、刮擦、翻车、坠车、爆炸、失火等其中的一种或几种现象。若没有发生上述事态,而是行人或旅客因其他原因(如疾病)造成死亡的不属于交通事故。

(5)违章

当事人有违反《道路交通安全法》和其他道路交通管理法规、规章的行为,依法追究其肇事责任,以责论处,予以处罚。

(6)过失

过失是当事人因疏忽大意没有预见到应该预见的后果或已经预见而过于自信可以避免,以致发生损害后果。即造成事态的原因是人为的,而不是因为人力无法抗拒的自然原因等造成的事故。

(7)有后果

交通事故必定有损害后果,即人、畜伤亡或车、物损坏,这是构成交通事故的本质特征。因当事人违章行为造成了损害后果,才算交通事故;如果只有违章而没有损害后果,则不能算作交通事故。

以上7种要素可以作为鉴别道路交通事故的依据和必要条件。

3.现象

交通事故现象,也称为交通事故的形式,即交通参与者之间发生冲突或自身失控造成肇事所表现出来的具体形态,基本上可分为碰撞、碾压、刮擦、翻车、坠车、爆炸和失火7种。

交通事故发生的现象有的是单一的,有的是两种以上并存的。对两种以上并存的现象,一般按现象发生时间的先后顺序加以认定,如剐擦后翻车认定为剐擦,碰撞后失火认定为碰撞等;也有按主要现象认定的,如碰撞后碾压认定为碾压。

4.交通事故分类

对交通事故进行分类,目的在于分析、研究和预防、处理交通事故,同时,也便于统计和从各个角度寻找交通事故对策。分析的角度、方法不同,对交通事故的分类也不同。

按事故责任可分为机动车事故、非机动车事故、行人事故。

按事故后果可根据人身伤亡或者财产损失的程度或数额,交通事故可分为轻微事故、一般事故、重大事故和特大事故,见表9-1。

①轻微事故:是指一次造成轻伤1~2人,或者财产损失机动车事故不足1000元,非机动车事故不足200元的事故。

②一般事故:是指一次造成重伤1~2人,或者轻伤3人以上,或者财产损失不足3万元的事故。

③重大事故:是指一次造成死亡1~2人,或者轻伤3人以上10人以下,或者财产损失在3万元以上6万元以下的事故。

④特大事故:是指一次造成死亡3人以上,或者重伤11人以上或者死亡1人同时重伤8人以上,或者死亡2人同时重伤5人以上,或者财产损失在6万元以上的事故。

以上标准只要达到其中一项即可定为相应类别事故。

道路交通事故分类标准　　表9-1

<table>
<tr><th>项目</th><th>轻微事故</th><th>一般事故</th><th>重大事故</th><th colspan="3">特大事故</th></tr>
<tr><td>死亡(人)</td><td>—</td><td>—</td><td>1~2</td><td>≥3</td><td rowspan="2">1且≥8</td><td rowspan="2">2且≥5</td></tr>
<tr><td>重伤(人)</td><td>—</td><td>1~2</td><td>3~10</td><td>≥11</td></tr>
<tr><td>轻伤(人)</td><td>1~2</td><td>≥3</td><td>—</td><td>—</td><td>—</td><td>—</td></tr>
<tr><td>直接经济损失(元)</td><td><1000(机动车)
<200(非机动车)</td><td><30000</td><td>30000~60000</td><td colspan="3">≥60000</td></tr>
</table>

第二节　道路交通事故调查

一、交通事故调查的目的与意义

交通事故调查是指交通事故发生后,由公安交通警察及时赶到肇事现场,进行必要的量测、拍照、听取当事人汇报和目击者的说明、填写调查表格、分析原因、明确责任。

交通事故调查有助于查清事故原因,确定违规责任,是必不可少的政策性很强的工作,并能为今后防止和减少事故的发生提供有效的依据。

二、现场勘查

1.现场勘查的含义和内容

现场勘查是对交通事故现场的情况(当事人、车辆、道路和交通条件),用科学的方法进行时间、空间、心理和后果的实地验证和查询,并将所得结果进行完整而准确记录。现场勘查是获得客观资料的唯一途径,是交通事故处理的核心。

现场勘查的具体内容如下:

①人:当事人、驾驶员、有关乘客、行人、受害人及可以作证人员的性别、年龄、生理、心理情

绪、精神状态、体质、家庭情况等。

②车:有关车辆的车号、牌照、驾驶员执照、转向系统操作性、稳定性、制动系统、运行方向、速度、线路、相互位置、印痕长度、碰撞点等。

③路:道路等级、性质、交叉角度、线形、直、曲、宽度、路面状况、纵坡视距等情况。

④环境:事故周围房屋、树木、标志、标线、照明、天气、湿度、温度、风雪等。

⑤时空区位:事故发生的准确时间、前后状况、空间场所、车辆运行、碰撞的相互位置、散落物等。

⑥后果:事故状况,严重程度,人员伤、亡、致伤致残的部位、器官与主要原因,车物损失及损坏情况等,并按有关标准进行划分。

在交叉路口还应绘制事故类型示意图。

2. 现场勘查顺序

根据现场的具体情况,一般遵循如下勘查顺序:

①按照事故过程的先后顺序进行调查。

②从中心(接触点)向外围调查,适用于现场范围不大、痕迹及物体集中的现场。

③从外围向中心调查,适用于现场范围较大、痕迹及物体分散、中心不明确的现场。

④分片、分段的调查,适用于范围分散、散落物及痕迹凌乱的现场。

⑤从最容易受破坏的地方开始调查,适用于痕迹、物体容易受自然条件(风、雨)或过往人、车破坏的现场。

3. 现场勘查方法

现场勘查方法有人工勘查法、无人机勘查法等。

①人工勘查法。人工勘查法是指由交警进入事故现场,按照有关法规和标准的规定,拍摄现场照片,绘制现场图,提取痕迹、物证,制作现场勘查笔录(图 9-1)。一些大型且比较复杂的事故现场,现场照相、勘查、绘图都需要投入很多警力,手工测量、绘图导致事故现场勘查工作需要较长时间才能完成。

②无人机勘查法。无人机勘查法是指无人机搭载摄像头和三维扫描仪等设备对交通事故现场进行勘察和记录(图 9-2)。通过无人机的高空俯瞰和三维扫描,可以快速获取事故现场的信息和证据,为交通事故的调查和处理提供有力支持。

图 9-1 人工勘查法

图 9-2 无人机勘查法

使用无人机勘查现场,可以大范围进行事故现场拍摄,使现场勘查更加直观、高效,确保事故现场勘查精准、便捷。使用无人机处理交通事故,既降低了民警处理事故和勘查数据的危险性,也避免了二次事故发生,切实体现了科技强警。

4. 现场勘查项目

(1)确定并监护事故当事人

事故当事人指车辆驾驶员、受伤(死亡)人员和其他有关人员。根据事故的基本情况,尽快确定当事人,并展开调查,同时注意做好当事人的监护工作,以防互相串供,严重的甚至要防止其自杀、被杀等情况发生。记录各类当事人从各自一方对事故发生的过程、原因进行的陈述。对重点当事人应进行详细的调查。

(2)车辆调查

对交通事故车辆技术状况进行检查和鉴定,对与交通事故有直接关系的乘员、装载情况进行了解和认定。其主要内容包括转向、制动、挡位、轮胎、喇叭、灯光、后视镜、刮水器及乘员、装载等具体情况,必要时可做机械内部鉴定。

(3)道路及环境调查

道路及环境条件与交通事故的发生有密切的关系,必须进行认真检查和鉴定,以分析交通事故原因,吸取教训和提出改进措施。主要内容有:路面状况、路基、车道宽度、路边构造物、标志标线、周围照明及干扰情况、桥涵的质量、道路的纵坡、弯道的超高、视距等。

(4)人体伤害鉴定

人体损伤的部位和程度与事故的性质和原因有一定的联系,根据当事人身上的损伤情况,可判断其与车辆接触的部位、接触角度和接触状态。当交通事故造成人员伤亡时,应对其损伤进行检验,查明伤害的部位、数目、大小、颜色等特征,以及伤残程度、致命部位及致死原因等。

5. 现场勘查记录

(1)现场摄影

以摄影的方式把与事故有关、不便提取、用文字及绘图难以表达的痕迹和散落物等物证准确清楚地记录下来,为分析研究和处理事故提供有力证据。

(2)现场绘图

交通事故现场图是按照投影关系和比例,将事故现场上的道路、有关车辆、伤亡人员以及其他有关物体、痕迹的具体位置,以比较简明的形式表现出来的一种特殊的专业技术图。现场图必须如实地、准确地反映交通事故现场的实际情况。事故现场撤除以后,交通事故现场图就成为分析事故的重要依据。交通事故现场图是现场勘查的重要技术文件之一,可作为法律证据使用。

第三节 道路交通事故成因分析

所谓交通事故的成因，指造成交通事故的各种因素。但是造成事故的原因多种多样，造成事故的因素也并不单一。一起交通事故往往包含多种事故因素，因此研究交通事故的成因，必须从多方面分析。具体分析其成因时，可分为人员因素、车辆因素、道路因素以及交通环境因素四个方面。

一、人员因素

这里所指的人主要是指造成交通事故的主要及次要责任人。据统计，90%以上的交通事故的发生或多或少含有人的因素，具体有驾驶员、骑自行车人、行人、乘车人等。因此，人是事故成因分析的主要对象。

不同性别、年龄和体质的驾驶员，其心理、生理、感知、分析、判断和反应均不可能完全相同。而感知迟钝、判断不准、操作失误在事故中占绝大多数，其中，感知迟钝所占比例较大，如疲劳、酒后驾车、注意力不集中等现象。判断失误也占有相当比例，主要是对对方的行动趋势做出了错误的判断，导致根据判断所采取的措施与实际发生的出现偏差，造成事故。操作失误主要是由于心理紧张或慌乱导致没有按合理的规定进行操作而发生事故。

二、车辆因素

车辆原因是引起交通事故的重要原因，主要表现在车辆性能差、机件失效和车辆带“病”行驶。虽然车辆因素较人的因素造成的事故比例小，但从预防考虑，仍然是一个重要因素。如车辆的转向系统、制动系统的稳定性、灵活性，车辆的性能、新旧、维修的好坏、加速、减速等也会对交通事故的发生有一定影响。

不同性质或行业的车辆、不同动力性能的车辆造成的事故也不相同。此外，在城市中，各机动车辆与自行车等造成的交通事故也有一定的规律性。表9-2为某城市不同交通方式交通事故比例。

不同交通方式的交通事故比例 表9-2

项目	机动车		自行车		摩托车		其他车辆		行人	
	次数	占比(%)	次数	占比(%)	次数	占比(%)	次数	占比(%)	次数	占比(%)
事故(起)	230	36.9	293	47.0	11	1.8	26	4.1	64	10.2
死亡	51	49.5	37	35.9	3	2.9	2	1.0	1	9.7
受伤	185	34.8	261	49.2	8	1.5	25	4.7	52	9.8

三、道路因素

道路原因主要表现在路面障碍和道路不符合标准。

1. 线形方面

道路的几何线形构成要素是否合理,线形组合是否协调,对事故有较大的影响。主要表现在以下几个方面。

(1)平曲线

平曲线半径的大小与事故的发生率关系较大,半径越小,发生事故的概率越大。

(2)竖曲线

竖曲线半径过小,易造成驾驶员视野变小,视距变短,发生事故。

(3)坡度

坡度的影响主要表现在汽车在下坡时,因坡度大而来不及制动或制动失效。

(4)线形的组合

交通安全不仅与平面线形、纵断面线形有关系,而且与平纵线形的组合协调有密切的关系,虽然线形标准符合规范要求,但组合不好仍然会导致事故的发生。主要原因如下:

①线形突变,长直线末端接小半径曲线或长陡坡下接急弯。

②在坡道上连续反弯,造成驾驶员视觉负荷过重。

③坡顶处急弯,视线不连续,造成翻车。

④短直线介于两同向曲线间,形成断背曲线,使驾驶员产生视觉错误,把路线看成反向曲线,发生操作失误,造成事故。

⑤凹形竖曲线过短,引起驾驶员对上坡估计过陡,造成碰车、翻车。

⑥凹形竖曲线底部插入小半径平曲线,迫使驾驶员仓促转弯,易引起交通事故。

2. 路面方面

路面状况的好坏与交通事故的发生有着密切的关系,路面的潮湿度、水的排除速度、表面的粗糙程度等均对交通事故有很大影响。表9-3为粗化前后交通事故数比较。

粗化前后交通事故数比较　　表9-3

粗化前后	路面干燥	路面滑溜	路面不湿而滑溜	路面积雪结冰	合计
粗糙化前	21	44	15	2	82
粗糙化后	18	5	4	0	27

四、交通环境因素

主要表现在交通量、交通组成、道路交叉口、行车速度及交通管理水平对交通事故率的影响。

(1)交通量与交通组成对交通事故率的影响

在道路因素和交通管制条件基本相同时,交通事故数量取决于交通流量大小。当交通量较小时,交通事故率较小,随着交通量的增加,交通事故率逐渐增大,当交通量接近道路通行能力时,事故率反而下降,在受约束(不稳定)行车状态下对应较小车头时距时,事故数量达到最高峰值。

道路交通事故不仅与交通流量大小有关,而且还受交通流中交通组成的影响。交通流中,车辆类型多,速度差别大,导致交通流紊乱,增加了超车要求,交通事故率随交通混合率增大而增加。

(2)道路交叉口对交通事故率的影响

交叉口是道路交通的枢纽,驾驶员在交叉口要穿过道路或实现转向,必然产生冲突点,这些冲突点就是交通事故的多发点,国外交叉口的平均事故率约占全部事故率的50%左右,在乡区公路上事故率要低一些。交叉口交通事故同交叉口的冲突点的数量有密切的关系,冲突点多,相应事故就多。所以,减少冲突点是降低事故率的主要方法之一。交叉口冲突点的数量可由式(9-1)得出:

$$C = \frac{n^2(n-1)(n-2)}{6} \tag{9-1}$$

式中:C——交叉口冲突点数量;

n——交叉口各方向道路条数。

距交叉口越近则事故率越高。距交叉口不同距离的交通事故发生率见表9-4。

距交叉口不同距离的交通事故发生率 表9-4

距离(m)	路口内	0~10	10~20	20~30	30~50	>50
交通事故发生率(%)	42.8	26.8	16.9	5.2	5.5	2.8

(3)行车速度对交通事故率的影响

一般来说,限制速度可以减少事故的发生。例如,1973年由于中东石油禁运美国车速由110km/h降到80km/h,事故率明显降低。

(4)交通管理水平对交通事故率的影响

法制不够健全,对交通的监控、管理、指挥水平低以及在执法过程中来自社会的大量干扰和少数执法者本身素质低而造成的执法不严等,都会严重制约交通管理水平的提高。

第四节 道路交通事故预防与安全措施

一、交通事故预防对策

交通事故预防对策包括预防和减少交通事故的计划、决策和各种管理与工程措施。主要包括以下方面:

(1)有计划地组织交通事故的分析研究

交通事故的分析研究是交通科学研究的重要组成部分,只有充分了解了交通事故的主要影响因素、事故发生的成因、规律、特点及其机理,才能有计划、有针对性、分清主次地制定有效的措施和方法。

(2)健全与完善交通法规、章程和条例

交通法规是交通参与者和交通管理人员共同遵守的行为规范,是处理交通违章和交通事故的法律依据。为适应交通运输业的迅速发展,应及时补充、修订和完善各种交通法规、章程与条例。

(3)加强道路等基础设施的建设

道路等固定设施是交通运输的渠道,是车辆赖以通行的基础,既要有一定的数量,有一定的路网密度、一定的道路面积率,又要有较高的线形质量,有坚固平整的路面和相应附属设施。

(4)加强交通安全教育宣传

交通安全教育要广泛、深入、持久地进行,对于中小学学生更应经常进行安全教育,以期不断提高交通参与者的素质和交通管理水平。

(5)严格取缔违章行为

对各种违反《道路交通安全法》及省(区、市)交通法规的行为,要依法严肃处理。特别是严重的、带有普遍性的违章不能手软,并尽可能将处罚与教育相结合,做到处一儆百。

(6)科学地组织与管理城市交通

科学地组织与管理好城市交通,合理做好城市的宏观控制和交通规划,均衡利用路网上一切可以利用的道路,减轻城市主干线及主要交通枢纽的交通流量,有利于实现交通流空间与时间的分离和隔离,减少冲突,保证交通安全。

(7)加强事故伤害的急救工作

认真做好交通事故伤害的急救工作,主要从建立急救业务体制和急救医疗机构两个方面着手,同时开展驾驶员事故伤害急救知识培训,使他们掌握事故现场急救方法,能够积极、正确、有效的自救、互救,对于减少事故死亡率、挽救伤员均有着十分重要的现实意义。

二、交通事故预防措施

(1)改善线形与交叉路口设计

道路线形的几何要素设计,要保证行车安全。交叉口设计时要充分保证视距,设置标志、标线,并经常维护,交叉范围内的树木要注意剪修,以不妨碍驾驶员与行人视线为原则。

(2)强化交通安全设施

为了防止驾驶员过失,防止路面湿滑造成翻车、碰撞、车辆滑落,应在适当路段设置柔性或刚性护栏与安全带,以期缓冲碰撞并保护车辆及乘客安全;设置分隔带,分离上下行车、快慢车道及车辆与行人等,分隔带可做成一定宽度的带状构造物,若道路宽度不足,宜用栅栏分隔;设交通岛、导流岛、安全岛、分车岛,做好渠化工作,以控制车辆行驶方向,防止冲撞和刮擦,并保护行人;设人行横道,在车流与人流较为集中的路口,为确保交通安全,需要设置行人专用通道,必要时考虑设置过街天桥或地道。

(3)加强交通管理与控制

道路标志、标线要认真管理,按规定设置,并固定专人经常维修、养护,保持标志、符号、文字、图案的清晰并能正确发挥作用;视道路与交通情况安装信号机、电子警察或其他控制、管理设施;改善路况,清除障碍物,保证视距畅通,对瓶颈地段要设法拓宽;设置诱导性标志或各种视线诱导物,指明道路走向;加强日常交通管理,严格控制施工占路堆物,严格禁止在人行道上摆摊设点。

(4)提高驾驶员素质与驾驶水平

大量的交通事故资料统计表明,50%以上的交通事故同驾驶员的操作行为有关,因此提高驾驶员的素质对保证交通安全有重要作用。驾驶员应有良好的身体素质和心理素质,包括视觉、听觉、反应动作的准确性以及冷静沉着的心态等。须要求驾驶员遵守职业道德,遵规守纪,严格执行交通法规。

(5)提高车辆安全性

汽车的安全性分为两大类,一类叫作“主动安全性”,所谓主动是指防范于未然,是使车轮悬架、制动和转向的性能达到最好的程度,尽量提高汽车行驶的稳定性和舒服性,减少行车时产生的偏差。安装制动防抱死装置(ABS)、安装驱动防滑装置(ASR)、安装电子稳定控制装置、安装碰撞警示装置、定期更换零部件等措施,可提升汽车的主动安全性。另一类叫作“被动安全性”,是指事故发生时汽车保护内部乘员及外部人员的安全程度。加强车身结构、配备安全气囊、安全带、儿童座椅和可调节头枕等措施,可提升车辆的被动安全性。

(6)安全措施效果评价

道路交通安全措施的主要效果是防止或降低事故发生与人员伤亡。因此,安全措施的投资与效果评价,既要考虑经济因素,又不能单纯用货币来检验。但为了提高投资的效益,又必须进行多方案的比较分析。这可以通过安全措施实施前后的死亡人数多少或交通事故率的大小来进行比较,以判断其效果的好坏。争取用同样的投资取得更大的效果,即挽救更多生命,减少人员伤亡和财物损失。

交通安全涉及社会、经济、法规、文化素质等各个方面,既包含文化意识方面因素,也包含具体的技术设施及管理方面的因素。因此交通安全防范工作是一个系统工程,要治理交通,加强交通安全保障措施,还必须从整个安全系统方面综合治理。

1. 构成交通事故的主要因素有哪些?
2. 交通事故调查有哪些内容?
3. 引发交通事故的因素有哪些?
4. 防止或减少事故发生的措施有哪些?

第十章
CHAPTER TEN

停车设施规划与设计

本章导读

停车规划与设计是综合交通规划的组成部分之一。本章重点介绍城市停车相关问题,主要包括对城市停车问题的原因分析、车辆停放特征、停车调查、停车需求预测、停车场分类和设计等内容。

教学目标

1. 知识目标

(1)了解城市停车问题及其产生的原因、停车场的三种类别划分。

(2)熟悉车辆停放特征参数、停车调查的内容和方法。

(3)熟悉三类停车需求预测模型、路边停车场与路外停车场的总量配置及其布局。

(4)掌握机动车停车场及非机动车停车场规划设计相关问题。

2. 能力目标

(1)能够组织实施停车调查及进行问题分析。

(2)能够分析机动车及非机动车停车场规划存在的问题并提出初步解决方案。

3. 素质目标

(1)培养学生一定的智慧交通创新意识和科技报国的家国情怀。

(2)培养学生较好的团队协作精神、一定的沟通组织能力和精益求精的职业素养。

思政课堂

多元、智能、共享——上海宝山最大 P + R 停车场完成升级改造

P+R 停车场一般是建设在轨道交通站点附近的公共停车场,可以帮助市民在“自驾模式”和“轨交模式”之间自由切换,最大限度地享受“效率 + 实惠”的低碳出行福利。

上海市宝山区大场镇拥有上海西北部地区最大的 P+R 停车场,其位于沪太路和江场西

路交会处的东南，与轨道交通7号线站点、日月光商场、上海长途汽车北站“比邻而居”，通过重新设计引导标线、升级智能收费系统、配置空余车位数量显示屏等多种措施，原停车场完成了升级改造。从运行情况来看，市民找车位的效率比以前明显提高，平均每辆车的收费操作时间直接减少了5~10s，轨交换乘司机还能享受换乘停车优惠。通过多元化、智能化、共享化等一系列措施，上海市着力破解群众“停车难、停车贵”的问题，让群众停车越来越方便。

第一节 概述

城市停车问题是城市化进程和机动化过程中出现的问题，当今世界上许多大、中城市的停车难已经成为一个突出的交通问题，我国也不例外。“停车难”已成为困扰我国城市交通健康发展的主要问题之一。停车设施的合理规划设计，对解决道路拥挤、减少交通事故、提高道路通行能力都有很大的意义。

一、城市停车问题

随着汽车保有量不断攀升，交通越来越堵，停车设施供给不足，停车位存在极大缺口，城市“停车难”问题凸显。城市停车问题是停车需求与停车设施供给的矛盾；是停车空间扩展与城市停车用地安排不足的矛盾；具体表现为停车设施供不应求、车辆占道停放、车辆乱停乱放、车辆抢道停放现象普遍等。城市停车问题对城市市容以及通行效率产生严重影响，因停车问题引发的纠纷屡见不鲜，成为道路交通事故发生的一大诱因。

城市停车问题存在三个基本特征：一是城市中的车辆大部分处于停放状态；二是车辆停放需要占用一定的空间，这包括停车车位和进出车位所需要的行车通道的空间，该空间的面积通常为车辆本身的水平投影面积的2~3倍；三是每辆车需要的停放空间包括其出行起点、终点，停放空间不止一处。

二、城市停车问题产生原因

1.停车设施现状

城市停车问题表现在实际停车设施远不能满足注册车辆的停车需求。

(1)历史遗留因素

我国较早时期的住宅区停车设施配建不足，导致老住宅区产生“停车难”问题。随着各地相继出台建设项目停车场配建新标准，新建建设项目停车位配建逐渐增多。但目前仍不能满足人们的实际停车需求。

(2)汽车持有量增幅大

据2020年4月9日国务院联防联控机制新闻发布会，我国的汽车是从20世纪90年代初开始进入家庭，汽车年产量和销量从原来不足一百万辆持续增长到近年来的2800万辆左右，连续多年位居世界第一。目前,我国全国汽车保有量大约在2.6亿辆左右,千人汽车保有量从原来不到10辆快速增长到180多辆,达到全球平均水平。城市停车设施容量的增长远远滞后于车辆保有量的增长,两者之间存在较大缺口。

2. 停车设施缺乏系统规划与合理利用

虽然存在"停车难"的问题,但现实中每一辆车都有位置停放。因此,城市停车问题严峻,本质上是源于缺乏系统规划和合法合规的停车设施建设。

现阶段停车设施资源无法完全做到信息共享或存在管理层面的问题,而导致未合理高效地利用。若能够实现车位信息共享,将具备条件的写字楼、小区、酒店等现有的停车场向社会开放,将缓解停车位紧张问题。

3. 停车设施管理问题

由于停车设施紧张,触发了一些占用公共停车位的现象,导致其他有停车需求的车辆无法停放,增加了停车设施经营管理难度;而对长期的车辆占道停放、车辆乱停乱放,缺乏有效的管理手段。这也增加了城市停车问题的解决的难度。

停车设施收费问题也导致了供需失衡。2015年国家发改委开放停车收费标准,收费标准由经营者自定,此次价格放开则成为物管企业上涨停车费的契机,导致存在高价停车设施停不满,平价或免费停车设施爆满的不均衡情况。

第二节 停车场分类

停车场是供车辆停放之场所。停车场包括仅划停车格而无人管理及收费的简易停车场,以及配有出入栏口、泊车管理员及计时收款员的收费停车场。现代化的停车场常有自动化计时收费系统、闭路电视及录影机系统。不同类型的停车场,其停放车辆、服务对象、场地位置、土地使用和管理方式均不同。

一、按停车设施所处位置分类

1. 路边(路内)停车场地

路边(路内)停车场地是在道路的用地控制线(红线)以内划定的供车辆停放场地,包括公路路肩、城市道路路边、较宽的绿化带内、人行道外绿地圈划的临时停车车位或利用高架路、立交桥下的空间停放车辆。划定这些停车用地要视交通情况而定,多采用标志或标线规定范围。

路边停车特点是设置简单、使用方便、用地紧凑、有效利用空间、投资少,适宜车辆临时停放。其缺点是减少了道路的有效宽度,减少了道路的容量,干扰车流,易发生事故。

2. 路外停车场地

路外停车场地是在道路用地控制线外专门开辟兴建停车场,包括社会停车场、停车库、停车楼、各类建筑(如商场、宾馆、码头、车站、生活区等)附近的停车空间等。大城市中停车库和停车楼是路外停车主要设施。

停车楼的形式有坡道式和机械提升式,前者由驾驶员驾车从坡道上进出停车楼,后者是采用升降机与传动带机械运送车辆到停车位上。停车库大多建在地下空间,结合城市规划和既有工程建设,例如建在公园、绿地、道路、广场及建筑物下面等,是节省建设用地的有效措施。这类停车场由停车位、出入口、通道、主体结构和其他附属设施(如通风、防火、通信、给排水等)组成。

路外停车场普遍存在存车、取车不如路边停车方便且步行距离长等特点,同时其优点是功能明确、设施齐全、使用安全、容量大、投资大。为缓解停车难问题,当前我国很多城市均已建有停车库和停车楼,人们已经逐渐适应这类停车场。

二、按停车车型分类

1. 机动车停车场

机动车停车场主要为各类机动车停放服务,除专业车辆以外,大部分停车场均以小型汽车为标准车进行规划设计。

2. 非机动车停车场

非机动车停车场包括各类型自行车停放处,以及人力三轮车、助力车、共享单车等停放场地。在我国城市里,非机动车停放场地比机动车要分散得多,设施也简陋得多。

三、按停车设施服务功能分类

1. 专用停车场

专用停车场是指专供特定对象(企事业单位、居民小区住户、公用建筑设施业务活动出行者)车辆停放的场所。专用停车场大多按建筑配置标准和车种需要进行规划设计。

2. 公共停车场

公共停车场是根据城市规划建造以及公共建筑配套建设,为非特定人群提供车辆停放服务的停车场。公共停车场通常设置在城市的商业中心、城区分区中心、交通枢纽点以及城市出入口附近等停车需求集中的地段。

第三节 车辆停放特征与停车调查

一、车辆停放特征

通过以下参数来描述车辆停放的主要特征,包括:

①停放目的,指出行活动中有目的的路边或路外停放,停放目的与出行目的一致,例如上班、上学、业务、购物、娱乐、回家等。

②停放时间,指车辆在停放场实际停放时间,它是衡量停车处交通负荷与效率的基本指标之一。其分布与停放目的、停放点土地使用等因素有关。平均停放时间是指在某一停车设施上,全部实际停放车辆的停放时间的平均值。

③停车供应,指一定的停车设施区域内按规范提供的有效车位数。

④停车需求,指给定停车区域内特定时间间隔的停放吸引量,一般用代表性日的高峰期间停放数表示。停车需求的发展与城市人口规模、经济发展状况、城市写字楼的占地面积和吸引强度等有着密切的关系。

⑤停车设施容量,指给定停车区域或停车场有效面积上可用于停放车辆的最大车位数。

⑥累积停车数,指停放点和区域内在一定时刻实际停放车数量。延停车数指一定时间间隔内调查点或区域内累积停放次数。

⑦停车密度,指停车负荷的基本度量单位。停车时间密度指停车吸引量(存放量)大小随时间段的变化程度,一般高峰时段停放密度最高;停车空间密度指在同一时间段内在不同停车点(场)停车吸引量(存放量)的变化程度。

⑧停车指数(饱和度、占有率),指某一时刻(时段)实际累计停放量与停车设施供应量之比,它反映停车场地拥挤程度。高峰饱和度指高峰时刻累计停放量与设施供应量之比。

⑨停放周转率,表示一定时间段内(一日或几个小时等)每个停车位平均停放车辆次数。即总停放累计次数(延停数)除以停车设施泊位容量的比值。

⑩利用率,表示在一定时间段内单位停车位的使用效率。

⑪步行距离,指停车存放后至出行目的地的实际步行距离,反映停车设施布局的合理程度。

二、停车调查内容

停车调查是指对停放车辆的需求和供应情况以及停放特征的综合调查。具体包括调查区域内的最大停车数、累计停车数和停车供应(路内与路外),不同停放地点、停放时间的停车周转率,停车目的、停车至目的地的步行距离(或时间),以及停车收费和停车管理规定、出行停车决策的行为调查等。停车调查对交通治理和动态交通疏解都有重要意义。

1.停车设施供应调查

停车设施包括路内和路外停车场地的位置、容量和其他相应的特征资料。

①容量指停车车位数或面积。其中停车车位是指一个停车空间,其单位一般为标准小汽车的车位面积。路边停车容量应指法定的车位容量,在我国指公安交通管理部门划线或标志指定允许停车车位数。路外停车场(库)容量则指能实际使用的车位数。

②地点与位置。路边停车场应注明道路的具体分段名(路段地名)、部位(车行道、人行道)和路侧(东、南、西、北、中);路外设施应具体编号和用示意图表示停车车位的分布区域、数量。

③停车设施的耐久程度、设备情况以及标识指引与信息诱导设施。

④停车时间限制或营业时间。

⑤管理经营,包括归属、管理情况。

⑥收费标准。

2. 停车行为特征调查

停车行为主要是指驾驶员对停车地点的搜寻和选择行为，又被称为停车选择行为。它与驾驶员个人的社会经济特性、出行目的以及停车设施等因素有关，主观倾向性较强，不同驾驶员对停车场的要求和选择有共同之处，也有较明显的差异。

了解驾驶员的停车行为，将有助于进行停车政策措施的制定和执行，是停车设施合理规划布局的重要依据。调查结果一方面将用于定性分析驾驶员对停车场各属性、相应的停车管理措施、收费政策的反应，确定停车者决策属性的变化规律，以此作为停车设施系统规划考虑的重要因素；另一方面用于建立停车行为模型，定量分析停车者的行为规律及其影响因素。

3. 停车特征调查

停车特征调查主要掌握城市停车规律，为停车需预测及规划做准备。主要调查内容包括停车场车位利用状态、停车场服务对象及范围、停车需求的分布、停放周转率、停车目的、步行距离等。

三、停车调查方法

停车调查方法往往因调查目的不同有所区别。国内外的实践说明，不能指望用一张调查表包含停车调查全部目的，一般采用实地观测和询问相结合的方法较为理想。传统停车调查方法有询问调查、发放表格调查、直接观测调查。新科技手段下的停车调查方法为自动数据采集、航测调查。

1. 询问调查

该方法是由调查员根据调查内容向驾驶员直接询问，然后填写调查表。此法简单明了、调查精度高，前期准备工作量小，调查工程量大，需要调查人员多。适用于调查规模小、时间短、停车少的地方。调查的内容尽量简单，一般采用抽样访问方法对驾驶员停放目的、步行距离、停放时间、管理意见等进行征询问答。

2. 发放表格调查

一种方式由调查员将调查表直接发放给驾驶员，由其填写内容，车辆离开时调查员将填好的表格收回。此种方法简单，需要的调查人员少，适用于调查规模大、车辆多的停车设施。但不同驾驶员对表格的理解程度会影响表格填写效率。

第二种方式是利用互联网的优势，制作电子调查表，通过网络发放给被调查人员，由其填写并在线提交，系统记录收取信息。这种方式方便、快捷，借助互联网的力量，大大节约了调查员的数量，后台统计数据整理工作效率也会大大提高。

3. 直接观测调查

该方法是由调查员直接观测并记录相关信息，适用于重要停车吸引处，例如火车站、码头、大型商业设施等。这些地方采用询问调查、发放表格调查的方式会造成交通阻塞。直接观测调查观测时间一天不得少于 8h，对一个区域的停车调查应安排一定数量的控制点。这种方法又可分为以下两种。

①机动车停放连续调查,是采用记车号方法在停车场出入口记录每辆机动车到达与离去的时间,并询问停放目的、距出行目的地的步行距离、起讫点等特征。这种调查工作较细,数据精度高,特别适合于公共建筑与专用停车场(库)的调查;缺点是数据整理工作量大。

②机动车停放间隔调查,指调查员在一规定间隔时间段(如10min、15min或30min)对指定停放场地上的车辆循环观测记录,间隔调查可分记车号与不记车号两种。记车号间隔调查是在每次巡回间隔调查时对车号,只要间隔时间选得合理,其精度仍然很高,此方法与连续调查方法一样,可获得丰富的信息,整理分析也较简便;不记车号的间隔调查,主要记录停放车辆数量。

4. 自动数据采集

随着科技的进步,停车管理设施的信息化功能日益完备,利用设备的信息采集功能获得大量信息,已经逐渐成为停车调查的主要手段,其主要有视频采集、牌照识别、磁卡记录、RFID等。

5. 航测调查

该方法采用先进的无人机航测技术,对地面停车场的实况进行空中拍照,通过对拍摄照片的分析来确定停车特征,对于大面积停放车辆调查比较适合。

该方法的优点是能留存交通状况影像,真实、直观,可以调查较大范围的道路设施状况及其某一瞬间的交通状况,只需少量人员即可完成大规模停车调查;缺点是无人机飞行受气候条件影响较大,无法掌握遮蔽区域内(如地下车库)的情况,所能收集的信息有限,照片分析时容易发生失误。这种方法应与其他的方法结合使用,可充分发挥其优势,并用其他方法来弥补其不足。

第四节 停车需求预测与停车设施规划

一、停车需求分析与预测

1. 停车需求分析

停车需求指的是车辆停放需要的停车空间和时间,表示为停车位×小时数。其中一类是较固定的夜间停放,主要是居民或单位车辆的夜间停放;另一类是较流动的日间停放,主要是指由于社会、经济活动需要而产生的出行导致车辆在空间上的移动和停放。

停车需求的影响因素考虑以下几方面:

(1)城市特性

主要包括城市社会经济发展水平、城市交通结构、城市布局结构、城市规模和性质等。其中城市社会经济发展水平,在很大程度上影响城市人口、人均收入和个人消费意识,也决定了人们对交通工具的需求和交通出行的频繁程度,这些都影响停车需求。一般来说,经济发展程度越高,停车需求越大。

（2）停车特征

主要包括停车场容量、停车服务半径、停车方式、停车场利用率等。

（3）城市交通政策

主要包括城市交通需要管理政策、交通设施使用政策、停车场收费政策等。城市交通政策影响个人交通出行方式，也影响城市的停车需求量。对于私人交通，停车相关政策能起到刺激或抑制停车需求增长的作用。

（4）机动车保有量

城市机动车保有量是导致停车需求的最重要因素，我国民用汽车保有量尤其是私人汽车拥有量的不断攀升，产生了大量的停车需求。从各区域的车辆注册数的多少，即可估计出夜间停放车位需求量。

（5）停车者特征

主要包括停车者年龄和性别、停车者的职业和收入水平、停车者车辆使用偏好。

2. 停车需求预测

停车需求预测是城市停车设施规划的主要内容和依据，也是制定停车设施建设方案及停车场发展规划的重要基础。

停车需求预测模型主要有以下三类：

（1）产生率模型

其理论依据是土地使用性质与停车产生率的关系，基本思想是把规划区域内不同土地利用性质的地块看作停车吸引源，区域总的停车需求是各单位地块停车需求之和。

不同土地性质的土地具有不同的停车生成率，区域总的停车需求量等于各个地块停车生成量的总和。这种方法应用简便，适用于交通需求变化不大的短时期的停车需求分析，难以应用于交通政策的评价和长期分析。该模型的建模基础是单一用地类型，并将总停车需求看作各地块停车需求的简单相加，不考虑各区域之间的影响，这些基本假设会与实际的土地利用情况有所不同，因此应用上有一定的局限性。

（2）多元回归分析预测模型

该类模型的基本思想是认为停车需求与城市经济活动、土地利用等许多因素之间存在关系。该模型以若干年所有变量的资料为数据基础，需用回归分析方法计算出各回归系数值，并需要经过统计检验。在进行停车需要预测时，应对参数 K 做适当修正，才能符合未来情况的变化。

（3）出行吸引模型

该模型认为停车需求与出行车次多少及其分布有密切关系，其预测的基本原理是确定停车需求的车位数与区域机动车出行量之间的关系。该模型适合于已有城市交通规划或其他专项交通研究并有完整的 OD 资料的城市，使用该方法计算较为方便，而且预测结果精度相对较高。

二、停车设施规划

停车设施规划主要包括路边停车场、路外停车场（库）的总量配置及其布局，不同地点的停车需求预测以及停车设施容量估算。

1.停车设施布置原则

(1)路边停车场

总体来说,路边停车是弊大于利,因此原则上应逐步禁止路边停车,以增加道路容量。但在许多大城市路外停车设施严重短缺的情况下,人们又传统地认为路边停车的步行距离短、方便,故在不严重影响交通的情况下,允许开放路边停车。规划时应考虑交通流量、路口特性、车道数、道路宽度、单双向车道、公共设施以及两侧土地使用情况等因素。

①满足路边停车最小道路宽度。若小于行车道最小宽度,见表10-1,则不得在路边设置停车位。

设置路边停车场与道路宽度的关系　　表10-1

道路类别		道路宽度	停车状况
街道、路	双向	12m以上	容许双侧停车
		8~12m	容许单侧停车
		不足8m	禁止停车
	单向	9m以上	容许双侧停车
		6~9m	容许单侧停车
		不足6m	禁止停车
巷弄		9m以上	容许双侧停车
		6~9m	容许单侧停车
		不足6m	禁止停车

②满足路边停车的道路服务水平。路边停车场的设置应将原道路交通量换算成标准小汽车单位(V),然后按车道布置,计算每条车道的基本容量以及不同条件下路边障碍物对车道容量的修正系数,获得路段交通容量(C),最后根据V/C值,当其小于0.8时,容许设置停车场。

(2)路外停车场

①路外停车场停车特性足以反映停车者的行为意愿,在规划前应有停车延时与停车目的、停车吸引量等基本调查。

②路外停车场进出应方便,应将停车者进出停车场的方便程度以及到达目的地的步行距离长短作为主要考虑因素,此外,还要考虑邻近道路交通系统的交通负荷。

③建筑面积是决定路外停车容量与形式选择的主要因素之一。

④路外停车场要考虑地价的影响,由于都市中心地带价格昂贵,与市区以外相比较,前者常采用立体停车方式,后者采用平面式。前者也可以与其他公用设施共用土地使用权,这也是取得土地的有效途径。

⑤路外停车场在城市尽可能采用分散式布置,这样有利于交通疏散,对于市区外围或过境地区,应结合道路外环干线与交通枢纽设置。

⑥设置路外停车场后应对交通的影响进行评估。

2. 停车设施容量估算

首先,停车设施需求量与城市规模、性质、土地开发利用、人口、经济活动、交通特征等因素有关,排除路边法定的允许停放车位,其余部分则由建筑附属设施或社会停车场分担,由此获得一个大致规模和选址位置。其次按照供需平衡关系,应用排队论讨论停车场的最佳容量,在高峰存放车时刻,将车辆到达后不能存放的概率(拒绝概率)控制在一个容许的限度以内。

第五节 机动车停车场设计

一、拟定设计车型

我国目前有几百种车型,根据《车库建筑设计规范》(JGJ 100—2015),将机动车分为微型车、小型车、轻型车、中型车、大型车五类。机动车换算当量系数见表10-2,不同类型机动车设计车型外廓尺寸见表10-3。

机动车换算当量系数 表10-2

车型	微型车	小型车	轻型车	中型车	大型车
换算系数	0.7	1.0	1.5	2.0	2.5

机动车设计车型外廓尺寸 表10-3

设计车型		外廓尺寸(m)		
		总长	总宽	总高
微型车		3.80	1.60	1.80
小型车		4.80	1.80	2.00
轻型车		7.00	2.25	2.75
中型车	客车	9.00	2.50	3.20
	货车	9.00	2.50	4.00
大型车	客车	12.00	2.50	3.50
	货车	11.50	2.50	4.00

二、车辆进出车位方式和停放方式

1. 车辆进出车位方式

进出车位方式通常有三种:①前进式停车、后退式离开;②后退式停车、前进式离开;③前进式停车、前进式离开。前进式停车、前进式离开方式,更方便,但占地较大,仅在有条件时采用。后退式停车、前进式离开这种形式发车迅速方便,占地也不多,多被采用。具体如图10-1所示。

2. 车辆停放方式

为提高路边停车场停车数量,应在路面上标线划定车位,停放方式有三种:平行存放式、垂直存放式与斜角存放式。

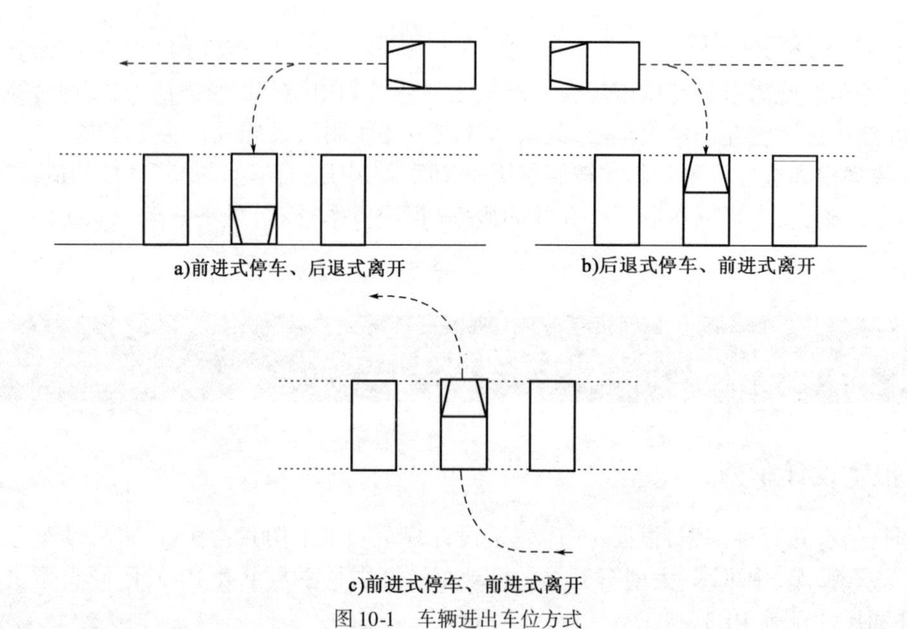

图 10-1 车辆进出车位方式

(1)平行存放式

车辆平行于行车道方向停放,如图 10-2 所示,这种方式的特点是所需停车带较窄,驶出车辆方便、迅速,但占地最长,单位长度内停放车辆最少。

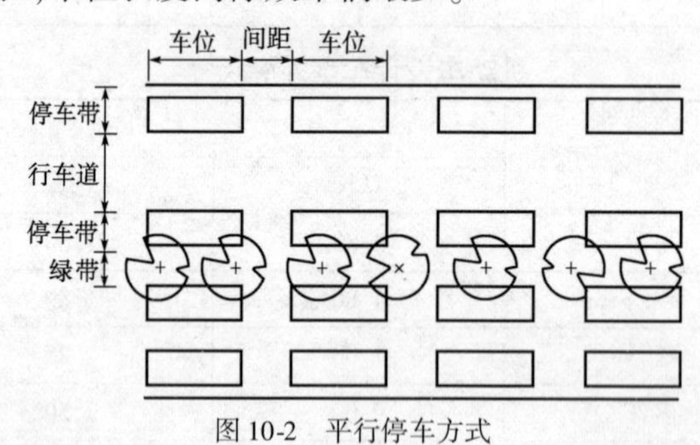

图 10-2 平行停车方式

(2)垂直存放式

车辆垂直于行车道方向停放,如图 10-3 所示,这种方式的特点是单位长度内停放车辆最多,用地比较紧凑,但停车带占地较宽(需要按较大型车的车身长度为准),且在进出停车位时需要倒车一次,因此要求通道至少有两个车道宽。

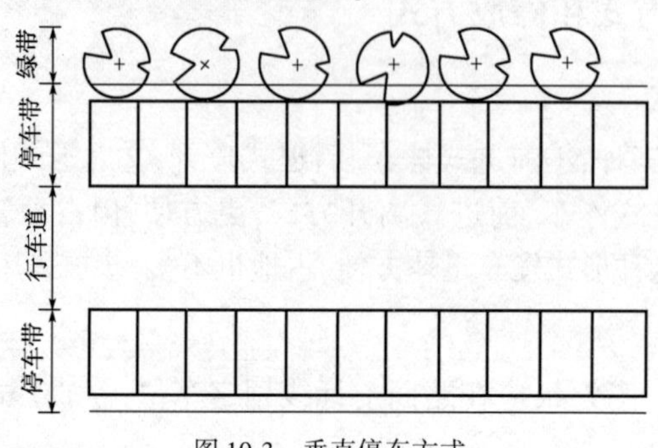

图 10-3 垂直停车方式

(3)斜列式

车辆与车道成角度停放,如图 10-4 所示,这种方式一般按 30°、45°、60°三种角度停放。其特点是停车带的宽度随车身长度和停放角度不同而异,适宜在场地受限制时采用。这种车辆停放方式车辆出入及停车均比较方便,有利于迅速停放和疏散;缺点是单位停车面积因部分三角块用地利用率不高而比垂直存放式要大,特别是 30°停放,占地最多,故很少采用。

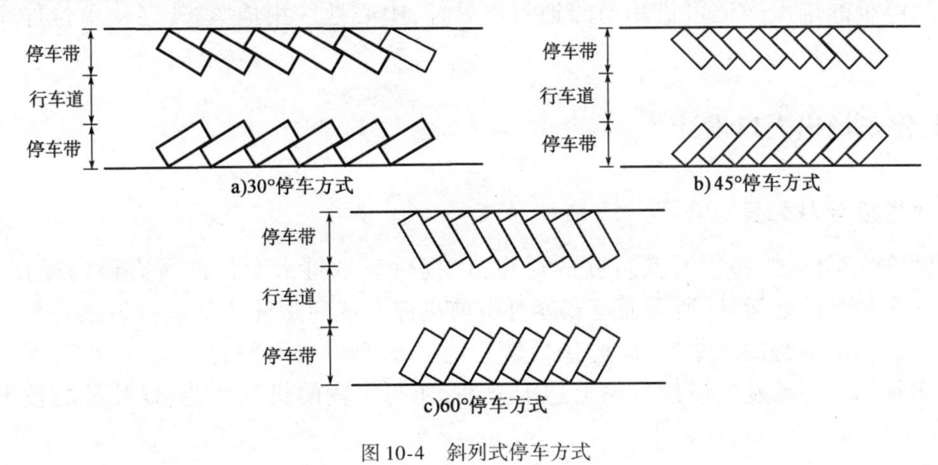

图 10-4 斜列式停车方式

三、停车带宽度及停车面积

1.停车带宽度

停车带宽度是停车场设计的主要内容,它与车辆尺寸、停放方式、驾驶员的技术水平有关系。

停车带宽度分为垂直通道方向的停车带宽度和平行通道方向的停车带宽度,除应能满足后面车辆安全出入停车位置的要求外,还应保证车门能够安全开启。《车库建筑设计规范》(JGJ 100—2015)中规定的小型车的最小停车位、通(停)车道宽度,见表 10-4。

小型车的最小停车位、通(停)车道宽度 表 10-4

<table>
<tr><th colspan="3" rowspan="2">停车方式</th><th colspan="2">垂直通车道方向的最小停车位宽度 W_e(m)</th><th rowspan="2">平行通车道方向的最小停车位宽度 L_t(m)</th><th rowspan="2">通(停)车道最小宽度 W_d(m)</th></tr>
<tr><th>W_{e1}</th><th>W_{e2}</th></tr>
<tr><td colspan="2">平行式</td><td>后退停车</td><td>2.4</td><td>2.1</td><td>6.0</td><td>3.8</td></tr>
<tr><td rowspan="4">斜列式</td><td>30°</td><td>前进(后退)停车</td><td>4.8</td><td>3.6</td><td>4.8</td><td>3.8</td></tr>
<tr><td>45°</td><td>前进(后退)停车</td><td>5.5</td><td>4.6</td><td>3.4</td><td>3.8</td></tr>
<tr><td>60°</td><td>前进停车</td><td>5.8</td><td>5.0</td><td>2.8</td><td>4.5</td></tr>
<tr><td>60°</td><td>后退停车</td><td>5.8</td><td>5.0</td><td>2.8</td><td>4.2</td></tr>
<tr><td colspan="2" rowspan="2">垂直式</td><td>前进停车</td><td>5.3</td><td>5.1</td><td>2.4</td><td>9.0</td></tr>
<tr><td>后退停车</td><td>5.3</td><td>5.1</td><td>2.4</td><td>5.5</td></tr>
</table>

2. 单位停车面积

单位停车面积(A_0)是指一辆设计车型的停车位的计算面积,应是停车车位面积、均摊的通道面积及其他辅助设施面积之和。单位停车面积应根据车型、停车方式以及车辆停放所需的纵向与横向跨距的要求来确定。对于城市中心的路边停车,其单位停车面积要小些,主要原因是路边停车的进出通道可借用道路通行。另外,中心地区用地紧张,促使单位停车面积减少。

四、停车场出入口设计

1. 通道设计与配置

车辆进入车位时,必须有其行驶的通道,以提供车辆进入车位前所需要的操作空间。由于进入车位是曲线运动,所需通道宽度可由前进停车或后退停车的运行轨迹计算。通道宽度除含有车辆本身的尺寸外,尚应包括转弯前后车辆角端涵盖的空间,最小宽度应保证驾驶员正常操作不致发生碰撞。除上述因素外,还与车辆的机械性能、驾驶员的技术水平有关。

2. 出入口设计

出入口设置主要目的是有利于分散道路上的交通量,减少因停车场出入导致道路上服务水平降低,按美国《道路通行能力手册》规定,必须维持道路服务水平 D 级以上。根据我国相关规定,停车车位数在 50 辆以上时,应设置两个出口,500 辆以上时,应设置 3 ~ 4 个出入口。出入口之间的距离必须大于 10m。一般停车场的出入口设在次要道路或巷道上,应尽量远离道路交叉口,以便减少对主干道路及交叉口的交通影响。经验证明,当出入口分别设置在不同行车方向的单行道上时,将使车辆在各个方向以最短的时间及距离进出停车场。

车辆双向行驶时出入口宽度不得小于 7m,单向行驶出入口宽度不得小于 5m,且有良好的通视条件。停车场出入口还应后退道路红线 10m。出入口视距要求如图 10-5 所示。

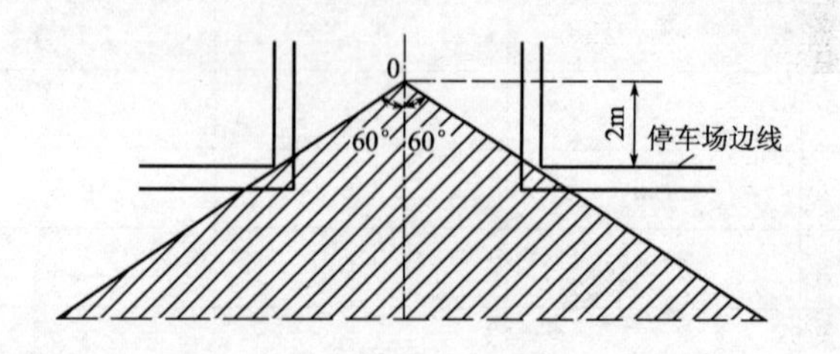

图 10-5 出入口视距要求

出入口一般需有停车缴费作业。故停车场出入口还要设置能使两辆车同时通行缴费的收费亭。由于停车场的进出高峰极少发生在同一时间,因此,靠中间的车道可作为变向车道使用,如图 10-6 所示。

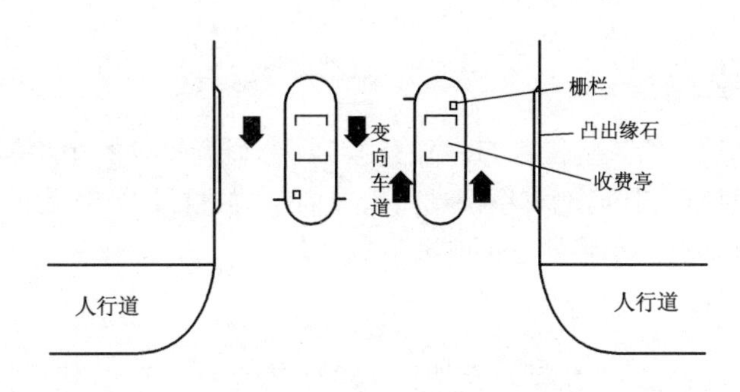

图 10-6　停车场出入口变向车道

五、停车场内交通组织

停车场内交通组织目的是合理利用现有停车场内道路资源，从而解决停车场内交通问题，提高停车场内道路使用效率同时确保道路交通安全。

停车场内各项设施原则上应进行人车分离、机非分离设置，做到人车分流，合理规划标志标线，严格区分机非界限，避免人与车的流动交叉，保证行人安全，同时加强工作人员对停车场出入口和冲突点的交通疏导。

根据停车场内停车方式不同，设置不同的交通路线。停车场内一般应按单向行驶组织交通，车辆右行并右转驶出，避免或尽量减少停车车辆冲突。在出入口要有明显的行驶方向标志和停车位置指示牌，在停车场内应有明显的停车标志和行车方向标志，便于驾驶员停车。

第六节　非机动车停车场设计

目前，我国很多城市中缺乏非机动车停车场，非机动车轮停乱放、侵占人行道、挤占车行道的现象十分严重，既妨碍交通、威胁行人安全，又影响市容。因此，在进行城市交通规划时，在设计公共建筑、公共活动场所等时，应同时对非机动车停车场进行合理设计。

一、非机动车停车场种类

非机动车停车场主要有以下几类：

1. 固定的停车场

该类非机动车停车场盖有车棚，设有车架，派专人管理。工厂、机关、学校、医院、住宅、车站、码头等修建的非机动车停车场一般都属于此类。

2. 临时性停车场

根据集会活动的临时需要，用绳子等圈划场地供停车使用，即形成临时停车场。此类停车场内无设施。

3. 支路旁停车场

支路旁停车场利用人行道后隔离带较宽路段,或人车流较少的小路停放非机动车。这类停车场可能随时变更地点,其场地大小视具体情况而定,数量最多,分散布置在城市各个角落,是目前解决城市非机动车停车场缺乏的主要方式。

4. 驻停换乘停车场

居民远距离出行时,先骑非机动车至地铁车站或其他公交车站,然后将非机动车停放在车站附近,换乘公交车辆或地铁,即形成驻停换乘停车场。

二、非机动车停放方式及停车场主要设计指标

1. 停放方式

非机动车停放方式应以出入方便为原则,主要停放方式有垂直式、斜列式两种,如图10-7所示。

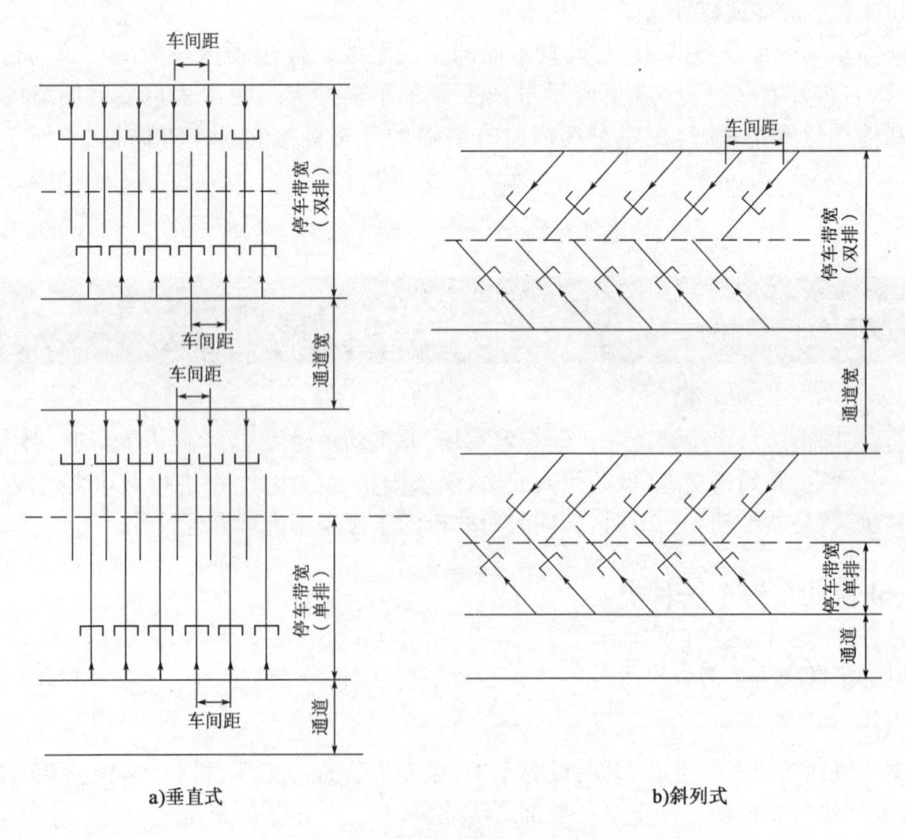

图10-7 非机动车停放方式

2. 主要设计指标

非机动车停车场的主要设计指标可参照表 10-5。

非机动车停车场的主要设计指标 表 10-5

停放方式		停车带宽度(m)		车辆横向间距(m)	通道宽度(m)		单位停车面积(m^2)			
		单排	双排		单排	双排	单排一侧停车	单排两侧停车	双排一侧停车	双排两侧停车
斜列式	30°	1.0	1.60	0.5	1.2	2.0	2.20	2.00	2.00	1.80
	45°	1.4	2.26	0.5	1.2	2.0	1.84	1.70	1.65	1.51
	60°	1.7	2.77	0.5	1.5	2.6	1.85	1.73	1.67	1.55
垂直式		2.0	3.20	0.6	1.5	2.6	2.10	1.98	1.86	1.74

三、非机动车停车场场地规划原则和交通组织

1. 非机动车停车场场地规划原则

自行车占地小,机动灵活,使用方便,在我国目前仍是主要的交通工具之一,非机动车停车场场地规划原则包括:

①停车场地应尽可能分散多处布置,充分利用人流稀少的支路、街巷空地。

②应避免停车场出入口对着交通干线,这样不影响集会场所的出入口,机动车也不会与人流发生交叉冲突。

③停车场内交通组织应明确,尽可能单向行驶。

④固定式停车场应有车棚、地面铺砌,半永久或临时停车场也应树立标志或划线。

⑤非机动车停车场和路边停放点布置应与停车需求分布强度相匹配,注意与交通枢纽(如地铁站、火车站)的衔接。

⑥根据不同出行目的的骑车人停车行为特征,停车点的服务半径一般为 50 ~ 100m。以工作为目的换乘车辆的人员,步行也不宜距离超过 200m。

2. 非机动车停车场交通组织

非机动车停车场内交通组织要考虑解决人和非机动车的分离问题,做到人车分离。合理规划标志标线,加强工作人员对停车场出入口和冲突点的交通疏导。

根据非机动车停车场内停车方式不同,设置不同的交通路线。场内路线一般应单向行驶组织交通,非机动车辆均右行并右转驶出,避免或尽量减少产生非机动车冲突。

1. 简述我国停车问题现状及原因。
2. 路边停车场有几种形式?各自有什么特点?
3. 停车特征一般有哪些?什么是停放周转率?
4. 停车调查的方法主要有哪几种?
5. 停车需求跟哪些因素有关?如何预测城市中心的停车需求总量?
6. 车辆进出车位方式和停放方式有哪些?
7. 简述非机动车停车场规划原则与布置方式。

第十一章
CHAPTER ELEVEN

城市公共交通

本章导读

城市公共交通是城市各项经济活动、文化活动所产生的人流的载体,是城市赖以生存和发展的基础条件。本章重点介绍城市公共交通的基本概念、城市公共交通规划、轨道交通运输系统和地面公共交通运输系统。

教学目标

1. 知识目标

(1)了解城市公共交通的地位、作用、特性。

(2)熟悉城市公共交通的客流规律及路网规划的步骤。

(3)掌握城市公共交通系统的构成与特点。

2. 能力目标

(1)能够运用所学知识协助实施城市公共交通工程具体项目。

(2)能够运用新技术进行城市公共交通项目的建设。

3. 素质目标

(1)使学生认识到城市公共交通是社会公益性事业和重大民生工程。

(2)强化学生对"十四五"规划中关于构建高效城市公共交通体系的重点任务及关键问题的认知。

思政课堂

河南力推城市公共交通高质量发展

2023年初,河南省政府办公厅印发了《关于深入贯彻城市公共交通优先发展战略推动城市公共交通高质量发展的实施意见》(简称《意见》),《意见》致力于构建安全、便捷、绿色、智能、高效的城市公共交通体系,为人民群众提供均等化、多元化、高品质的城市公共交通服务。

《意见》要求：郑州市公共交通机动化出行分担率不低于50%；基础设施方面，中心城区公共交通站点500m覆盖率、新建或改扩建城市主干道港湾式公交停靠站设置比例、城市公共汽电车进场率达到100%；郑州市中心城区公交专用车道设置比例不低于30%；新增和更新新能源城市公交车比例达到100%，氢能源城市公交车比例逐步提升；城市公交车载智能视频监控系统安装率达到100%；早晚高峰时段城市公共汽电车平均运营时速达到18km以上，发车正点率不低于90%，来车信息实时预报覆盖率达到100%，非现金支付比例达到80%以上；实现城市轨道交通车站100m范围内公交站点全覆盖，列车正点率不低于99.95%，列车运行图兑现率不低于99.98%；城市公共交通乘客满意度不低于85%。

第一节 概述

一、城市公共交通的含义

城市公共交通是指在城市及其所辖区域范围内供公共出行乘用的各种客运交通方式的总称，其包括公共汽车、有轨电车、出租车、轮渡、地铁、轻轨及缆车等。

二、城市公共交通的作用

城市公共交通是城市各项经济活动、文化活动所产生的人流的载体，是城市发展的必然产物，也是城市赖以生存和发展的重要基础设施之一。它作为城市动态大系统中的一个重要组成部分，是城市赖以生存的重要基础设施之一，是城市整体发展中不可缺少的物质条件和基础产业，也是联系社会生产、流通和人们生活的纽带。

城市公共交通以运营服务为中心，为乘客提供安全、迅速、方便、准点舒适、经济的运输，以满足社会发展和人们生活的需要，是城市交通的骨干和支柱，在我国经济发展城市建设和社会生活中占有重要地位，它直接关系城市的经济发展与居民生活，对城市经济具有全局性、先导性的影响。推动公共交通的优先发展是解决关系人民群众切身利益的现实问题，是建设资源节约型、环境友好型社会和实现可持续发展的重要途径。

三、城市公共交通的特性

1. 公共交通产品的特殊性

公共交通的产品为乘客的位移，该产品属于无形产品。公共交通服务是在保持服务对象即乘客的属性及形态均不改变的情况下，使乘客发生空间位移，创造具有移动价值的产品。

2. 公共交通服务的即时性

在公共交通的客运服务过程中，运输产品边生产边消费，乘客上车，客运服务随即开始，消费过程也同时开始；一旦乘客下车，服务过程即告结束，消费过程也同时结束。运输生产组织和运输市场营销过程同步进行。所发生的运营里程既不能存储也不能调拨，客运服务过程的有效或者无效以及效能的高或低，都在一次运行过程中同时得到反映。

3. 公共交通服务的社会性

公共交通服务的社会性决定了它必然与社会有着广泛联系。不论是什么人、有什么出行目的,只要是在有公共交通运营的地域及时间内,都可以广泛地利用公共交通。

4. 公共交通服务的时效性

人们利用公共交通代替步行,其主要目的是节省时间,以求迅速到达目的地,时间的节省意味着社会劳动的节省和人力的节省,这是公交产业对社会、乘客在经济上、精神上的一种贡献。

5. 公共交通服务的不均衡性

公共交通的服务受客流变化的影响很大,客流不仅在时间上的分布有所不同,一昼夜中有高峰与低谷的差异,在一周中的不同日期及一年中的不同月份均各有差异;同时,客流在空间上的分布也是不同的,如城市中的各个区域之间,各条线路的方向上、断面上的客流分布都有差异。

6. 公共交通服务的分散性

工农业生产是在固定的厂房、工地或田间进行的,其生产作业可以集中组织;而公共交通的运营线路遍布于市区和郊区,服务过程又是流动的,这就决定了它的又一个特性,即点多、面广、线长,流动、分散、单车作业,而且是多工种、多环节的联合作业方式。

7. 公共交通服务的准公费特性

公共交通服务是介于纯自费与公费之间的一种服务方式,也就是说,一方面它具有以适当价格提供服务的必要性,另一方面由于它具有广泛的公益性,其服务的价格基本上不能完全按照价值规律来制定,但实际上是在充分照顾公益性的前提下使价格与价值不完全背离,并适当进行合理调整。

公共交通企业是以社会效益和经济效益为两大目标,兼具公益性和经营性,是服务性的生产企业。

四、城市公共客运交通结构

1. 轨道交通

目前,国外的很多大城市大多以重轨为主要轨道交通工具,以轻轨等其他轨道交通作为其辅助工具;小城市则以轻轨为主。部分轻轨设置在道路路面,路面轨道交通的技术经济优势包括:①节约时间;②速度快,运能大;③交通事故少;④能耗、环境污染小。

2. 公共汽车

在快速轨道交通日趋普及的今天,公共汽车这种传统的客运交通方式,不仅在许多发展中国家的城市中被大量使用,而且,在发达国家的城市也仍然存在,这说明公共汽车有其不可替代的优点。公共汽车交通像其他交通方式一样,有其独特的优越性和固有的局限性。

3. 出租车

出租车在城市客运交通中起辅助作用,因而称之为辅助交通。出租车的车型有大型、中型、小型和微型4种，可根据租用者的不同需要提供服务。出租车是可以随时提供门到门服务的交通方式，其服务比其他公共交通更迅速、更方便。

4. 快速公交

快速公交(BRT)是一种新型公共客运模式，它综合运用现代化公交技术智能交通技术和运营管理技术，通过开辟公交专用道路、建造新式公交车站、引进新型公交车辆，以及采用便捷售票及先进管理调度系统等一系列技术措施和手段提升城市公共交通服务水平，见图11-1。

图11-1 快速公交(BRT)

五、城市居民出行分类

城市居民出行都有一定的目的性，如上下班、购买货物、文化娱乐、探亲访友等，由于乘车目的性不同，乘车的次数和特点也不相同。为了掌握客流变化规律，需要进一步分析客流的类型。

按照乘车目的，可以将客流分为三种类型：

1. 工作性客流

乘客因上下班需要而乘坐公交车辆形成的客流，统称为工作性客流。这种客流每天有固定的乘车次数和一定的乘车时间，比较稳定，有一定的动态规律，是公共交通的基本客流。

2. 学习性客流

乘客因学习需要而乘坐公交车辆形成的客流，统称为学习性客流，包括业余学习客流、脱产学习客流等。这种客流也有固定的乘车时间和乘车次数，但数量比较少，是公交系统的次要客流。

3. 文娱生活性客流

属于文化生活需要而出行的客流范围很广，如去文化娱乐场所、购买商品、走访亲友等，这种客流统称为文娱生活性客流。这种客流没有固定的次数，但是数量很大，特别在节假日的数量更大。这种客流受客观影响的因素很多，如气候的转变、频繁的社会活动、经济水平的程度等都直接影响这种乘车的次数。所以,这种客流的稳定性很弱,有特殊的规律性,是调度部门较难处理的客流。

第二节 城市公共交通规划

一、城市公共交通客流分布规律

乘坐公共车辆的乘客群沿着公共客运线路流动称为乘客群流,简称客流。乘客群流动的数量,简称为客流量。

1. 客流在空间分布上变化规律

由于客流的构成有多种因素,具体反映在空间的线路网上、方向上、断面上的动态规律都有所不同。

(1)线路网上的客流动态类型

线路网上客流动态是指全市性平面上的乘客动态,它反映全市公共交通线路网上客流量的多少及分布特点。一般城市的中心区客流量总是最密集,而边缘地区则相对稀疏。

线路网上的客流动态,一般是由中心区的集散点逐渐向外围延伸,客流的动态分布与城市的总体布局有很大关系,并受到道路格局的制约,反映在线路网上,根据路网形状一般有放射型、放射环型、棋盘型、不定型。

线路网上客流量动态数值是用通过量表示的,各个断面(路段)的通过量按照时间顺序排成数列,即可显示出线路网上客流量动态数值及变动特点。根据线路网上客流量动态变化的方向、数值及波动幅度,可以为新辟线路、调整运营车辆的选型、定数提供参考资料。

(2)方向上的客流动态类型

公共交通的每条线路都有上、下两个方向,可以规定:某一条线路的两端的站点分别为 A 站和 B 站,若线路可以表示为“A 站→B 站”,则“车辆从 A 站至 B 站方向运行”称为上行方向;反之,“车辆从 B 站至 A 站方向运行”称为下行方向。

线路两个方向的客流量在同一分组时间内一般是不完全相等的,有的线路两个方向的运量几乎相等,而有的线路则差异很大。方向上的客流动态类型一般有以下两种:

①双向型。双向型线路上行、下行两个方向的运量接近相等,很多市区线路是属于双向型的,这种线路在调度上比较容易处理。

②单向型。单向型线路上行、下行两个方向的运量差异很大,特别是通过郊区或通往工厂区的线路,很多属于单向型,这种线路在调度上较为复杂,车辆的利用率较双向型低。通过研究方向上客流动态,可以确定相应的调度措施,为合理组织车辆配置提供依据。

(3)断面上的客流动态类型

在同一时间段内线路上各站点的上下车人数一般是不完全相等的。若把同一时间段内一条线路各断面通过量的数值,按照上行和下行各个断面的前后次序排成一个数列,则可以从这个数列中显示出该线路在这个时间段内各断面上的客流动态,这是客流在断面上的分布特点和演变趋势。

从整条线路的视角,客流大致有以下几种主要动态类型:

①凸形。凸形是指线路各断面的通过量是以中间几个断面的通过量为最高,这些断面上的客流量呈凸出的形状。

②平形。平形是指线路各断面的通过量很接近,客流强度近乎处于一个水平。有的线路在接近起始站、终点站前一两个断面的通过量较低或较高,但是其他断面的通过量很接近,也属于此种类型。

③斜形。斜形是指线路上每个断面上的通过量由小到大逐渐递增或由大到小逐渐递减,在断面上呈梯形分布。

④凹形。凹形是指线路中间几个断面的通过量低于两端断面的通过量,全线路断面的通过量分布呈凹形状态。

⑤不规则形。不规则形是指线路上各断面的通过量分布高低不一,不能明显表示某种类型的形状。

通过以上断面客流动态分析,可以为经济合理地编制行车作业计划及选择调度措施提供重要依据。

2. 客流在时间上的变化规律

实际情况表明,客流不是固定不变的,而是一刻不停地变动着,但是这种变化有一定的特性,如果能认识和掌握这种变化的特性,就能使生产调度工作更好地适应客流变化的状况。客流变动的特性,可以概括称为"多变有规律,集中不平衡"。

客流虽然是多变的,但是客流的变化在一定程度、一定幅度内是有其规律性的。事实证明,客流在时间上总是有一定重复演变的规律。客流在一定幅度内呈现的周期循环演变,就形成了一定的规律性,认识这些客流变化的规律性是运营调度工作的一项重要内容。

(1)客流在季节上的变化

一年中,每月的客流量互有差异、很不均衡。客流是由乘客流动所形成的,乘客流动也是由各方面因素所决定的,各方面因素的牵涉面既广泛又复杂。因此,客流形成的众多因素(或条件),不论是社会因素,还是自然、经济等因素,都有着密切的联系。如天气、集会游行、施工作业等都会直接影响客流变化。客流与各方面的普遍联系的特性称为客流的普遍联系性。

客流的普遍联系性范围很广、内容很多,其中关系比较密切的有乘客的个人经济(就业)、自然气候、其他交通工具和服务质量等。例如,冬季客流量较高,夏季则较低;年终人们出行活动增加,城市市区、郊区的客流量都有较大幅度上升;夏季学校放假,农村处于农忙,导致市区、郊区客流量下降;沿海地区在春节前后的打工潮,致使运输枢纽附近的线路客流剧烈变化等。

因此,做好季节性客流动态分析,可以为制订季节客运生产计划提供主要资料,这些资料也是编制各月行车作业计划的主要依据之一。

(2)客流在周日间的变化

在一个星期的七天之中,由于受到生产和双休日的影响,每天的客流量是不相等的。如果工厂轮休日没有大幅度的变动,就会使每周的客流量有重复出现的规律。其特点是工作性客流在每星期一至星期五之内达到一周的最高峰;而市区线路在双休日,由于休假单位多且集中,所以工作性客流量大幅减少而生活娱乐性客流则有很大增加。

(3)客流在昼夜间的变化

在一昼夜内,各个单位时间段的客流动态是不相同的。公共交通的基本客流为工作性客流,在市区内,客流在昼夜间的变化非常明显,一般在工作日早晚上下班时间内会出现两个客运高峰。在工业区运营的线路上,因受到三班工作制的影响,还会另外形成中午和夜间两个客运小高峰;在郊区,客流在上午起伏较小,但郊区的客流量受季节、气候变化的影响较大,一般夏季中午客流量较低、早晚较高,而冬季早晚较低、白天较高。

根据客流量在一昼夜不同时间内的分布,其动态演变可以划分为以下4种基本类型:

①双峰型。这种类型是在一昼夜中有两个显著的高峰,是一种典型的变化形式,在大城市和工业性城市有一定代表性。一般一个高峰发生在上午上班时间,称为早高峰;而另一个高峰则出现在下午下班时间,称为晚高峰。

②三峰型。这种类型比双峰型多出一个高峰,如果这个高峰出现在中午时间,则称为午高峰,而出现在夜晚,则称为小夜高峰。一般情况下,这个高峰的峰值比早、晚高峰要小。这种类型常见于市内线路。

③四峰型。这种类型比双峰型多出两个高峰,这个高峰一般出现在中午和晚上,而它们的峰值总比早、晚高峰小。这种类型多出现在工业区行驶的线路上,其主要乘客是三班制工作人员,高峰时间较短,但是调度工作必须重视。

④平峰型。这种类型的客流动态在时间分布图上没有明显的高峰,客流量在一个昼夜分组时间内虽然有变化,但是升降幅度不大,一般出现在郊区农村行驶的线路上。

客流的动态分布与演变都有一定的规律性,但是这种规律性随着城市布局的改变和城市经济的发展会发生一定的变化。所以,经常深入线路现场,加强客流动态调查,找出其变化规律,是公共交通运营部门需要做好的经常性工作之一。

二、城市公共交通客流预测

1. 客流预测的意义

客流预测是编制运营计划、行车调度、线路规划的依据。

2. 客流预测的分类

客流预测可以分为流向预测、流量预测,也可分为长期预测、中期预测、短期预测。

3. 客流预测的基础

通过客流调查和客流统计会得到大量丰富的数据和资料(考虑的因素可多可少,应准确选择相关因素),它们是客流预测的基础,要采用科学合理的预测方法对其进行分析。

4. 客流预测的对象

要根据实际需求开展客流预测。客流预测的对象有很多,例如是总量还是日均量、是某条具体线路还是某个具体方向等。

5. 客流预测的方法

根据需要,客流预测的方法可分为定量分析法和定性分析法。

(1)定量分析法

定量分析法又称为数量分析法,是指运用现代数学方法对有关数据资料进行加工处理,据此建立能够反映有关变量之间规律性联系的各类预测模型的方法体系。常见的有以下几种方法:

①趋势外推分析法。它是根据预测变量的历史时间序列揭示出的变动趋势外推将来,以确定预测值的一种预测方法。

②时间序列分析法。它是根据某项指标过去的、按时间顺序排列的历史数据,运用一定数学方法进行计算,借以预测未来发展趋势的方法,包括算术平均法、移动平均法、趋势平均法、加权平均法、平滑指数法、修正的时间序列回归分析法。

③因果预测分析法。它是从某项指标与其他指标的相互联系中进行分析,根据它们之间的规律性联系作为预测依据的方法。

(2)定性分析法

定性分析法又称为非数量分析法、判断分析法或集合意见法;是指由熟悉情况和业务的专家根据个人的经验进行分析判断,提出初步预测意见,然后通过一定形式(如座谈会等)进行综合分析,最后形成预测未来状况和发展趋势的主要依据的方法体系。

三、城市公共交通路网规划

城市公共交通路网规划是以客流分布为依据,应用系统工程学的理论,统筹优选城市公共交通地面及地下全部路线的起讫点、路径及各路线之间相互衔接的最佳布局方案。它是发展城市公共交通的基础工作。统筹优选的目标包括:①乘客在上下车前后以及在中间换乘过程中平均步行距离短;②平均换乘次数少;③节约旅行时间;④扬长避短,充分发挥各种运输方式的优势,在保证客运安全和乘用方便的前提下,使全系统总的能源消耗少、客运成本低、客运效率高。

1. 公共交通路网规划的基本原则

①综合规划,贯彻以人为本、服务为本的思想,体现合理性和可操作性相结合的原则。

②市区线路、郊区线路和对外交通线路应紧密衔接,并协调各线路网的集疏能力。

③要考虑公交发展历史和线路的延续性,兼顾、利用已有线路,综合协调新老线路之间的关系。

④公共交通路网应对城市用地的发展具有较好的适应性,与城市用地布局相协调,与城市用地规划范围内主要客流的流向一致。

⑤各主要客流集散点之间应有直接的公共交通线路相连;主要客流的集散点应设置不同交通方式的换乘枢纽,方便乘客停车与换乘,以缩短乘客出行时间,扩大乘客可达活动范围。

2. 公共交通路网规划的基本步骤

(1)现状城区公共交通路网规划

现状城区公共交通路网规划通常是在现有公共交通线路基础上,根据客流变化情况、道路建设及新客流吸引中心的需要,对原有线路的走向、站点设置、运营指标等进行调整或开辟新的公共交通线路。除非城市用地结构、城市干道网发生大的变动,如对外客运交通枢纽的迁建、新交通干道的开辟,或开通新的大运量快速轨道交通线路,一般不做大的调整。

(2)新建城市公共交通路网全面规划步骤

①确定公共交通路网的结构类型;

②分析城市主要活动中心的空间分布及相互之间的关系;

③分析城市主要客流吸引中心的客流吸引期望线及吸引量;

④初步确定在主要客流流向上满足客流量要求,并把各主要居民出行发生点和吸引点联系起来的公共交通线路网方案;

⑤进行公交线网的优化设计,确定满足各项规划指标的公交线网规划方案;

⑥随着城市的发展和逐步建成,逐条开辟公交线路,并不断根据客流的变化和需求进行调整。

3. 城市公交线网规划工作流程

公共交通需求分析(公交 OD)→公交线网布局方案设计→公交线网配流→公交线网评价与优化→公交线网规划实施方案设计。

第三节 轨道交通运输系统

一、市域快速轨道

市域快速轨道,指的是大城市市域范围内的客运轨道交通线路,服务于城市与郊区、中心城市与卫星城、重点城镇间等,服务范围一般在 100km 之内,为城市轨道交通线路制式的一种。

二、城市轨道

城市轨道交通作为城市公共交通的主体,与地面公共汽车交通并重。城市轨道交通是城市公共交通系统的骨架。

1. 地铁

根据《地铁设计规范》(GB 50157—2013),地铁是指在城市中修建的快速、大运量、用电力牵引的轨道交通。列车在全封闭的线路上运行,位于中心城区的线路基本设在地下隧道内,中心城区以外的线路一般设在高架桥或地面上。地铁是涵盖了城市地区各种地下与地上空间的路权专有、高密度、高运量的城市轨道交通系统。

(1)特点及分类

根据地铁的定义可知,地铁属于车轮沿着轨道行驶的轨道交通系统,具有线路全封闭、独立路权的特点。地铁线路一般在地下,但考虑造价、土建、施工期限等综合因素也会在部分路段以地面线或高架线的形式通过。地铁车辆一般编组运行在线路上,一个列车编组通常由 4 ~ 8辆列车组成,最多为 11 辆。

(2)优缺点

①运量大,速度快。对比公交、轻轨和有轨电车等交通形式,地铁属于大运量的快速运输

方式。公共汽车每小时单向输送能力为0.2万~0.5万人,轻轨为0.5万~3万人,地铁能适应的单向最大高峰小时客流量可达7万~9万人次/h,是地面公共汽车的7~10倍。公共汽车的速度为10~20km/h,轻轨速度为20~40km/h,地铁速度为40~50km/h,最高行车速度可达80~100km/h。

②安全准点。地铁是一种快速、准时的交通系统。由于地铁大多数采用沿线封闭,具有独立路权,乘坐地铁不会发生交通阻塞和相互干扰,准点率高,安全性高。

③节能减排。地铁以电力作为动力,能节约大量的燃油消耗,每公里能耗为道路交通的15%~40%。由于采用电力牵引,产生的废气相对较少,对大气污染的影响较低。此外,由于大部分线路采用地下或高架形式,不利用地面,其占地少,产生的噪声污染也相对较少。

④造价高,建设周期长。虽然地铁具有运量大、速度快、准点率高、污染少、节约能源和土地、安全舒适等优势,但地铁也存在建设费用和运营费用高、建设工期长的缺点。地铁的工程投资巨大,每公里的地铁综合造价为6亿~9亿元,如较早建设的上海地铁1号线每公里造价达8亿元。在购置地铁列车方面,上海地铁1号线每辆列车要136万美元,广州则更高,而成本控制最好的南京地铁每辆列车也达到116万美元。总体来说,地铁的社会效益虽好,但自身经济效益较差。

2. 轻轨

轻轨是城市轨道建设的一种重要形式,也是发展比较迅速的一种轨道交通形式。最早的轻轨系统通常是基于对旧有的有轨电车的轨道、供电、信号、车站进行改造而成的,直到20世纪70年代后期,全新的轻轨系统才开始在加拿大、美国、墨西哥等国家的城市发展起来。目前,轻轨交通系统在国内外的许多城市成为一种有效的交通形式。轻轨交通系统的发展,得益于它独特的特点。

(1)中等运量

相比地铁的大运量和公交的小运量,轻轨路线单向每小时运量为1万~3万人次,对于高峰小时单向客流6000~20000人次的运量范围是一种有效的交通模式,因此轻轨是一种能满足各种中运量交通系统需要的交通方式。

(2)造价低,运营效果好

轻轨系统初期投资少,包括车辆在内的造价远低于地铁。由于其高效能,其运营费用和养护费用也低于地铁和公共汽车。

(3)适应性广

轻轨线路在线路定线和布置上具有选择多样化、适应性广的特点。轻轨线路既可以在陡坡和小半径曲线上运行,或者采用高架或地下立交式独立运行,也可以像有轨电车那样与其他街道交通混合运行。多方面的适应性使轻轨交通系统能够在许多条件下得到发展。

三、有轨电车

有轨电车是采用电力驱动并在轨道上行驶的轻型轨道交通车辆,亦称路面电车或电车(以电力驱动的列车),属轻铁的一种。现代有轨电车是一种介于地铁与普通公交系统之间、中等运能、技术成熟、资源节约的公共交通系统,采用低地板、电力驱动并在轨道上行驶的轻型轨道交通车辆,按公交化模式运营。由于以电力驱动车辆,不排放废气,有轨电车是一种无污染的环保交通工具。与其他机动车相比,现代有轨电车有固定的轨道,具有运行可靠、舒适、节能、环保等特点。

现代有轨电车具有以下技术特征:

(1)安全

由于有轨道固定,相较其他路面交通工具,有轨电车能更有效地减少交通意外的发生。

(2)节能环保

现代有轨电车采用电力牵引,运营阶段不产生燃烧废气,零排放、低污染,符合当前节能减排、生态城市的建设需求。其人均耗能约为0.07kW·h/座席乘客,仅相当于公交车的1/4;有轨电车行驶时噪声为65~75dB,比道路上的机动车要低5~10dB,是一种节能环保的清洁交通工具。

(3)舒适、人性化

现代有轨电车一般使用100%低地板车辆,地板高出轨道面约30cm,婴儿车、残疾车可以自由乘降。现代有轨电车在固定轨道上运行,钢轨与钢轮两者表面平滑,不会出现明显晃动,在采用较长车辆增大运能时,仍能保证较好的运营稳定性和乘坐舒适性,是一种舒适、人性化的交通工具。

(4)环境适应性强

现代有轨电车采用流畅美观的车辆造型,配以一体化触网、支柱、照明与网格状草坪设计,与旅游、文化保护等景点具有更好的协调性;转弯半径小,最小在10.5~25m,轨道能够很好地在道路上敷设;轨道制式令其交通形象更为突出,具有更强的交通引导性。

(5)建设灵活度高

现代有轨电车系统投资相当于地铁的1/6~1/4,具有较为合理的运量投资比;同时,建设形式相对灵活,能够与道路交通混行,建设周期较短,建设时间为2~3年。

(6)中等运能、效率高

从国内外发展现代有轨电车系统的经验来看,现代有轨电车的高峰单向断面合理运能在0.6万~1.5万人/h,同等运量及道路条件下,1列有轨电车=2.5辆BRT=5辆公交车,是一种容量相对较大的中等运能公交系统。此外,现代有轨电车运营速度比常规公交快10%~20%。

有轨电车具有很多优点,但也存在占用道路资源、造价较高等缺点。在独立路权段,上海磁悬浮有轨列车运营速度为430km/h,部分时段运营速度为300km/h,转弯处半径达800m,肉眼观察几乎是一条直线,最小的半径也达1500m,乘客不会有不适感。轨道全线两侧50m范围内装有目前国际上最先进的隔离装置,轨道两侧25m处有隔离网,上下两侧也有防护设备。磁悬浮列车的车窗是透光率较高的高质量玻璃,可有更好的乘客乘坐体验,同时保障安全。

四、站点综合开发

所谓站点综合开发(Transit-Oriented Development,TOD),即是以公共交通为导向的发展方式,以地铁、轻轨、巴士干线等公共交通站点为中心,以5~10min步行路程为半径,建立集工作、商业、文化、教育、居住等于一体的商业组团或居住组团。

TOD 开发模式示意图见图 11-2。

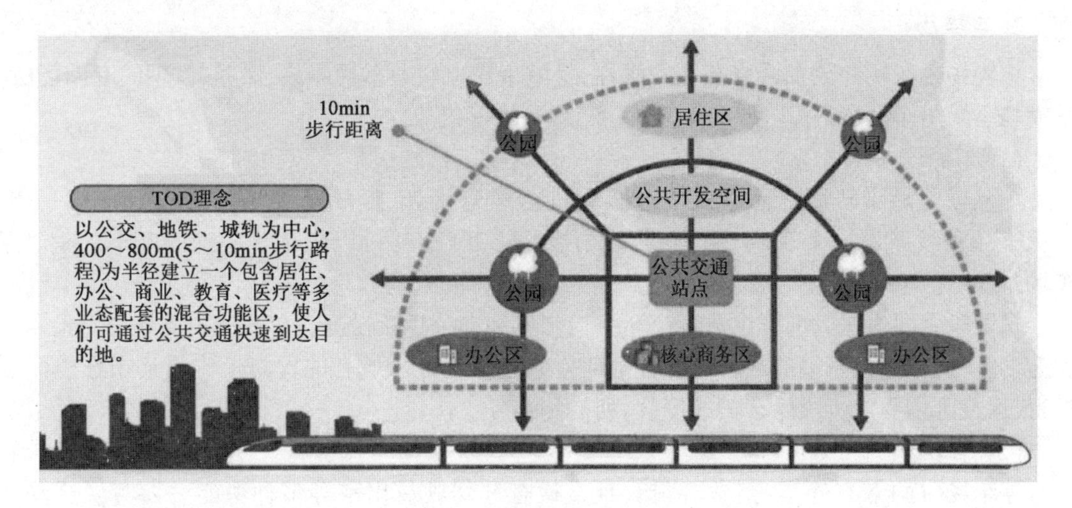

图 11-2　TOD 开发模式示意图

五、轨道交通站场

1. 城市轨道交通车站的类型

(1)按车站所处位置分

按车站所处位置分,可分为地面车站、地下车站和高架车站,如图 11-3 所示。

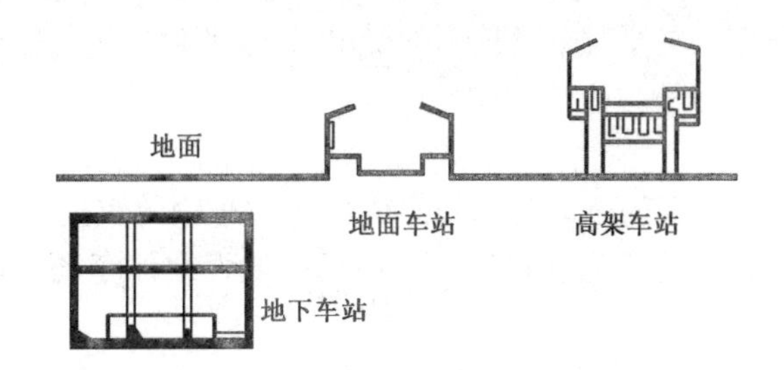

图 11-3　车站与地面相对位置示意图

(2)按车站运营性质分

①中间站:仅供乘客上、下车之用,功能单一,是地铁路网中数量最多的车站。

②区域站:设在两种不同行车密度交界处的车站,设有折返线和设备。区域站兼有中间站的功能。

③换乘站:位于两条及两条以上线路交叉点上的车站。它除了具有中间站的功能外,更主要的是它还可以从一条线上的车站通过换乘设施转换到另一条线路上的车站。

④枢纽站:由此站分出另一条线路的车站,该站可接送两条线路上的乘客。

⑤联运站:车站内设有两种不同性质的列车线路进行联运及客流换乘。联运站具有中间站及换乘站的双重功能。

⑥终点站:设在线路两端的车站,就列车上、下行而言,终点站也是起点站(或称始发站),

终点站设有可供列车全部折返的折返线和设备,也可为列车临时停留检修提供场所。

2. 车辆场

车辆场是车辆停放及维修基地的简称,是城市轨道交通车辆停放、保养、修理的专门场所。车辆场主要由车辆段、停车场(库)、检修场、列检场等组成。

(1)车辆段

车辆段是城市轨道交通系统中对车辆进行运营管理、停放及维修、保养的场所。一般情况下一条线路设一个车辆段,当线路长度超过20km时可以考虑设一个车辆段、一个停车场。

车辆段主要由三大部分组成:停车库、检修库和办公生活设施。车辆段主要划分为检修区和运营区,主要承担车辆的运营及各种定期检修作业任务。所有的检修工作均集中在检修区进行,运营区主要负责段属车辆的停放、列检和乘务工作。

(2)停车场(库)

停车场(库)兼有停车、整备、清扫、日常检查和驾驶员出乘等多种功能。为实现这些功能,停车场(库)除设有停车线外,还设有运营车间、运转值班室、驾驶员待班室等驾驶员出乘用房,以及列车、列车车载信号检修用房。列车本身价值昂贵,在地铁运行中占据着重要地位,因此,停车场(库)都设有自动防灾报警设备,并与整个地铁消防系统联系在一起。

(3)检修场

检修场用于对车辆的检修,方式是在库内对列车的走行部、车体及车顶设备进行检查。为便于作业和保证安全,线路应采用架空形式。除线路中间设置地沟,在检修线两侧应设三层立体检修场地,底层地坪低于库内地坪,在底层地坪上可以对走行部以及车体下布置的电气箱、制动单元、蓄电池进行检查,主要对车辆顶部的受电弓、空调设备进行检修,车顶平台设有安全栏杆。

(4)列检场

列检场的任务是利用列车的停放时间和停放场地对车辆的重要部件进行例行技术检查,对危害行车安全的一般故障进行重点修理。列检场一般设在停车场(库)或列车折返时停留和准备场所的停车线旁。

除此之外,车辆场还有办公生活设施,包括信号楼以及管理人员和司乘人员工作、休息场所等。

第四节 地面公共交通运输系统

一、常规公共汽(电)车交通

常规公共汽(电)车处于公共交通系统的支配地位,一般适用于现阶段尚没有建设轨道交通和快速公共交通系统的城市。常规公共汽(电)车作为城市公共交通的主体,大运量快速公共交通系统作为城市公共交通系统的骨架,一般适用于已建设或部分建成网状布局的大运量快速公共交通系统,包含轨道交通或快速公共交通的大城市。常规公共汽(电)车与快速公共交通系统并重,一般适用于已经建成通达的大运量快速公共交通网络,同时非常重视常规公共汽(电)车的“优先设施”建设及与大运量交通网络的衔接配合的大城市。常规公共汽(电)车作为城市公共客运交通的辅助工具,或作为快速公共交通系统的终端工具,一般适用于已经建成非常通达的轨道交通网络系统的大城市。

二、巡游出租车

巡游出租车是指充分满足乘客和用户意愿而被雇用的营业车辆。出租车服务分为客运服务和车辆租赁服务两大类。其中,客运服务是指为乘客提供运送服务,并按里程和时间收费的出租车经营活动;车辆租赁服务是指向用户出租不配备驾驶员的客运车辆,并按时间收费的出租车经营活动。

同样是为乘客提供服务的营业车辆,公共汽(电)车有固定的路线、站点和营运时间,而巡游出租车是一种不定线路、不定车站、以计程或计时方式营业、为乘用者提供门到门服务的较高层次的公共交通工具。

巡游出租车企业是服务性的经营企业。这里所说的“服务性”,是指具有公用事业的行业属性而言,这就必然确定了出租车企业是以社会效益为主的微利型企业。

1. 巡游出租车在现代化城市建设中的重要地位

巡游出租车行业是我国实行改革开放政策后的一个新兴行业,也是现代城市生存和发展的重要基础,它对于推进城市改革开放具有先导性和改善投资环境的重要地位,同时出租车的发达程度还从一个侧面反映了一个城市的经济发展水平和市民生活质量水平,也反映了一个城市的现代化总体水平。

2. 巡游出租车在现代化城市建设中的作用

巡游出租车是城市综合交通运输体系的组成部分,是城市公共交通的补充,为社会公众提供个性化运输服务。巡游出租车发展应当与城市经济社会发展相适应,与公共交通等客运服务方式协调发展。各城市应明确巡游出租车的发展定位,着力构建多样化、差异性城市综合运输服务体系,更好满足人民群众出行需求。

三、网约出租车

网约出租车,即网络预约出租汽车经营服务的简称,是指以互联网技术为依托构建服务平台,接入符合条件的车辆和驾驶员,通过整合供需信息,提供非巡游的预约出租汽车服务的经营活动。网约出租车随着互联网+城市交通概念而出现且日渐兴起。

2015年3月5日,《政府工作报告》首次提出“互联网+”行动计划。城市“互联网+”是创新2.0下的互联网发展的新业态,是知识社会创新2.0推动下的互联网形态演进及其催生的经济社会发展新形态。“互联网+”是互联网思维的进一步实践成果,可推动经济形态不断地发生演变,从而激发社会经济实体的生命力,为改革、创新、发展提供广阔的网络平台。通俗来说,“互联网+”就是“互联网+各个传统行业”,但并不是简单的两者相加,而是利用信息通信技术以及互联网平台,让互联网与传统行业深度融合,创造新的发展生态。互联网与传统行业的融合发展将全流程改造传统行业,从而产生新的业态。

互联网与交通的碰撞也形成了“线上资源合理分配、线下高效优质运行”的新格局。“互联网＋交通”在交通领域应用产生了不少形态,如定制公交、互联网打车平台、出行导航系统等。例如国内的滴滴出行等打车软件可实现预约、实时叫车,方便出行。总体来说,通过把移动互联网和传统的交通出行相结合改善了人们出行的方式,提高了车辆的使用率,推动了互联网共享经济的发展,提高了效率,减少了排放,对环境保护也作出了贡献。

四、共享自行车

公共交通工具的“最后一公里”是城市居民出行采用公共交通出行的主要障碍,也是建设绿色城市、低碳城市过程中面临的主要挑战。共享自行车致力于解决用户出行服务“最后一公里”问题,由于其便捷经济、节能环保,而深受青睐。

共享自行车企业通过在校园、地铁站点、公交站点、居民区、商业区、公共服务区等提供服务,完成交通行业最后一块“拼图”,带动居民使用其他公共交通工具的热情,与其他公共交通方式产生协同效应。共享单车采用分时租赁模式,是新型绿色环保共享经济的产物。

在“互联网＋”交通的大背景下,近年来,共享单车用户数量和单车投放量持续增长,一方面有利于缓解城市交通压力和方便人们短距离出行;另一方面,共享单车无序停放甚至占用盲道、挤占公共自行车桩位等问题也随之出现,如果不对其规范管理,不但与解决用户出行最后一公里初衷背道而驰,反而给公共交通添堵。此外,安全、押金等问题也随之出现。为此,各地正在积极探索,目前通过专人维护、强制更新、总量调节等措施来规范共享自行车市场。

1. 公交线网规划的基本步骤是什么?
2. 轨道交通站场都有哪些?
3. 列举“互联网＋”城市交通的实际应用案例。

第十二章
CHAPTER TWELVE

道路交通环境与景观规划

本章导读

道路交通与环境保护联系紧密,道路景观环境也会对驾乘人员心理等产生一定的影响。本章重点介绍道路交通环境的相关基础知识,并从道路交通大气污染、道路交通噪声、道路交通振动、道路交通景观规划、道路结构物景观与绿化设计五个方面详细阐述道路交通环境保护的相关内容。

教学目标

1. 知识目标

(1)了解道路交通环境的相关基础知识。

(2)熟悉道路交通大气污染物、道路交通噪声、道路交通振动的危害与防治。

(3)掌握道路交通景观规划、结构物景观与绿化设计的相关内容和要求。

2. 能力目标

(1)能够识别道路交通建设和运营中的各类环境问题并提出防治措施。

(2)能够从功能、美观、生态平衡三方面综合分析道路结构物景观与绿化设计的相关问题。

3. 素质目标

(1)培养学生人与自然和谐相处的生态文明建设意识。

(2)培养学生对可持续发展的深刻认知,树立节约、低碳、减污、扩绿的生活理念。

思政课堂

花重锦官城——“大运之路”的景观设计

为迎接第31届世界大学生夏季运动会,成都市龙泉驿区内设计修建了一条全长约12km、连接大运村到东安湖大运会主场馆的“大运之路”。除了便捷安全的交通功能之外,这条路也成为公园城市街道建设的新范式,承载着向世界展示成都公园城市理念的重要使命。

银杏、金桂、果石榴、红花碧桃、芙蓉葵、山桃草、红宝石糖蜜草、紫叶酢浆草……站在与大运会村紧靠的友谊东路,左边是大运会专用道,右边是与通道相连的友谊路,道路绿意盎然、花团锦簇的视觉体验足以令人切身感受到公园城市良好的生态环境和人居环境。成都市通过科学搭配路内植物,实现了为大运会"增花添彩",同时也向世界各地运动员展示了"花重锦官城"的绿色、生态、可持续发展的公园城市形象。

第一节 道路交通环境保护概述

一、道路交通环境

环境是指人类和生物生存的空间。我国《中华人民共和国环境保护法》中对环境明确定义为"影响人类生存和发展的各种天然的和经过人工改造的自然因素的总体,包括大气、水、海洋、土地、矿藏、森林、草原、湿地、野生生物、自然遗迹、人文遗迹、自然保护区、风景名胜区、城市和乡村等。"道路交通环境是指与道路交通活动相关的影响人类生存和发展的各种因素的总和,即为人们依托道路进行交通运输的客观条件。

环境提供人类活动不可缺少的各种自然资源,是人类生存的物质基础,也是各种生物生存的必要条件。环境在不断地消解着人类生产生活中产生的各种能量和废弃物,也在被人类有意识地改造中,人类和环境一直是在相互作用和影响中来达到一种动态的平衡。若人类对环境的影响超过了环境的承受能力,人类向环境排放废弃物的数量超过了环境本身的自净能力,人类索取资源的速度超过了资源本身及其替代品的再生速度,则平衡被破坏,环境质量会下降,进而引发一系列的环境问题。

伴随着环境问题对人类伤害的增大,人类意识到环境问题的严重性,开始探索环境保护和可持续发展之路。1989 年我国颁布了《中华人民共和国环境保护法》,明确提出了环境保护的基本任务是:"保护和改善生活环境与生态环境,防治污染和其他公害,保障人体健康,促进社会主义现代化建设和发展。"环境保护是指人类有意识地保护自然资源并使其得到合理的利用,防止自然环境受到污染和破坏;对受到污染和破坏的环境必须做好综合治理,以创造出适合于人类生活、工作的环境。当前环境保护已经成为我国的国策。

在一系列对环境的影响因素中,道路交通运输的影响显得尤为重要。1769 年,法国军事工程师兼陆军炮兵大尉古诺制造出世界上第一辆蒸汽机汽车,此车以每小时 3.5km 的速度行驶时,冒着浓浓的黑烟,发出隆隆的噪声,由此,便产生了道路交通环境问题。我国从 20 世纪 80 年代中期起,道路交通进入高速发展时期,大规模的道路建设,给道路沿线地区的自然环境、生态环境、生活环境及景观环境带来一系列环境问题。

要实现经济可持续发展,就要以环境保护为基础和关键。因此,将交通建设对环境的负面影响减低、提升其正面影响,建立和谐自然的道路交通空间,以满足日益增大的交通量的需求和对道路交通空间质量提升的需求,达到社会效益、经济效益、环境效益的三角平衡,实现交通建设的可持续发展就成为道路交通环境保护的主要目标。

二、交通环境问题

目前,道路交通建设引起的问题主要分为两类:一类为生态环境破坏,一类为环境污染。

1. 生态环境破坏

道路交通施工期的环境问题主要表现为非污染型生态环境。与其有关的生态环境影响一般为:建设占地、局部地形地貌破坏(如高填、深挖、大切坡等)、土壤侵蚀、动植物影响(如植被破坏、植物分布、生物群落、种群的数目、动物迁徙等)、景观及生态敏感区影响(如著名历史遗产、自然保护区、风景名胜区、和水源保护区)、交通工程沿线的历史文化影响等。

每条道路涉及的具体生态问题各不相同,主要取决于所经地域的自然环境、生态环境及地貌状况等,对环境的影响程度则取决于公路的等级。道路交通建设占地存在的生态破坏,表现为不合理地开发利用自然资源,占用土地尤其是极其宝贵的自然资源耕地。据统计,四车道高速公路及一级公路建设,每公里占用土地 75 亩(约 50000m^2)左右,一般耕地占 70% ~90%,六车道高速公路则占地更多。因此,在公路设计、施工等各个环节中,必须珍惜每一寸土地,合理地利用每一寸土地。

2. 环境污染

道路交通环境污染问题主要是空气污染、噪声污染、水污染、振动等。

(1)空气污染

道路交通施工期,会造成大量的扬尘等,危害施工人员等直接接触者的身体健康;道路交通运营期,车辆会排放大量尾气。其污染物主要有一氧化碳(CO)、氮氧化物(NO_x)、碳氢化合物(HC)、悬浮颗粒物(TSP)、铅化合物等,造成城市环境空气污染,危及人们的身体健康。

(2)噪声污染

道路交通施工期的建筑施工噪声干扰和运营期的交通噪声干扰,都成为影响居民日常生活的主要环境问题,道路交通噪声是城市环境噪声的主要来源,已经成为城市环境的一大公害。交通运输在提升人民生活水平的同时,也在影响着人们的健康、生活质量和环境质量。随着我国道路交通事业的突飞猛进,道路交通发展中的生态环境问题日显突出,成为一个需要高度重视的问题。

我国近年来已经开始重视交通环境的保护,出台了相应的法规。交通部 2006 年正式颁布了《公路建设项目环境影响评价规范》(JTG B03—2006),2017 年修订的《建设项目环境保护管理条例》,2020 年 11 月审议通过并公布《建设项目环境影响评价分类管理名录(2021 年版)》。对道路交通建设的环境管理一直在探索和完善中,我们应该将其前置,从交通规划入手,从保护地球环境的观点出发,进行多角度进行研究和实践。

本章主要介绍道路交通产生的大气、噪声、振动的危害与控制,以及景观规划和景观与绿化设计。

第二节 道路交通污染物的危害与防治

一、大气环境概述

大气是指包围着地球的一层总厚度约为1000km的混合气体层,通常称为大气层或大气圈(简称“大气”)。未被污染的洁净空气,主要由氮气(N_2)、氧气(O_2)、稀有气体等组成,这些占到空气总质量的99.9%。

我国是世界上空气污染严重的国家之一,早期大气污染属煤烟型污染,以颗粒物和酸雨危害最大,2019年酸雨区面积约47.4km^2,全国降水pH年均值范围为4.22~8.56。

交通运输业是造成大气污染最主要的污染源之一。道路交通对大气的污染主要是指交通运输中,车辆燃烧燃料后排出的烟、尘和有害气体,其数量、浓度和持续时间都超过大气的自然净化能力和允许标准,达到有害程度,对人或物造成危害的现象。

交通运输业迅猛发展,我国车辆保有量近年来以15%以上的年增长率递增,各项污染物的排放量在空气污染物中占比越来越大。据统计,在我国不同地区的监测中,已发现环境空气的污染物中,车辆排放量占有较严重的分担率,CO、NO_x、THC等都超过了50%。20世纪90年代以来,城市交通排放污染已经取代煤烟型污染,成为造成大气污染的主要因素。

道路交通大气污染程度,与车流量、车型、燃料、运行状态、道路条件及地理气象等有着密切的关系。在不同的季节与时间里都在随机变化着。

二、汽车排放的污染物的主要成分、形成及其危害性

1.汽车废气的主污染物成分及形成

汽车废气是一种排放部位低,不易扩散的流动源,是大气被污染的重要源头,其影响面最宽、危害最大。汽车污染按其形态可分为固体(粉尘、烟尘)、液体(水滴)及气体(废气),其成分随内燃机种类及运转条件的变化而变化。

燃料充分燃烧后释放二氧化碳(CO_2)、水(H_2O)、氮(N_2)和氧(O_2)等,其中二氧化碳的大量排放会造成大气升温。所排放废气中危害大的是由于未完全燃烧以及燃烧过程中产生的中间产物,主要有一氧化碳(CO)、碳氢化合物(C_xH_y)、氮氧化合物(NO_x)、二氧化硫(SO_2)、铅化合物、3,4-苯并芘、醛类、黑烟、油雾、光化学烟雾等。

城市越大、人口密集、汽车量多,排放的汽车废气就越多,因此城市汽车废气排放量常高于农村,城市中心区高于郊区,商业区高于居民区。同时,汽车废气的成分与数量,与车速、运行状态、燃料、发动机类型等有关系。

污染物的排放量与车速有密切关系。汽车废气成分含量与车速关系见表12-1。

汽车废气组成成分同车速的关系　表 12-1

污染物的组成成分	空挡	满载	
		低速	高速
NO_x	$0\sim50\times10^{-6}$	1000×10^{-6}	4000×10^{-6}
CO_2	6.5% ~8%	7% ~11%	12% ~13%
H_2O	7% ~10%	9% ~11%	10% ~11%
O_2	1% ~1.5%	0.5% ~2%	0.1% ~0.4%
CO	3% ~10%	3% ~8%	1% ~5%
H_2	0.5% ~4%	0.2% ~1%	0.1% ~0.2%
HC	$(300\sim8000)\times10^{-6}$	$(200\sim500)\times10^{-6}$	$(100\sim300)\times10^{-6}$

一氧化碳、碳氢化合物均随车速提高而减少，而氮氧化物则随车速提高而稍有增长。三种主要污染物的排放量与速度的关系见表 12-2。

三种主要污染物排出量同车速的关系（单位：g/km）　表 12-2

污染物	车速（km/h）					
	16	32	48	64	80	96
CO	59.6	30.3	21.3	17.3	14.4	12.6
C_xH_y	7.1	4.7	3.7	3.0	2.5	2.3
NO_x	3.2	3.6	4.0	4.4	4.8	5.2

污染物的排放量与车辆运行状态和燃料成分有关，在不同的汽车运行状态下，排放量不同；燃料不同则排放量及成分也会不同。采用汽油及柴油发动的汽车在怠速时一氧化碳排放量最多，减速时次之，恒速时最低；碳氢化合物则在减速时排放量最多，恒速时最低。

2. 汽车废气的危害

汽车废气对人体呼吸道系统、心血管系统、消化系统、神经系统、泌尿系统等都将产生不利的影响，并会造成眼、鼻黏膜组织病变及癌症的发展，严重中会导致死亡。

（1）一氧化碳（CO）

一种无色、无味、无臭的窒息性气体。主要是由汽车发动机的燃料燃烧不完全而产生。常在空挡行驶、经常制动、启动、减速和加速时，排出量较大，见表 12-1、表 12-2。

大气中的 CO 它进入人体血液成为碳氧血红蛋白，其浓度在 10% ~20% 时，出现剧烈的头痛、恶心、呕吐、心悸等症状，但无昏迷，吸入新鲜空气，症状可迅速缓解，并逐渐完全恢复；碳氧血红蛋白浓度在 30% ~40%，出现反应迟钝，除头痛、恶心、呕吐、心悸、乏力、嗜睡等初期虽然意识清醒，但已无自救能力，此时如能及时移离中毒场所并经抢救后可逐渐恢复；碳氧血红蛋白浓度在 50% 以上，意识障碍严重，呈深度昏迷或植物状态，甚至死亡。

（2）碳氢化合物（C_xH_y）

C_xH_y 产生于燃烧完全的汽油及汽油燃烧时的裂化，在汽车减速时产生的量最多。城市大气中的碳氢化合物对健康无直接危害，但它是形成光化学烟雾时的主要成分，对人眼、鼻、呼吸道有强烈刺激作用。

(3)氮氧化合物(NO_x)

被汽车废气污染的大气同时存在着一氧化氮和二氧化氮,主要产生于汽车发动机高速运转时。速度越快,氧气越充足,则产生量越多,污染越严重。汽油在高温燃烧的过程中产生多种氮氧化合物,主要是一氧化氮(NO),约占95%。一氧化氮是无色无味气体,只有轻度刺激性,毒性不大,高浓度时会造成中枢神经有轻度障碍。

一氧化氮到大气中后,部分与空气中的氧结合,生成二氧化氮(NO_2),这是一种红棕色、有毒的恶臭气体。对人的眼、鼻、呼吸道有刺激作用。在50×10^{-6}以上时,产生咽喉剧痛和剧烈咳嗽。在500×10^{-6}以上时,几分钟内可严重侵害肺部,甚至死亡。它能降低远方物体的亮度和反差,是形成光化学烟雾的主要原因。

(4)二氧化硫(SO_2)

二氧化硫在某些柴油发动机排出气体中含有,是一种无色、有恶臭、刺激性很强的气体,其排放量虽不大,但当其浓度达8×10^{-6}时,人就开始感觉难受。SO_2经氧化成为SO_3烟雾,其毒性增强7倍,其浓度还不到0.8×10^{-6}时,人就无法忍受。二氧化硫能刺激人体的呼吸系统,可引起支气管炎和哮喘等病;二氧化硫的腐蚀性较大,能腐蚀桥梁等金属构件,能损害植物的叶片,影响其生长并降低其产量。

(5)铅化合物(Pb)

目前的无铅汽油并非完全不含铅,作为汽油的抗爆剂的四烷基铅,在燃烧过程中分解成氧化铅,被排放于大气中。铅化合物主要损害神经系统、消化系统、造血系统和肾脏,近年来,铅接触对内分泌、生殖系统的影响也已引起重视。铅化合物的蒸气、烟和粉尘主要通过呼吸道侵入人体,也可经消化道被吸收,逐渐在人体内积累,当积累达到一定程度时,铅将影响血液中红细胞的活性,使心、肺等发生病变;并能影响婴幼儿的生长和智力发育损伤认知功能、神经行为和学习记忆等脑功能,严重者造成痴呆。

(6)苯并芘

苯并芘又称3,4-苯并芘,化学式$C_{20}H_{12}$。环境中已发现存在于煤焦油、香烟烟雾、烟道废气、柴油机排气等高热反应生成物中。现已证实苯并[a]芘是国际上公认的强致癌物,并具有致突变性。

(7)光化学烟雾

光化学烟雾是一种次生物,是汽车排出废气中的碳氢化合物和氮氧化合物,在空气中经阳光紫外线照射发生一系列光化学反应生成的一种淡蓝色烟雾,同时生成气溶胶,形成新的污染物。光化学烟雾的形成及其浓度,除直接决定于汽车排气中污染物的数量和浓度以外,还受太阳辐射强度、气象以及地理条件的影响。

光化学烟雾可刺激人的眼睛,引起红眼病,对人的鼻、咽、喉、气管和肺部都有刺激作用,可促使哮喘病人哮喘发作、引起慢性呼吸系统疾病进一步恶化,还可能诱发肺癌,以及加速人的衰老。光化学烟雾对植物的损害也十分严重,可使农作物减产、树木落叶或枯死。加速橡胶制品的老化,腐蚀建筑设备和衣物,使染料褪色等。此外,因光化学烟雾生成的气溶胶不易沉降,易于散射太阳光线,以致显著降低大气的能见度,缩短视距,造成交通事故等危害。气溶胶还能吸附、浓缩大气中的其他污染物,带入人的呼吸道内,加剧污染物的毒害作用。

三、控制汽车排放污染物的措施

1. 制定并执行严格的排放标准

控制汽车排污必须有法可据，有标准可依，同时还应建立对大气的监测和与交通流参数观测相协调的汽车废气污染监测系统，才能保证控制工作的贯彻。

(1)环境空气质量标准

我国出台了《中华人民共和国环境保护法》和《中华人民共和国大气污染防治法》，2016年在全国实施《环境空气质量标准》(GB 3095—2012)。这个标准规定了大气环境中主要污染物的最高允许浓度值，是大气污染的评价依据，也是制定汽车排放污染物标准的准则，见表12-3、表12-4。

环境空气污染物基本项目浓度限值 表12-3

序号	污染物项目	平均时间	浓度限值		单位
			一级标准	二级标准	
1	二氧化硫(SO_2)	年平均	20	60	μg/m³
		24h 平均	50	150	
		1h 平均	150	500	
2	二氧化氮(NO_2)	年平均	40	40	μg/m³
		24h 平均	80	80	
		1h 平均	200	200	
3	一氧化碳(CO)	24h 平均	4	4	mg/m³
		1h 平均	10	10	
4	臭氧(O_3)	日最大8h 平均	100	160	μg/m³
		1h 平均	160	200	
5	颗粒物(粒径小于10μm)	年平均	40	70	
		24h 平均	50	150	
6	颗粒物(粒径小于2.5μm)	年平均	15	35	
		24h 平均	35	75	

环境空气污染物其他项目浓度限值 表12-4

序号	污染物项目	平均时间	浓度限值		单位
			一级标准	二级标准	
1	总悬浮颗粒物(TSP)	年平均	80	200	μg/m³
		24h 平均	120	300	
2	氮氧化物(NO_x)	年平均	100	100	
		24h 平均	250	250	
		1h 平均	200	200	
3	铅(Pb)	年平均	0.5	0.5	

续上表

序号	污染物项目	平均时间	浓度限值		单位
			一级标准	二级标准	
3	铅(Pb)	季平均	1	1	$\mu g/m^3$
4	苯并[a]芘(BaP)	年平均	0.001	0.001	
		24h 平均	0.0025	0.0025	

(2)机动车污染物排放标准

对应环境空气质量的要求,汽车的废气排放应制定并执行严格的排放标准。目前国际上汽车排放控制法规主要分为欧洲、美国和日本三大体系,其他各国基本上参照这三大体系来制定各自的汽车排放法规。我国主要参照欧洲体系来制定汽车污染物排放强制性标准体系并逐步提升,在2001年开始实施国家第一阶段机动车污染物排放标准(即国Ⅰ标准),经过15年的发展,单车污染物排放降低90%以上。在2004年7月1日实施国家第二阶段机动车污染物排放标准(即国Ⅱ标准);2007年7月1日实施国家第三阶段机动车污染物排放标准(即国Ⅲ标准);2010年7月1日,实施国家第三阶段机动车污染物排放标准(即国Ⅳ标准);2017年1月1日起在全国实施第五阶段国家机动车排放标准(即国Ⅴ标准),轻型车国Ⅵ排放标准改变了以往等效转化欧洲排放标准的方式,首次实现引领世界标准制定,能够满足重点地区为加快改善环境空气质量而加严汽车排放标准的要求;环境保护部、国家质量监督检验检疫总局在2016年和2018年分别发布了《轻型汽车污染物排放限值及测量方法(中国第六阶段)》(GB 18352.6—2016)和《重型柴油车污染物排放限值及测量方法(中国第六阶段)》(GB 17691—2018)(即国Ⅵ标准),目前各个实施情况不一,正在逐步推进。

机动车污染物排放标准是能保障机动车在使用前后的单车排放水平不超标,而道路交通所产生的大气污染物总量还要受交通量、道路、车速等条件限制,因此,还需采取其他技术措施,综合控制机动车污染物排放。

2. 加强和改进道路交通管理

从道路改善、交通运行管理等方面采取措施或对策,以降低汽车废气的排放。

加强对道路的养护管理,使道路保持平整,保证汽车在良好的路况下行驶,减少排放有害气体;改善城市交叉口的通行条件和交通干道的通行条件,注意加强交通管理,调整交通流,提升交通运行效率,使道路上的车流有适当的流量和速度,尽可能地匀速、畅通,从而减少因高速、减速、制动、起动等带来的污染;采取科技手段和其他管理方式,如采取电子收费系统(ETC)、年票制等收费管理方式,减少或取消道路上各种关卡和收费,车辆保持恒速通过,减少车辆的怠速状态;实行限行措施,严格限制拖拉机、载重柴油机车等在城市市区道路上行驶;根据我国气候以及地形特点合理地进行城市规划和道路设计,在城市的路网的布设中应把减少或避免对大气的污染放在重要位置来考虑,做好道路设计中尤其是隧道的通风设计,特别是对于交通量大、长度大的隧道内机械通风设计,有助于减轻交通大气污染。

3. 加强车辆环保设计和管理

从技术层面,对汽车进行改进环保节能设计,一方面发展新能源汽车,研究采用电动汽车、无轨电车,采用液化天然气、氢气、液化煤气与柴油的混合燃料,用无铅汽油来代替有铅汽油作燃料等,是减少汽车排污的有效措施。另一方面,改进内燃机结构,发展转子发动机,使汽油在免爆中燃烧完全。改进曲柄箱、汽化器和燃料箱等,使之能避免或减少气体的遗漏,减少或改变排污的成分与数量,安装漏气回流管和补燃器,改进汽车的废气净化装置使排气管排出物再次燃烧而变为无害的气化物。

4. 加强绿化措施

植物对大气污染具有一定的对抗性。一方面,某些植物有的叶气孔下陷或多绒毛、有的能及时关闭气孔,在一定程度上阻碍污染物进入叶片,拒污染物于体外;另一方面,某些植物对大气中颗粒物具有较强的吸附作用,能吸收并积累相当量的污染物,部分有毒物质还能在某些植物的新陈代谢中转化、分解,起到一定的空气净化、减轻道路附近地区污染的作用。

因此,道路附近可选择合适的树种,例如悬铃木对二氧化硫、氯气等有毒气体有较强的抗性,通过大面积植被覆盖,有效进行空气净化。考虑到实际的地形与气象条件,于道路两侧适当范围内进行绿化,是净化道路交通环境的既经济又有效的措施。可与降噪声措施一并考虑。

第三节 道路交通噪声污染与防治

一、噪声的含义及有关指标

1. 噪声

声音来源于物体的振动。通常把正在发出声音的振动物体称为声源。声源振动时,使周围空气产生疏、密交替变化的波动,并向回原处传播而形成声波。人耳能感觉到的声波频率范围在 20 ~ 20000Hz,其对应的波长范围为 17.0 ~ 0.017m。低于 20Hz 的声波称为次声,高于 20000Hz 的称为超声,次声和超声不能使人产生听觉。

判断一种声音是否属于噪声,在很大程度上取决于接收者的主观因素。概括起来,凡是使人烦恼不安、对人体有害、人们所不需要的声音统称为噪声,发出噪声的振动物体称为噪声源。

2. 噪声的有关指标

(1)声功率

声功率是声源在单位时间内向空间辐射声的总能量,记作 W,单位为瓦(W)微瓦(μW)。声源的声功率与频率有关,在计量时应指明其频率范围。在噪声检测中,声功率指的是声源总声功率。声源辐射的声功率一般与环境条件无关,纯属于声源本身的一种特性。一般人讲话的声功率约为 20μW,提高嗓音讲话(如讲课)时一般为 50 ~ 100μW。

(2)声强

声强是衡量声场中声音强弱的物理量,是单位时间内通过垂直于声波传播方向的单位面积的能量,记作 I,常用单位为(W/m^2),声强是矢量。声场中某点的声强的大小与声源的声功率、该点距声源的距离、波阵面的形状及声场具体情况有关。

(3)声压

声压是大气压受到声波扰动后产生的变化,即声波所达到的各点上,某一瞬间介质中的压强相当于无声波时压强的改变量,记作 P,常用单位为帕(Pa)。其可用以衡量声音的强弱。声波传播时,声场中任一点的声压都是在不断变化的,任意时间点的声压均称瞬时声压。声压的实际效果是某段时间内瞬时声压的平均值,该平均值称为有效声压。

当两个以上不同的声源同时作用于某一点时,它们产生的总声压并不是各个声压的代数和,应按照能量法则进行叠加。

(4)声压级

声压级(L_P)是表示声压大小的指标,单位为 dB。

(5)频率与频谱

声音是由声源振动而产生的,并通过媒介传播,每秒钟媒介质点振动的次数即为声波的频率,单位为 Hz。频谱是频率谱密度的简称,是频率的分布曲线。噪声的频谱往往是连续的,通过带通滤波器测得相应频带的声级,将频率为横坐标,声级为纵坐标作图,即可得被测噪声的频谱图。对于噪声控制,不仅需要知道噪声的声压级大小,还必须了解噪声的频谱,只有首先降低或消除那些主要的频率成分,才能有效降低噪声。

二、道路交通噪声的来源、特性及其危害

1.道路交通噪声的来源

道路交通噪声主要来自汽车,而汽车噪声强度与汽车类型、车速、行车速度,发动机功率,道路纵坡、交叉口间的距离,路面等级与状况、标志的设置有关,其中发动机功率、车流量的大小起决定作用,其次与地形、驾驶技术、载重情况也有关。道路交通噪声可分为动力噪声、轮胎噪声、喇叭声和车体噪声,如图 12-1 所示。

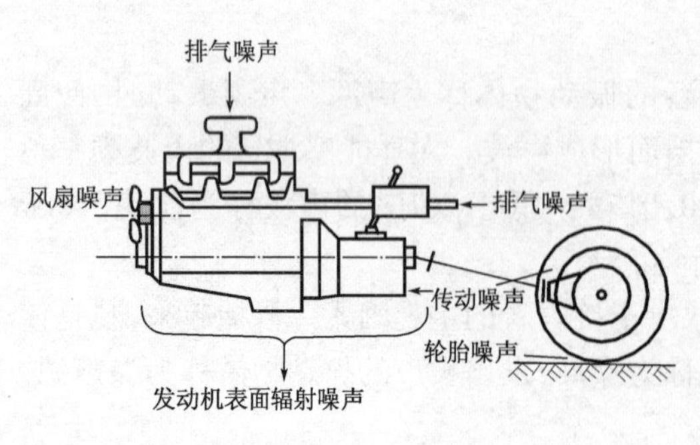

图 12-1 汽车主要噪声源示意图

动力噪声主要有进气噪声、排气噪声、冷却及风扇噪声、发动机表面辐射噪声、用发动机带动旋转的各种发动机附件的噪声、传动噪声。轮胎噪声是指轮胎与路面的接触噪声,它由轮胎直接辐射的噪声和由轮胎激振车体振动产生的噪声构成。

我国城市道路交通噪声的重要来源之一是汽车喇叭声。交通管控中在特殊地段有禁鸣喇叭的规定,同时我国出台了《机动车用喇叭的性能要求及试验方法》(GB 15742—2019),对安装在机动车上的喇叭做出了明确要求:喇叭应装于机动车辆的前部,M、N 类汽车和功率大于 7kW 的摩托车,其声压级应满足不小于 87dB,且不大于 112dB。

车辆行驶过程中,车体产生的空气动力噪声、车体的各处结构在不平整路面振动下产生的车体噪声。它是各种客车和载货汽车驾驶室内部噪声产生的主要原因之一。

2. 道路交通噪声的特性

道路交通噪声的源头具有流动性，是一种随机非稳态噪声，它受到道路与交通条件的密切影响，有以下特点。

道路交通噪声的分布与道路网的分布一致，其影响范围主要是道路两侧一定范围内的居民及建筑物等。其产生具有一定的规律性，在上下班高峰及拥挤路段，交叉口噪声较大。

噪声源的种类多，既有点源，又有面源和线源。例如个体机动车为先源，而路口繁忙的运输干线就是典型的线噪声源。

道路交通噪声与道路的坡度、路面粗糙度、路段位置等有关。道路坡度越大、发动机负荷越增加，噪声越高，越接近交叉口处噪声越高，路面粗糙度越大噪声越大。

道路交通噪声与道路交通状况有着密切的关系。噪声随车流量的增加而增大，重型车所占的比例越大，噪声越高。交通噪声的时间分布规律与交通流量的时间分布规律很接近。此外，加速行驶频繁的地段比均速行驶的地段噪声高。而车辆加速产生的噪声与其加速挡位和加速度的大小有关。

3. 道路交通噪声的危害

(1) 听觉疲劳或听力损伤

当人的听觉受到噪声刺激，听觉敏感性发生显著的降低，甚至造成暂时或永久性的听觉损伤。50dB(A)时开始影响脑力劳动，80dB(A)以下只能保证长期工作不致耳聋。在90dB(A)条件下，只能保护80%的人不会耳聋，即使是85dB(A)，还会有10%的人产生噪声性耳聋。人耳听力损失的频率从4000Hz开始。有时虽没有达到噪声性耳聋的程度，但很可能已有听力损失。

(2) 严重干扰人们的生活

噪声会影响人们的睡眠质量和时间，当睡眠受到噪声干扰后，工作效率和健康都会受到影响，40dB的连续噪声可使10%的人睡眠受到影响，70dB影响50%，而突发的噪声在40dB时可使10%的人惊醒，到60dB时可使70%的人惊醒。

(3) 影响人体生理

许多调查统计资料表明，大量的心脏病的发展和恶化与噪声有着密切的联系。噪声还会引起消化系统方面的疾病。噪声能引起神经衰弱，如失眠、疲劳、头晕、头痛、记忆力衰退，还可使人产生眩晕、恶心、呕吐。当超过140dB时，甚至会引起眼球振动，视觉模糊，呼吸、脉搏、血压都会发生波动，全身血管收缩，供血减少，说话能力受到影响等。

(4) 影响人的心理

噪声引起的心理反应主要是烦恼或烦躁，首先是对交谈和休息产生干扰，环境噪声如超过66dB，就很难保证正常的交谈。还由于噪声的掩蔽效应，往往使人对一些危险信息不易察觉，从而易造成工伤事故。

(5) 影响语言通信

噪声对人的语言信息具有掩蔽作用，语言的频率范围多在500～2000Hz，与大多交通噪声同频，因此语言受其干扰较大。当噪声级低于谈话声级时谈话才能正常进行；电话通信的语音在50dB的噪声环境下通话清晰可辨，而大于60dB时通话受阻。

三、道路交通噪声的防治措施

控制道路交通噪声的危害,应该从降低噪声源的辐射噪声、控制噪声传播途径、保护噪声受害者三个方面去考虑,其控制措施主要包括以下几方面:

1. 制定环境噪声法规和噪声标准

目前我国建立了噪声管控的相关法律,包括《中华人民共和国环境保护法》《中华人民共和国环境噪声污染防治法》,并由此制定了多个国家标准,针对不同情况下的噪声限值做了明确的规定。

《声环境质量标准》(GB 3096—2008),规定了五类声环境功能区的环境噪声限值及测量方法,见表12-5。对于特殊的建筑施工厂界,需要按照《建筑施工场界环境噪声排放标准》(GB 12523—2011)执行。为加强机动车噪声的控制和管理,改善环境质量,国家从2002年开始执行标准《汽车加速行驶车外噪声限值及测量方法》(GB 1495—2002),要求新生产的汽车进行车外被动噪声测试,噪声进行量化,这对减少汽车噪声带来的环境污染意义重大。

声环境质量标准[单位:dB(A)] 表12-5

类别		适用区域	昼间	夜间
0类		康复疗养区等特别需要安静的区域	50	40
1类		以居民住宅、医疗卫生、文化教育、科研设计、行政办公为主要功能,需要保持安静的区域	55	45
2类		以商业金融、集市贸易为主要功能,或者居住、商业、工业混杂,需要维护住宅安静的区域	60	50
3类		以工业生产、仓储物流为主要功能,需要防止工业噪声对周围环境产生严重影响的区域	65	55
4类	4a	高速公路、一级公路、二级公路、城市快速路、城市主干路、城市次干路、城市轨道交通(地面段)、内河道两侧区域	70	55
	4b	铁路干线两侧区域	70	60

2. 控制噪声源

一方面优化车辆设计,降低其辐射噪声。针对我国车辆状况,改善机动车辆的构造,对进气排气采用高效率消声器;对发动机用附加隔声罩;还可采用电气车辆来降低噪声;开发其他类型的车辆如磁浮式、气垫式等高效低噪声型的车辆或其他新型车辆;优化设计轮胎花纹,以降低高速行驶时产生的空气泵效应,并选择更富有弹性且柔软度高的材料制造轮胎,减少轮胎摩擦激振噪声。

另一方面改善运行状况,采用合理的交通管制与自动控制系统,使交通畅通。合理地控制交通流量,特别是限制货车的流量,可有效地降低交通噪声。在限制车流量的同时,还应限制车速,尽可能地减少加速、减速、按喇叭、制动的噪声。改善路况,提高路面平整度,铺筑低噪声路面,以降低振动与摩擦噪声。

3. 合理进行城市规划和路网规划

在进行路网规划时,应注意不同功能的道路之间的配合,应避免主要干道穿越市中心和文教、住宅区。对噪声特别严重的载重车宜开辟专用道,以便集中采取隔间措施,对于住宅区、居民文教区等特别要求区域,应与交通干线保持一定距离,利用环境自然衰减来降低噪声,必要时还可采用路堑或高架路以减少噪声。对于流量大的一些地区,采用立体交叉和自动信号控制,以保持车辆匀速行驶,降低噪声。在路幅的布置上,三块板较两块板或一块板更有利于降低噪声。利用城市建设合理的规划布置控制交通噪声污染的实际效果见表 12-6。

几种噪声控制方法的效果　　表 12-6

噪声控制方法	实际效果
要求安静的建筑物远离交通干线和重型车辆通行道路	距离增加一倍,噪声减少 4 ~ 6dB(A)
按照建筑物用途和需要安静的程序进行合理区域规划	5 ~ 10dB(A)
利用要求噪声标准不同的商店、公共活动场所作为临街建筑以隔离噪声	7 ~ 25dB(A)
利用道路两侧的绿化行道隔离噪声	2 ~ 5dB(A)
路两侧采用专门设计的防声屏障	5 ~ 30dB(A)
减少需要安静街道的交通量	交通量减少一半,噪声降低 3 ~ 5dB(A)
减少需要车辆行驶速度	每减少 10km/h,噪声降低 2 ~ 3dB(A)
减少需要安静街道的交通流量中重型车辆比例	每减少 10%,噪声降低 1 ~ 2dB(A)
增加临街建筑的窗户隔声效果	5 ~ 20dB(A)
临街建筑的房间合理规划	10 ~ 20dB(A)

4. 控制噪声传播途径达到降噪效果

(1)设置声屏障

声屏障是使声波在传播中受到阻挡,从而达到某特定位置上的降低噪声作用的装置。一个声屏障可以定义为任何一个不透声的固体障碍物。其降噪原理为当声波波长远小于障碍物尺寸时,大部分声波被反射回来,在障碍物后面将有较大而明显的声影区,处于声影区,等效声级可降低 8 ~ 15dB。声屏障降噪效果与噪声的频率、屏障高度、屏障材料、屏障和声源之间的距离等有关。

声屏障的设计包括其长度、高度、材料以及结构和形状,声屏障中不能有裂缝,且必须足够高。在道路设计时,采用何种防声屏障形式应据噪声特性,周围环境与对噪声的要求而定。为了提高屏障的降噪效果,应尽量使其靠近道路,对于高速公路而言,屏障距路边线 1.5 ~ 2m 较合适,当道路较宽且为双向行驶时,也可于路中隔离带增设吸声材料的屏障。为了增强防声屏障的效果,还可在防声屏上铺设一些吸声材料。

(2)道路绿化

道路绿化的降噪作用主要是利用植物对声波的反射、散射和吸收作用以及地面吸声。一般地说,树木或树木构成的绿化带不是有效的声屏障,对噪声的衰减作用很有限,草皮与松土只对靠近地面的声音传播有衰减作用。要想得到绿化降噪的良好效果,树要种得密,林带要相当宽,而且要栽植阔叶树。一般认为矮的乔木比高的乔木防噪效果好,阔叶树比针叶树好,几条窄林带比一层稠密林带效果好,但林带很窄或为灌木时,效果就很差。

绿化带如不是很宽,降噪作用就不会明显。但心理作用是很重要的,在街道两旁、办公室外、公共场所和庭院中用草木点缀,能给人以宁静的感觉,在人们对噪声的心理感觉上有良好的效果。

第四节 道路交通振动的危害和防治

一、振动的含义及有关指标

振动(又称为振荡)是指一个状态改变的过程,即物体的往复运动。从广义上振动是指描述系统状态的参量(如位移、电压)在其基准值上下交替变化的过程。狭义上指机械振动,即力学系统中的振动。

1. 城市区域环境振动标准

我国于1988年颁布了《城市区域环境振动标准》(GB 10070—1988),标准规定了城市各类区域铅垂向 z 振级标准值,适用于连续发生的稳态振动、冲击振动和无规则振动,标准同时配有监测方法,目的是控制城市环境振动污染。各类区域铅垂向 z 振级标准值见表12-7,表中给出的是铅垂向振动容许值,即各类区域垂向 z 振级不得超过表12-7中的限值。

各类区域铅垂向 z 振级标准值(单位:dB) 表12-7

适用地带范围	昼间	夜间
特殊住宅区:特别需要安静的地区	65	65
居民、文教区:纯居民区和文教、机关区	70	67
混合区、商业中心区:一般商业与居民混合区;工业、商业、少量交通与居民混合区	75	72
工业集中区:城市或区域内规划明确确定的工业区	75	72
交通干线道路两侧:车流量每小时100辆以上的道路两侧	75	72
铁路干线两侧:距每日车流量不少于20列的铁道外轨30m外两侧的住宅区	80	80

2. 对人体影响的评价标准

国际标准化组织对人体振动提出了国际环境振动标准ISO2631,其中关于人体全身铅垂向振动暴露评价标准给出了三个振动容许界限和暴露时间。我国制定了《机械振动与冲击 人体暴露于全身振动的评价》(GB/T 13441),其等同采用了ISO2631。

二、道路交通振动的产生及其危害

由于机动车运行,通过轮胎与地面接触的压力变动而使地面发生振动,称为道路交通振动。道路交通振动是由于地面不平,机动车冲击地面而发生,沿地面有衰减地传递。对于人主要是通过支撑面而传递的。车辆上下、左右或前后颠簸、摇动,这种冲击力量作用于车体、车内人体和路面,路面将这种外力传递给路基,路基土壤又将力传给道路两侧的公路、桥梁基础结构等。

道路交通振动对人体健康影响很大,其易与人体器官振动频率一致(或接近)而引起生物共振反应,进而导致人体不适或器官的损伤。实验表明,人体对频率 2~12Hz 的振动感觉最敏感,对低于 2Hz 或高于 12Hz 的振动,敏感性逐渐减弱。

道路交通振动通过人体各部位与其接触而产生作用,根据振动作用范围的不同,对人体的影响可分为全身振动和局部振动两种。全身振动是指人体直接站(或坐)在振动体上所受的振动,局部振动是指人体只有部分部位(如手)与振动体接触所受的振动。由于道路交通振动激起的是地面振动,所以对人体的影响是全身的,车内的乘客振动亦是全身的。

人体全身垂直振动时,在频率 4~8Hz 范围内有一个最大的共振峰,称第一共振频率,它要由胸腔共振产生,对心脏、肺脏的影响最大。在频率 10Hz 附近存在第二个共振频率,主要由腹腔共振产生,对肠、胃、肝脏等的影响较大。人体其他器官的共振频率头部为 25Hz,手为 30~40Hz,上下颌为 6~8Hz,中枢神经系统为 250Hz。

频率给定时,振动对人体的影响主要决定于振动的强度。其次与振动的暴露时间也有很大关系,短暂时间可以容忍的振动,长时间就可能不能容忍。

当振动增强到某一程度人就感到不舒适,这是人对振动的心理反应。当振动继续增强,人对振动产生心理反应的同时产生生理反应,与此相应的振动强度叫作疲劳阈。当振动强度超过疲劳阈时,人的神经系统及其功能会受到不良影响。如果振动进一步增强,达到极限阈强度时,对人不仅有心理及生理影响,还会产生病理性损伤。长期在超极限阈的强烈振动下工作,使感受器官和神经系统产生永久性病变,这种由振动引起的病变叫作振动病,它的全身症状是头晕、头痛、烦躁、失眠、食欲不振和疲乏无力等,局部症状是承受强烈振动的部位,如手、肘、肩关节等发生损伤,手指肿胀僵硬,手臂无力等。

三、道路交通振动防治措施

根据国际、国内经验,道路交通振动防治可以采取下列措施。

1. 控制振动源,降低振动强度

加强交通管理,使汽车能匀速流畅地通行。对车种、车速、质量和交通量进行限制,特别是对大型车辆的通行进行限制,严格控制车辆超载现象,合理安排重载卡车、施工车辆等振动大的机动车出行路线,以绕避振动敏感区域等。

确保路面完好和道路与桥梁等结构物的顺接不出现跳车现象,经常对道路进行修缮。提高和改善路面平整度,安装车辆减振设施,采用有橡胶树脂类阻尼材料的防振路面。

2. 合理进行道路规划设计及两侧建筑布局

预估规划道路可能发生振动的场所、范围和严重程度,规划设计时采取减轻和防振措施,可考虑设置一定宽度和深度的防振沟。防振沟是在振动源与保护目标之间挖一道沟,以隔离地面振动的传播,所以又叫作隔振沟。防振沟深度应在被保护建筑物基础深度的两倍以上。为了有效地隔离道路交通振动,防振沟的长度应大于保护目标沿道路方向的长度,有时需在保护目标的周围挖一圈防振沟。防振沟内最好不填充物体而保持空气层,但实际中较难实现,通常是填充砂砾、矿渣或其他松散的材料。需注意,防振沟内如被填充坚实,或者被灌满水将会失去隔振作用。

在交通干线两侧布置建筑物时,控制道路与敏感点的距离,振动在地面传播时,其振动强度随传播距离衰减较快。一般情况,道路交通振动传到距路边30m左右便不会有太大的影响。对于有特殊要求的敏感点如天文台、文物古迹等,可根据相应的振动标准控制路线距这些地点的距离。

第五节 道路交通景观规划概述

人们出行过程中,道路情况及周围环境随道路使用者在道路上的运动而不断变化,能引起人的内心感受,影响驾驶员的心理。同时,人们出行过程中对感官视觉的要求也逐步提升。因此在道路设计中,要从美学和绿色环保观点出发,充分考虑路域景观与自然环境的协调,让驾乘人员感觉安全、舒适、和谐,进行道路交通景观规划,在保证道路其安全性、舒适性、耐久性的同时,恢复道路建设对自然环境的损伤,做到基础功能强、外观形象美、环保效果好。

一、道路景观含义

道路景观指在道路上以一定速度运动时,视野中的道路及视线所及的空间四维景象,即道路使用者视野中的道路情况及周围环境,如道路线形、绿化、路边建筑等。道路景观的内容包括了动态和静态的景象,既包括公路与城市道路本体、沿线地形、地貌、山脉、河、湖、田野、绿化、森林、植被、建筑物、附属设施与建筑小品等所组成的自然物理形态与社会历史文物,也包括沿线招牌、广告、雕塑等所组成的线形空间与动态景物。

二、道路景观要素

景观要素是指形成景观的各个组成部分,包括地形、气候、水、生物、土壤,以及社会文化因素。例如动植物、水体、大气、建筑、音乐等。景观的自然要素部分,是物质的、可见的,通常被客观地描述或定量化表达;关于社会文化等人文要素,有些则为非物质状态。道路景观构成要素见表12-8。

道路景观构成要素 表12-8

类别		构成要素
景观主体要素	道路本体	各级公路城市道路的路线、路基、路面、专用公路、高架路、桥梁、隧道、平交、立交桥、排水构造物、行人天桥、地道、停车场等
	道路沿线建筑物	车站、饭店、办公楼、寺庙、道观、宫殿、陵墓、宝塔、图书馆、影剧院、宾馆、商场等
	道路绿化公园广场	公园林荫道、街心花园、休闲广场、纪念广场、名胜古迹、花园、植物园、名树园林、行道树等
景观辅助要素	道路附属设施	交通安全、管理、服务、防护与照明设施、沿线广告、宣传画、围墙、沟渠、隔离栏
	景观背景	江、海、河流、湖泊、山脉、森林、农庄、风车等自然景色,包括天空、云彩、喷泉、瀑布
	景观动态要素	车辆行人的活动(步行人群、自行车队……),季节天气变化(雨、雾、雪、倒影……),信息标志动态显示(交通与商业广告)

三、道路景观类型与分类

1. 景观的分类

按照景观要素是否受人为影响(或附加人类活动、人类文明)可将景观分为自然景观、人文景观、社会景观。自然景观指受到人类间接、轻微或偶尔影响而原有自然面貌未发生明显变化的景观,如极地、高山、大荒漠、大沼泽、热带雨林、云雨、雾雪、阳光等都可以成为美丽的自然景观,其中蕴含了形态美、色彩美、听觉美、嗅觉美、动态美、象征美。自然景观不宜人为破坏或任意改造,应尽量保护并充分利用。

人文景观是历代社会时期先人遗留下来的历史文物,包括各种历史的、现代的建筑物、宫殿、庙宇寺观、碑林石刻、佛像、牌楼、陵墓、有代表性的民居、宅院以及文物古迹等艺术作品和名人故居。

社会景观是长期以来存在于社会的人们生活习惯与行为特征为内容的景观,如社会习俗、风土人情、村落、宗教信仰、民族服饰、饮食文化等均可形成一种特色,社会景观反映了一个地区或一个地域人民社会生活的一个侧面,社会景观涉及面广、包含内容十分丰富,同民族特点、宗教派别、社会制度、信仰风俗习惯等有关。

2. 道路景观的分类

城市道路景观,其按设计要素分类,分为城市道路景观的构成要素和城市道路景观的控制要素,前者是指构成城市道路景观的各种物象,后者反映的是城市道路景观各构成要素彼此之间的联结关系,如图 12-2 所示。

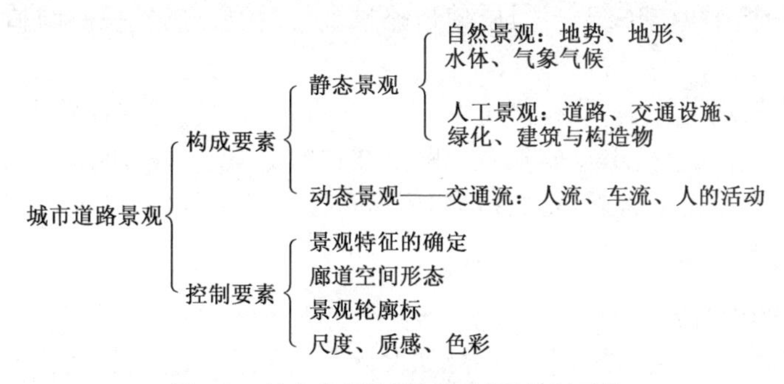

图 12-2 城市道路景观构成要素及控制要素

第六节 道路结构物景观与绿化设计

道路景观结构物与绿化设计是建立在心理学、美学、交通工程学、社会学、生态环境学等相关学科的基础上,其充分考虑道路景观与自然环境的协调,通过道路景观造型来美化道路与协调平衡道路建设对自然和景观的影响,修复道路对环境的破坏,将道路和景观融合在一起,并通过沿线风土人情的流传、人为景观的点缀,增加道路环境的文化内涵,同时让驾乘人员感觉安全、舒适、和谐。

一、道路结构物景观设计

道路结构物景观设计是对原有景观的保护、利用、改造及对新景观的开发、创造。这不仅与景观资源的审美情趣及视觉环境质量有着密不可分的联系,而且对生态环境、自然资源及文化资源的持续发展和永续利用有着非常重要的意义。

1. 基本原则

(1)可持续发展原则

道路结构物景观设计应注意对沿线生态资源、自然景观及人文景观的维护和利用,从时间和空间上规划人的生活和生存空间,使沿线景观资源的建设保持持续的、稳定的、前进的态势。

(2)动态性原则

人类文明不断发展进步,对道路景观的设计和塑造也存在不断更新演绎的过程,应该坚持动态性原则,赋予道路景观以新的内容和新的意义。

(3)地区性原则

道路结构物景观设计中,应顺应不同地区的自然特征和社会文化特征,根据不同地区独特的地理位置、地形、地貌特征、文化传统、风俗习惯和审美观念,来进行具有地域特色的道路景观。

(4)整体性原则

在道路结构物景观设计中,应考虑道路自身所有的景观要素,将道路宽度、平竖曲线度、纵坡、道路交叉点、道路连通性及其构筑物、沿线设施等与沿途地形、地貌、生态特征及其他自然和人文景观作为一个有机整体统一设计,使道路景观与沿线自然景观协调和谐。

(5)经济性原则

在道路结构物景观设计中,要有侧重性,但不必将精力放在那些耗费大量人力、物力、财力的观赏景观的塑造上,而应把重点放在对道路沿线原有景观资源的保护、利用和开发,以及道路本身和其沿线设施等人工景观与原有自然环境和社会环境的相容性研究上。

2. 设计的思路和方法

(1)确保道路畅通与安全

道路首先要担负起交通功能,在线性规划设计上要流畅、安全,避免对司乘人员造成心理上的压抑感、恐惧感、威胁感及视觉上的遮挡、不可预见、眩光等视觉障碍。

(2)生态理念贯穿其中

道路建设要做到经济效益、社会效益和环境效益的均衡,不能顾此失彼,道路规划、建设要始终秉持着与生态环境融合的理念,一方面合理利用道路沿线的生态资源,另一方面将道路建设与生态环境深度融合,使两者互为补充完善,达到可持续发展状态。不能把生态环保等同于绿化,而是要尊重自然、研究自然的变化规律;顺应自然,减少对原有环境的破坏,尊重场地中其他生物的需求。

(3)线性景观设计重在"势"

线性景观的观赏者多处于高速行驶状态下,在这一状态下景观主体对景观客体的认识只能是整体与轮廓。因此,线性景观的设计应力求做到道路线形、边坡、分车带、绿化等连续、平滑、自然且通视效果好,与环境景观要素相容、协调,突出群体态势。

(4)点式景观设计重在"形"

道路通过村镇、城乡段及公路立交、跨线桥、挡墙、收费、加油、服务设施等处的景观,其观赏者除一部分处于高速行驶状态外,还有很大部分处于静止、步行或慢行状态。因此,这部分景观的设计重点应放在"形"的刻画与处理上。如道路本身体态、形象设计;绿化植物选择与造型;道路构筑物的形态与色彩;交通建筑与地方建筑风格的协调;场所的可识别性、可记忆性,突出个体形象。

3. 道路景观设计

人们把道路工程的景观造型看作美化道路与协调平衡道路对自然和景观的影响,并把道路和景观融合在一起的一种有效措施。

(1)一般造型

道路的新建和改造,根据运输要求、运输政策、设计方针和空间布局目标确定。路线设计必须尽量减少对自然和景观的负面影响。

道路对自然和风景的影响是由所选择的设计要素综合造成的,因此,在确定设计速度时,除了要考虑交通技术和经济观点外,还必须结合地形条件和自然经济情况,适当考虑维护景观的观点。

在自然保护和维护景观方面,在选择平面与立面设计线形时,同样也必须作大量调整,并尽量避开对有特殊意义的自然区域和景观的影响。

为了避免自然和景观的损失,路线应尽可能按原有地带坡度设置,使总的土方调配数量最小,工程造价低。

在选择景观造型措施时,必须考虑它们在生态、工程和经济方面的影响。

(2)平面造型

在路线的平面设计中,必须尽量避免错误地割断生态景观空间或视觉景观空间的做法。种植树木是补充景观的措施。在曲线外侧种植树木,使曲线变化非常明显,而在曲线内侧必须保证所要求的视野,从路堤到结构物的过渡段可通过植树以增强识别特征,并使造型与景观恰当地配合。由路堤到路堑的变化段,在土方工程和植树方面的选型设计应特别细致。种树要求的面积应考虑与维护景观协同设计提出的土地征购计划和目标相符。

(3)立面造型

只要控制点和自然条件许可,道路的坡度根据路线立面造型和经济的理由,应与地带自然坡度接近。

跨越山谷时,根据视距和生态的要求,什么条件下可用桥梁结构物来代替高路堤需要做专门的调查分析。

有中央分隔带的双幅公路,在斜坡上来去两幅公路设计高程不同时,通常对造型和经济均显得较为有利。

在凸形竖曲线范围内种植树木应着重强调视野,要使驾驶员能及时了解路线的变化。

只要不违背安全和交通工程的观点,在平原地区,对道路景观造型比较有利的做法是,采用与地带相协调的坡度,并采用较大的竖曲线半径,可使线路获得较为平顺的变坡点。

(4)横断面造型

横断面造型的目的是使边坡造型和现有景观与绿化相适应。

对于单一的交通方式,如自行车和行人交通,应规定自己的交通空间,有可能时不仅应有足够尺寸的分隔带,而且应有一个明显的横断面净空。分隔带中的绿化、保护作用和造型功能应得到足够的重视(图 12-3)。

图 12-3　用绿化带分隔的行人交通

横断面造型借助于种树得到改善。应注意调整从车行道到侧向种树的规定距离。通常也适当地注意树木到道路用地边界的距离(图 12-4)。

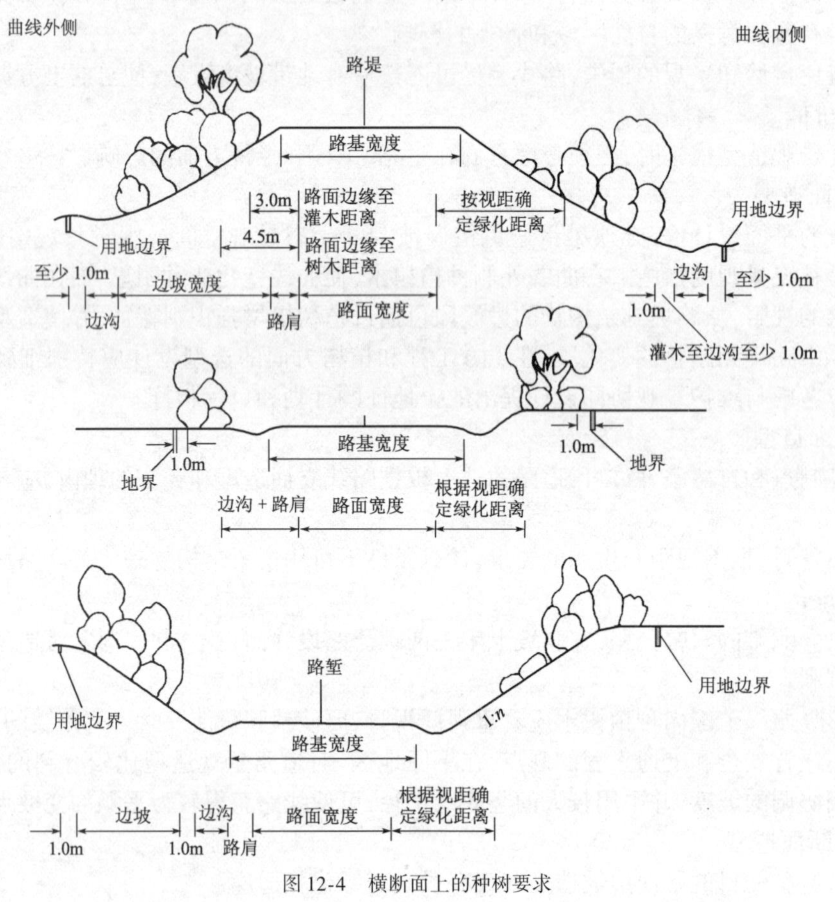

图 12-4　横断面上的种树要求

对双幅公路，根据地区条件可以考虑下列特殊解决形式：设计扩大中央分隔带，把中央分隔带扩大成分开两幅道路的形式；由于地带形态、造型、交通工程和经济原因，同时也为了尽量减少对自然和景观的影响，常在斜坡上布置两幅高低不同、分道行驶的双幅公路(图 12-5)。

4. 交叉口景观设计

对于非主要道路车流量不大，行人较多的交叉口，可以仿照西欧做法，常在交叉口设置纪念碑、喷泉广场，成为具有观赏吸引力的景点，转角处的建筑物的艺术造型往往使路口具有明显特色，更多的情况让交叉口四角建筑后退，创造较为开阔的空间。在不妨碍转弯交通与驾驶员视线的前提下，布置一些雕塑、树木、报亭，以加强路口的景观印象。有时还借助于合理的布置和适当的绿化造型，来突出交叉口，并促使人们加深对交叉口的印象。为了在任何情况下都不影响交叉口的行车视线，只允许在要求的视距范围之外种植小丛林。

交叉口造型的目的是节省用地面积和获得良好的地面景观。对于立体交叉口，升坡匝道和升坡匝道内的面积也要充分利用，以美化环境、改善景观(图 12-6)。

图 12-5　分道行驶的双幅公路

图 12-6　充分利用匝道内面积进行绿化

丁字交叉口会合处推荐在支路的对面范围内种植密集的树木，在会合道路的右侧延伸的树木会引起驾驶员的注意，从而降低驶入交叉口的速度(图 12-7)。由于景观要求，同时也有经济方面的理由，应在连接匝道周围种植树木(图 12-8)。

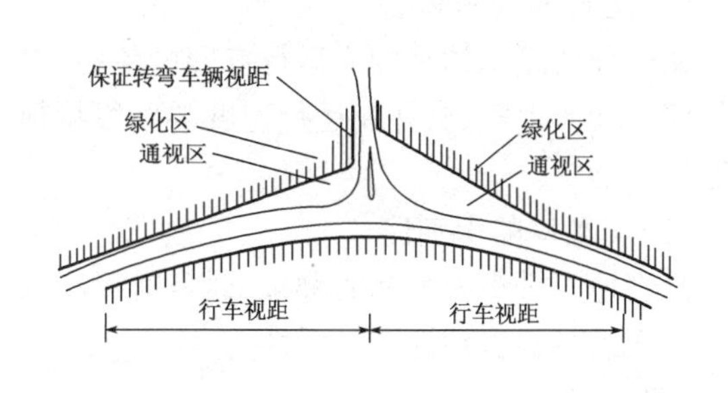

图 12-7　平面交叉视距保证示意图

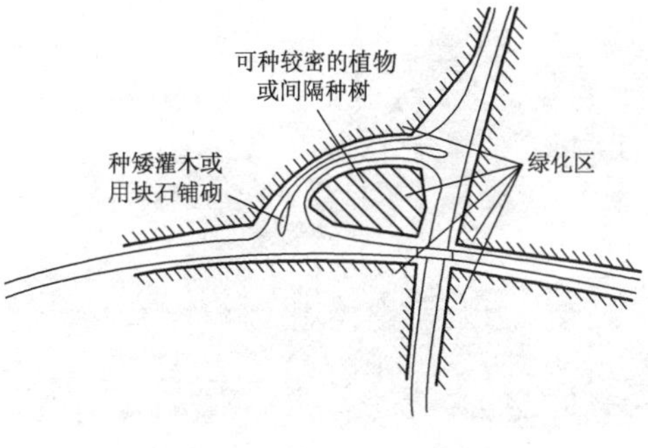

图 12-8　立体交叉绿化示意图

5. 构造物的景观造型

构造物造型必须特别细致。按照景观特征和构造物的类型，往往可侧重于上部、中部或下部。构造物可以是桥梁、挡土墙、防噪声墙或其他显而易见的结构设施。在造型时，注意力不仅要放在有关工程技术和经济问题上,而且同时要满足优美的结构形式和色彩的要求,考虑塑造的景观特点,以及本地区的结构形式和建筑材料。

预制构件形式的特殊结构物和较小的结构物,如涵洞和农村道路上的小桥,需要认真细致地造型,并注意与景观的配合。

挡土墙和护面墙需把它的高程约束在绝对必要的尺寸内,有可能时应尽量采取植物绿化遮盖措施,既可保护墙体,又能美化环境。

6.取土坑和废料堆的处置

为了确定取土坑和废料堆的位置和进行工程施工,必须有一个合理的设计。在确定位置时,特别要注意保护自然和景观。保护景观的设计需考虑土地的充分利用、新的景观造型和将来的发展。

对于取土坑和废料堆的布置,有两种可能:重新耕种或用于水产养殖,对此应认真研究做出切实可行的规划设计。

7.噪声防护结构物的处置

噪声防护结构物的造型特别要把注意力放在材料、形式和色彩上,借助于它们便于噪声防护与景观协调。墙与墙的组合形式常常可以改善防噪声墙的外观。

广泛应用本地的小丛林作为噪声防护措施应优先考虑。

防噪声墙的结构状态除符合规范要求,并尽可能使其美化与通俗化。

二、道路绿化设计

1.交通方面的要求

(1)视觉引导

驾驶员借助道路的空间造型,尤其是种植的树木,了解前方道路变化的趋向。首先是在夜间黑暗时,或在有雾和下雪时,能识别道路线形和侧向界限,而在白天则能看到比较远的距离。这会产生运行心理学的效果,防止驾驶员疲劳,提高交通安全(图12-9)。

图12-9 道路两侧的树木起到视线诱导的作用

(2)运行速度的影响

通过种植灌木林来构成运行空间的轮廓,对运行状态会产生影响,并使运行速度与路段特征相适应。

(3)交叉口的识别性

恰当地安排小灌木林的种植,通常能提高入口处和交叉口的识别性或易辨性。

(4)防眩光

中央分隔带的小丛林带优先担负起遮挡眩光的作用,即使平行运行的两条道路,也要尽量用植树遮隔。

(5)遮拦保护与防风

道路侧面,如果有足够的宽度和深度的密集灌木林,那么就有遮拦与保护道路的作用。灌木林会减小侧向强风对道路的威胁(图 12-10)。

(6)防雪影响

合理结构和间隔的灌木林带,能起到阻拦吹雪的作用,可使吹雪从林带上空吹过道路,而不影响道路的使用。

2. 工程技术要求

(1)防止土壤浸蚀

为了阻止地表水和强风对土的浸蚀,对于未加固的路肩、边坡、护坡台阶,以及其他由于土方作业产生的新界面、停车场和停车带等,均应借助种植树木、铺草皮或其他防护措施加以保护。

图 12-10　道路两侧的防护林

(2)防止土体滑塌

对于有滑塌危险的边坡和斜坡,应借助深根灌木和植物覆盖措施予以防护,对于不同状况,应采取不同的措施与施工方法,以防止滑塌。

植物体通过根系对土壤的固着作用,以及植物枝叶和地被植物的有关作用达到涵养水源的目的,并能阻止或减少地表径流,降低和防止雨水冲刷边沟、边坡,避免水土流失。

(3)防止落石和雪崩

在边坡和斜面上密集生长的植物,对落石和雪崩形成一定的防护作用,必要时可以附加技术措施。

(4)降低路面温度

有关试验表明:夏季沥青混凝土路面,温度高达 40 ~ 50℃,比草地和林荫处高出 1 ~ 14℃,绿地气温较非绿地气温一般低 3 ~ 5℃。通过景观绿化美化,可以改善地温和气温,改善小气候,减轻路面老化,延长公路使用寿命。

3. 景观保护要求

(1)景观的组成和多样性

树木、灌木、路边草皮和绿篱是景观的重要组成部分,而且能发挥各种各样植物的作用。道路空间以外的森林、草皮和灌木丛等能对现有的景观作补充。它们能调整工程中难以避免的景观影响,并能保持动植物界有价值的生态平衡。一定的景观结构,如山谷、高地、静止和流动的水域,以及其他景观特征要素,一般应尽量保持它们原有的景象,并包括在景观设计中。

(2)保护有价值的区域和物体

有价值的区域和物体原则上应保留,要尽量调整路线,以避免损害,或使之减小到最低限度。

(3)防止噪声、灰尘和废气

栽种密集的、尽可能高的阶梯形灌木,能防止一定范围的交通噪声。种植灌木还可减少尘埃和废气的扩散范围,降低风速,而且气体中的部分有害成分能被灌木树叶吸收。

绿色植物体可以通过光合作用过程吸收二氧化碳、放出氧气,使高速公路沿线的空气保持清新。同时植物的叶片还能吸收和阻滞在高速公路上行驶的车辆排放的尾气中所含的各种有害气体(如 CO、NO_x 等)、烟尘、飘尘以及产生的交通噪声,减轻并防治污染,净化和改善大气的环境质量。

(4)遮挡视线

住宅区和疗养区通过种树可以遮住道路,同样,树木可以遮隔杂乱的施工区和工业区对道路的干扰。

(5)适应环境的结构物

结构物应通过合理的景观造型,并借助树木的作用与周围环境相协调。

(6)取土坑和废料堆的造型

取土坑和废料堆应通过重新整理与有计划地造型,以导致景观的合理利用(作疗养区、林业区和农业区)。

(7)储水池的造型

汇集地表水储水池的景观造型要合理,并应尽量促进潮湿地带和水体的生态平衡。

(8)改善地带气候

种植灌木并合理地进行景观布局,使景观空间地带的气候受到有利的影响,另一方面,必须避免灌木产生不利于地带气候的作用。

(9)保护动物

尽量不要损害受保护动物的生活场所,对于可能阻隔动物移动的路段,应设动物过道。增辟新的水面和适宜植物生长的地点,以改善森林动物的生活条件。

1. 道路交通对环境的危害有哪些方面?

2. 汽车污染物的有害成分有哪些? 有哪些危害? 如何控制?

3. 道路交通噪声是怎么形成的? 有哪些危害? 如何控制?

4. 道路交通振动有哪些危害? 如何防治道路交通振动?

5. 什么是道路景观? 它由哪些部分构成? 道路景观是如何分类的?

6. 道路交通景观设计的根本目的是什么? 应遵循什么原则?

7. 道路绿化设计中对交通运行、工程技术、景观保护方面的要求有哪些?

第十三章
CHAPTER THIRTEEN

新理念、新技术在交通工程中的应用

本章导读

随着经济与科学技术的发展,新理念、新技术在交通工程的应用越来越广泛。本章重点介绍交通强国战略以及地理信息系统、卫星导航系统、智能交通系统和大数据在交通工程中的应用情况。

教学目标

1. 知识目标

(1)了解加快建设交通强国的重要意义。

(2)了解地理信息系统(GIS)技术、卫星导航系统(GNSS)技术、智能交通系统(ITS)技术的原理。

(3)熟悉 GIS、GNSS、ITS 技术和大数据等在交通工程中的应用。

2. 能力目标

(1)能够举例说出信息技术在交通工程中的应用。

(2)能够对信息技术在交通工程中的发展进行展望。

3. 素质目标

(1)使学生坚定“四个自信”。

(2)培养学生对“科技强国、创新强国”重要性的认识,激发学习热情。

思政课堂

中国的北斗,世界的北斗

北斗卫星导航系统工程于1994年启动,2000年北斗一号建设完成,2012年北斗二号建设完成,2020年7月31日北斗三号全面建成并开通服务,标志着我国成为世界上第三个独立拥有全球卫星导航系统的国家。新时代的中国北斗,既造福了中国人民,也造福着世界各国人民。

北斗产品已在全球半数以上国家和地区得到应用。中非赛赛农业合作项目把植保无人机广泛应用于农田测绘、水稻播种、农药喷洒等田间植保作业;在沙特阿拉伯,北斗已应用于城市市政基础设施建设、沙漠人员或者车辆定位等重要领域;在塔吉克斯坦,基于北斗系统的大坝变形监测保障着大坝安全和当地人民生命安全;在布基纳法索,北斗应用到医院建设的精确测绘过程中,缩短了一半以上的建造时间……

作为全球四大卫星导航系统之一,北斗卫星导航系统与美国的全球定位系统(GPS)、俄罗斯的格洛纳斯系统(GLONASS)签署了兼容与互操作联合声明,并与欧洲的伽利略系统进行了频率协调,共同推动全球卫星导航应用。

随着北斗卫星导航系统在世界上得到越来越多国家的肯定,北斗正在为促进航天领域国际合作作出更大贡献。

第一节 加快建设交通强国

交通是兴国之要、强国之基。交通运输是国民经济中基础性、先导性、战略性产业和重要的服务性行业,构建新发展格局,需要交通运输进一步发挥“先行官”作用。党的十八大以来,我国交通运输事业发展取得了历史性成就,发生了历史性变革。党的十九大作出了建设交通强国的战略部署。交通成为中国式现代化的开路先锋。

一、加快建设交通强国是践行“十四五”规划的重要举措

“十四五”时期是我国全面建成小康社会、实现第一个百年奋斗目标之后,乘势而上开启全面建设社会主义现代化国家新征程、向第二个百年奋斗目标进军的第一个五年。

加快建设交通强国是实现第二个百年奋斗目标的重要支撑。我国交通运输服务的规模已处于世界领先水平,成了名副其实的交通大国,正在加快向交通强国迈进。加快建设交通强国,率先在交通运输领域实现现代化,建成现代化综合交通体系,将为社会主义现代化强国建设提供坚实支撑。

加快建设交通强国是满足人民日益增长的美好生活需要的必然要求。随着社会主要矛盾的变化,人民群众出行模式和货物流通方式也正发生深刻变化,对交通运输的可达性和实效性要求更高。加快建设交通强国,就是要聚焦人民对美好生活的需要,努力做到让广大群众享有

更便捷的交通运输,获得更加公平、更有效率的交通服务。

加快建设交通强国是顺应我国进入新发展阶段的客观需要。新一轮科技革命和产业变革加速演变,智慧交通、绿色交通、共享交通成为各国培育交通发展新优势的重要发力点。加快建设交通强国,就是要对标世界先进水平,努力破解发展难题,持续深化交通运输供给侧结构性改革,努力实现更高质量、更有效率、更加公平、更可持续、更为安全发展。

二、加快建设交通强国的重点任务

"十四五"时期,交通强国建设将抓住重点领域、关键环节,找准着力点和突破口,进一步开新局、上台阶。

一是推进基础设施网络化。加快建设综合运输通道、枢纽和网络体系,着力打造发达的快速网、完善的干线网、广泛的基础网。

二是推进物流运输便利化。围绕加快形成"全球 123 快货物流圈",以提质、降本、增效为导向,促进交通物流融合发展,加快完善现代物流体系,形成内外联通、安全高效的物流网络。

三是推进出行服务便捷化。围绕加快形成"全国 123 出行交通圈",加大绿色、安全、便捷等高品质出行服务供给,努力实现运输服务便捷舒适、经济高效。

四是推进交通装备自主化。瞄准世界科技前沿,把握智能化、绿色化、高速化、重载化等趋势,推进交通运输装备先进适用、完备可控。

五是推进交通运输治理现代化。坚持政府、市场、社会等多方协作,打造协同高效、良法善治、共同参与的交通运输治理新格局。

三、交通强国建设未来主要发展方向

坚持高质量发展、实现中国式现代化,必需要有强大的交通基础设施与运输通达能力。交通强国战略将有力支撑国家其他重大战略的实施。

对照交通强国建设一系列目标,未来将聚焦十大主攻方向。

一是构建高效率的"6 轴、7 廊、8 通道"国家综合立体交通网主骨架,建设多层次一体化综合交通枢纽系统,加强综合交通统筹融合,加快建设 20 个左右国际性综合交通枢纽城市以及 80 个左右全国性综合交通枢纽城市。

二是解决综合交通运输发展不平衡、不充分的问题,继续加强"四好农村路"的建设,进一步改善革命老区、民族地区、边疆地区、农村地区的交通条件,提升交通公平性。

三是建设安全可靠的物流供应链网络,推进国内外物流供应链体系建设,深化交通运输与相关产业协同发展,提升全产业链、供应链的支撑能力,降低物流成本。

四是加快交通设施数字转型智能升级,拓展智能交通技术应用的广度和深度,提高交通装备的智能化、绿色化、高效化和自主研发性,强化交通运输企业科技创新主体地位。

五是围绕"双碳"目标,推进绿色可持续交通发展模式,推进以低碳为特征的绿色交通基础设施建设,推进交通设施与能源、水利、信息等设施深度融合发展,建设港区、机场、公路服务区、交通枢纽场站等近零碳示范区。

六是提升资源集约利用水平,提高交通运输建设的有效投资水平,发展多元化的投融资模式,防范化解交通债务。

七是继续深化交通管理体制机制改革,促进交通"硬联通"的同时,提升交通"软联通"的效率,以协同管理来提升货物多式联运、旅客联程联运效率。

八是继续降低道路交通死亡率,提升交通安全管理水平,协调交通运输安全冗余与交通运输组织能力的关系。

九是在供给侧为人民提供更丰富的定制化、个性化、专业化的运输服务产品,解决好个体交通运输服务与整体交通运输的关系,解决客运、货运的"最后一公里"问题,将交通与城市功能的发展充分融合,提升交通运输效率。

十是加强与国际交通建设运营合作,以交通互联互通及合作建设提升我国国际形象和影响力,为发展中国家提供发展经验参考。

第二节 地理信息系统(GIS)在交通工程中的应用

一、地理信息系统(GIS)概述

地理信息系统(GIS)已经被应用于多个领域的建模和决策支持,如自然资源、城市管理、区域规划、交通规划管理与控制、环境整治和应急反应等。地理信息成为信息时代重要的组成部分之一。

1. GIS 的定义

GIS 是以地理空间数据为基础,在计算机软硬件的支持下,对空间相关数据进行采集、管理、操作、模拟、分析和显示的计算机技术系统。从外部看,GIS 表现为计算机软硬件系统。其内涵是由计算机程序和地理数据组织而成的地理空间数据模型,是一个逻辑缩小的高度信息化的地理系统。从视觉、计量和逻辑上对地理系统在功能方面进行模拟,信息的流动及其结果完全由计算机程序的运行和数据的交换来仿真。GIS 的应用人员可以在 GIS 的支持下,提取地理系统的不同侧面、不同层次的空间和时间特征信息,也可以快速模拟自然过程的演变和思维过程,取得地理预测和试验的结果,并选择优化方案,避免错误的决策。

2. GIS 的特征

GIS 具有以下三个方面的特征:

①具有采集、管理、分析和输出多种地理信息的能力,具有空间性和动态性。

②由计算机系统支持进行空间地理数据管理,并由计算机程序模拟常规的或专门的地理分析方法,作用于空间数据,产生有用信息,完成通常难以完成的任务。

③计算机系统的支持是 GIS 的重要特征,因此,GIS 能快速、精确、综合地对复杂的地理系统进行空间定位和过程的动态分析。

二、GIS 的构成

完整的 GIS 主要由四个部分构成,即硬件系统、软件系统、地理空间数据和系统开发、管理与使用人员。其核心部分是软硬件系统,空间数据库反映了GIS的地理内容,而管理人员和用户则决定系统的工作方式和信息表示方式。GIS的组成可综合表示为图13-1。

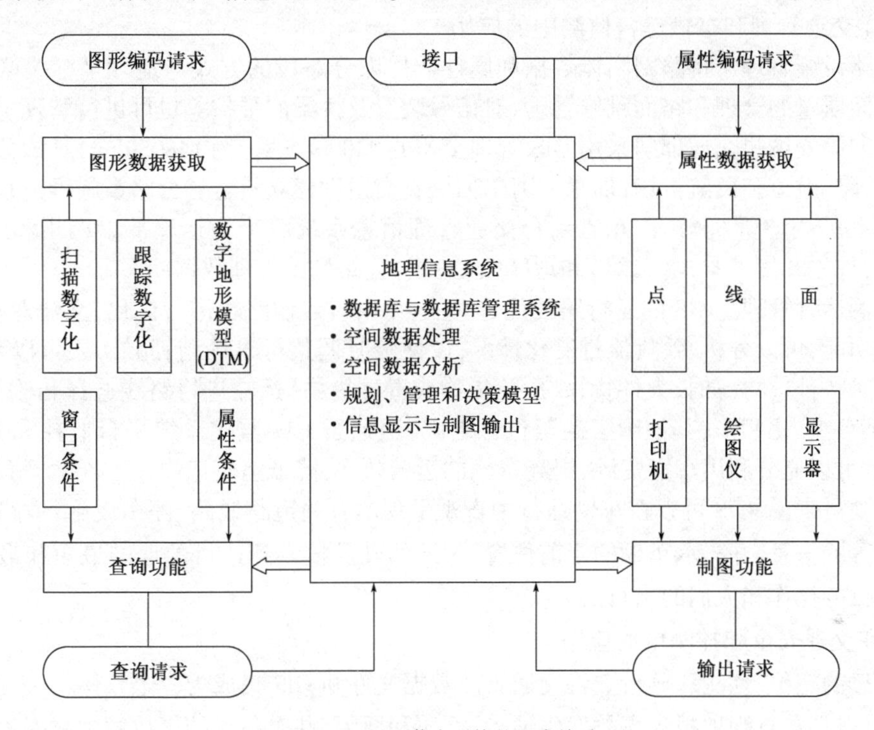

图13-1 地理信息系统的组成关系

三、GIS技术在交通工程中的应用

利用GIS软件的强大功能,能够对来自交通领域不同部门的各种统计数据和空间数据进行整理和分析,满足各种应用要求。规划人员运用GIS对交通流量、土地利用和人口数据进行处理分析,预测将来需要建设的道路等级,对道路工程建设和改造提供辅助决策,规划公交路线及公交站点的布设。工程技术人员利用GIS技术把地质、水文和人文数据结合起来,进行路线构造和设计。运用GIS开发组件进行二次开发,还能够快速建立适合交通规划技术人员和管理人员使用的各种具体的应用。

GIS在交通工程中的应用主要在以下三个方面:一是交通规划和设计;二是国家、省、市等不同层次的交通行业管理部门的交通运输行政与业务管理和车辆运营;三是交通安全和控制。

(1)在交通规划和设计中的应用

①交通运输系统规划。交通运输系统规划是对区域路网和城市运输系统的预测和优化研究,是GIS在交通工程中的主要应用之一。

GIS的数据采集与输入、数据编辑与更新、数据存储与管理功能,可以为交通运输规划建立区域空间数据库提供高效的技术方法;GIS的空间查询及分析能力与交通规划专业模型结合,可以进行路网的规划、选址、分析与最佳路径选择;GIS的数据显示与可视化输出功能为交通运输规划预测模型、规划模型提供了直观的表达方法。

②环境监控与评估。汽车排放废气,产生噪声,对环境造成污染,为了有效控制污染程度,

对环境进行监控十分必要。利用传输线路将传感器与主控计算机相连,对传感器获得的数据分析处理,及时向交通管理部门汇报,便于其做出决策。

(2)在交通管理和车辆运营监测中的应用

①道路设施管理。将路网实体数据和属性数据以分路段的方式与地理坐标关联起来,可以进行路面质量的管理和路面维修管理,对信号装置及桥梁的维护等也可进行管理。

美国印第安纳州交通部门采用GIS管理全州的92000英里(约148059km)长的公路、上千座桥梁、铁路、航道和民航机场;加拿大阿尔伯塔省交通厅建立了全省公路设施维护系统;我国广东省于1997年3月完成“广东省综合交通管理信息系统”;交通运输部以四川和陕西两省作为试点,首先开发了省级(二级)和地区级(三级)公路设施管理数据库。

②车辆运营管理。GIS的运行路径优选功能,可以对运输路线进行优化;交通专题地图的统计分析功能,可以分析客、货流量变化情况,以便随时调整行车计划;此外,还可以帮助运输管理部门对特种货物(如长大件货物、危险货物或贵重货物)运输进行路线选择和监控。集团用户(包括公交、出租车,其他国家甚至包含更广)可通过GIS监控系统平台监控和调度所属车辆运营,可以充分利用车辆资源,提高车辆的运营效率,降低运营成本。

对驾驶员来说,GIS可以在车辆运行中直观呈现出有关道路线路、停车设施、道路属性、购物及游览等的信息,并提示车辆的当前位置,帮助驾驶员搜索到达目的地的最短和最佳路径,方便驾驶员的操作和人们的出行。

(3)在交通安全和控制中的应用

①事故的定位、预测和分析。将交通事故数据文件和GIS集成为一个整体,开发出事故定位系统,可以形象直观地报告事故发生地点、性质和原因,并对各点的事故发生频率进行比较,找出事故多发地段,结合现有道路条件进行事故预测。

②车辆控制与监控。车辆控制是指对车辆本身而言,驾驶员要能控制车辆。这方面的系统有行车安全报警系统、实时导航系统、自控和自动驾驶系统、防车辆碰撞系统等。监控是指对交警管理者而言,必须要能监视和控制运行中的车辆。这方面有一系列的自动监控设施与设备,实时监督记录车辆违法、事故和犯罪行为的信息,需要GIS采集、分析和管理,以便及时自动报警和处理。

第三节 卫星导航系统(GNSS)在交通工程中的应用

一、卫星导航系统(GNSS)概述

卫星导航系统(Global Navigation Satellite Systen,GNSS)是覆盖全球的用于空间定位的卫星系统,允许小巧的电子接收器确定自己所在的位置(经度、纬度和高度)。截至2019年,只有我国的北斗卫星导航系统(BDS)、俄罗斯的格洛纳斯系统(GLONASS)和美国的全球定位系统(GPS)覆盖全球。欧盟的伽利略定位系统为在初期部署阶段的全球导航卫星系统,目前为止还未充分运作。

北斗卫星导航系统(Beidou Navigation Satellite System,简称北斗或BDS)是我国独立自主建设的卫星导航系统。第一代北斗系统(北斗一号)由3颗卫星提供区域定位服务。从2000年开始,该系统主要在我国境内提供导航服务。第二代北斗系统(北斗二号)是一个包含16颗卫星的全球卫星导航系统,系统包括6颗静止轨道卫星、6颗倾斜地球同步轨道卫星和4颗中地球轨道卫星。2011年11月,北斗二号开始在我国投入服务。2012年11月,开始在亚太地区为用户提供区域定位服务。2015年,我国开始第三代北斗系统(北斗三号)建设,空间段计划由30颗卫星组成,包括3颗静止轨道卫星、24颗中地球轨道卫星和3颗倾斜同步轨道卫星。第一颗三代卫星于2017年11月5日发射升空,至2020年7月31日,北斗三号已正式开通。2035年,我国将建成以北斗为核心的综合定位、导航、授时体系(Positioning,Navigation and Timing,PNT)。

二、BDS的构成与主要特点

1. BDS的构成

BDS由空间段、地面段和用户段三部分组成。

空间段:北斗三号系统空间段由3颗GEO卫星、3颗IGSO和24颗MEO卫星等组成。

地面段:北斗三号系统地面段包括主控站、时间同步/注入站和监测站等若干地面站,以及星间链路运行管理设施。

用户段:北斗系统用户段包括北斗及兼容其他卫星导航系统的芯片、模块、天线等基础产品,以及终端设备、应用系统与应用服务等。

2. BDS的定位原理

导航卫星发射测距信号和导航电文,导航电文中含有卫星的位置信息。用户接收机在某一时刻同时接收三颗以上卫星信号,测量出用户接收机至三颗卫星的距离,通过星历解算出的卫星的空间坐标,利用距离交会法就解算出用户接收机的位置(图13-2)。目前,国际上四大全球卫星导航系统,我国北斗系统、俄罗斯GLONASS、美国GPS和欧洲伽利略卫星导航系统的定位原理是相同的,均是采用这种三球交汇的几何原理实现定位。

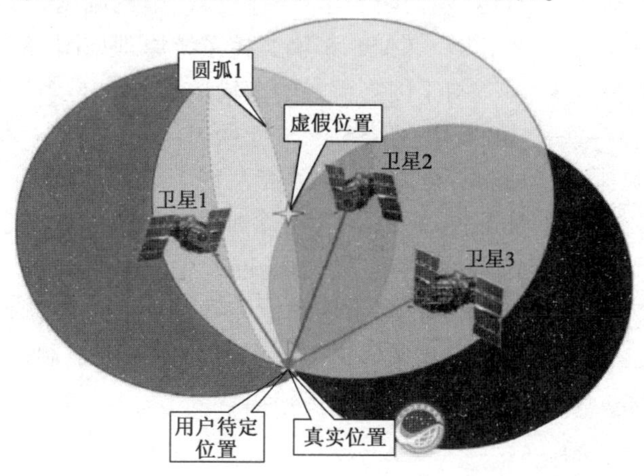

图13-2 BDS的定位原理

3. BDS 的主要特点

BDS 卫星导航定位系统同其他导航定位系统相比,其主要特点如下:

①北斗独创的“三种轨道”混合星座。北斗系统是由地球同步轨道(GEO)卫星、倾斜地球同步轨道(IGSO)卫星和中轨道(MEO)卫星三种轨道卫星组成的混合导航星座。北斗独创的混合星座设计,既能实现全球覆盖、全球服务,又可为亚太大部分地区用户提供更高性能的定位导航授时服务。亚太大部分地区,每时可见 12 ~ 16 颗卫星,全球其他地区每时可见 4 ~ 6 颗卫星,卫星可见性和几何构型较好。

②北斗的“三频服务”信号体制。北斗系统是全球第一个提供三频信号服务的卫星导航系统,GPS 使用的是双频信号,这是北斗的后发优势。使用双频信号可以减弱电离层延迟的影响,而使用三频信号可以构建更复杂模型消除电离层延迟的高阶误差。通过多频信号组合使用等方式提高服务精度。

③北斗的双重功能。北斗系统创新融合了导航与通信功能,具备基本导航、短报文通信、国际搜救、星基增强和精密单点定位等多种服务能力,系统功能高度集成,实现了集约高效。

三、GNSS 技术在交通工程中的应用

GNSS 技术在交通工程中的应用主要是与 GIS 技术相结合,进行车辆导航与车辆监控。GNSS 主要用于导航和监控定位。在我国,北斗系统广泛应用于重点运输过程监控、公路基础设施安全监控、港口高精度实时定位调度监控等领域。截至 2020 年 12 月,国内已有 760 万道路营运车辆、3.33 万邮政快递干线车辆、1369 艘部系统公务船舶、10863 座水上助导航设施、109 座沿海地基增强站、352 架通用航空器应用北斗系统,并在 3 架运输航空器上已应用北斗系统,建成了全球最大的运营车辆动态监管系统,有效提升了监控管理效率和道路运输安全水平。京张高铁成为世界首条采用北斗卫星导航系统并实现自动驾驶等功能的智能高铁。

1. GNSS 在车辆监控系统中的应用

GNSS 以其全球性、实时性、全天候、连续、快速、高精度的车辆动态定位功能,给各行各业带来一种全新的技术解决方案,应用于物流运输、公安民警、银行运钞、消防安全、医疗急救、车辆调度(含公交车与出租车等)等领域。GNSS 车辆监控系统原理如图 13-3 所示。

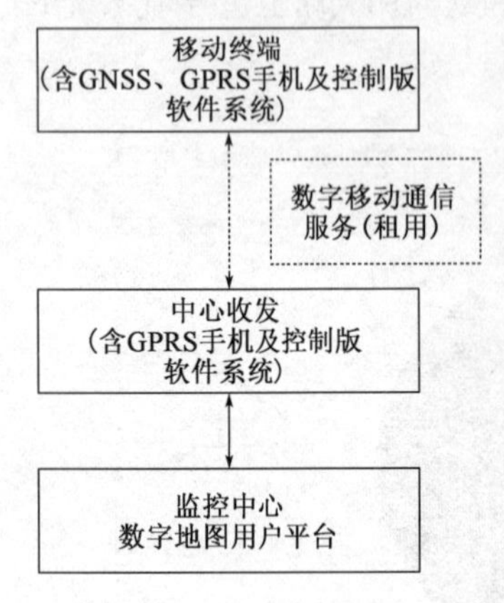

图 13-3 GNSS 车辆监控系统原理

基于网络模式的车辆监控技术是多项技术的集成,即网络 GIS 技术、GNSS 技术与 GSM(Global System for Mobile Communication,全球移动通信系统)或者 GPRS、CDMA(Code-Division Multiple Access,码分多址)技术的集成。其中,GSM 属于公共设施,无须再建,在实施过程中主要通过其来传输 GNSS 定位信息、车的报警信息和监控调度中心的控制信息。信息采用短消息的方式来传递,因其占用 GSM 的控制信道,故在传输定位信息的同时还可以传输语音。

2. GNSS 在车辆自导航系统中的应用

车辆自导航系统，是将卫星导航系统(GNSS)、移动数字通信(GSM/GPRS/CDMA)、地理信息系统(GIS)和互联网(Internet)等现代高新技术有机地结合在一起，构成一个在全球范围内对移动车辆提供连续的、实时的、全天候的、高精度的定位地理信息服务的应用系统，其目的是按照人们的需要，把车辆顺利地引导到所要达到的目的地。

第四节 智能交通系统(ITS)的发展及应用

一、智能交通系统(ITS)概述

(1)智能交通系统的定义

智能交通系统(ITS)或称智能运输系统目前尚无统一的定义。《中国智能交通系统体系框架》研究报告将智能交通系统定义为：在较完善的基础设施(包括道路、港口、机场和通信等)之上，将先进的信息技术、通信技术、控制技术、传感技术和系统综合技术有效地集成，并应用于地面运输系统，从而建立起大范围内发挥作用的、实时、准确、高效的运输系统。

智能交通系统是道路交通运输领域内各种现代高科技技术应用组成的一个统称。凡是应用现代高新科学技术手段，以改善道路交通运输状况、缓解各种交通问题为目的而规划、建设的系统，都属于智能交通系统。

(2)智能交通系统的主要研究范围

根据国内外的研究成果，目前智能交通系统的主要研究范围有：

①先进的出行信息服务系统(Advanced Traveler Information Systems，ATIS)：建立在完善的信息网络基础上，利用交通信息采集设备以自动或人工方式获得各种交通信息，并通过传输设备传送到交通信息中心；交通信息中心得到这些信息后经过处理，实时向交通参与者提供道路交通信息，出行者可以根据这些信息确定自己的出行计划、方式和路径。

②先进的交通管理系统(Advanced Traffic Management Systems，ATMS)：面向交通管理者，通过对交通运输系统中的交通状况、交通事故、天气状况、交通环境等进行实时的数据采集和分析，对交通进行管理和控制。

③先进的公共交通系统(Advanced Public Transportation Systems，APTS)：主要用来收集公共交通实时运行情况，实施公共交通优先通行措施，并通过向公共交通经营者与使用者提供基础数据或公共交通信息，从而提高经营管理效率与公共交通的利用率。

④先进的车辆控制系统(Advanced Vehicle Control Systems，AVCS)：利用先进的传感、通信和自动控制技术，给驾驶员提供各种形式的驾驶安全保障措施。系统具有对障碍物的自动识别和报警、自动转向、保持行驶安全距离、自动避撞等功能，并且目前还在不断努力研究开发车辆全自动驾驶功能。

⑤商用车运营系统(Commercial Vehicle Operation Systems，CVOS)：通过接收各种交通信息，对商用车辆进行合理调度，包括对驾驶员提供路况信息、道路构造物(桥梁、隧道)信息、限

速、危险路段信息等辅助驾驶员驾驶车辆;对危险品运输车辆,提供全程跟踪监控、危险情况自动报警、自动求救等服务。

⑥电子收费系统(Electronic Toll Collection,ETC):是针对现行交通收费采用的人工收费、现金收费方式的不足而提出,电子收费系统(ETC)利用先进电子信息技术,以非现金、非手工方式,自动完成与交通相关的收费交易过程。电子收费系统通过与安装于车辆上的电子卡或电子标签进行通信,实现计算机自动收取道路通行费、运输费和停车费等,以减少使用现金带来的时间延误,提高道路通行能力和效率。同时,该系统自动统计的车辆数,可作为交通数据予以利用。

⑦紧急事件管理与救援系统(Emergency Management Systems,EMS):主要利用多种技术手段对突发交通事件进行管理和救援,包括处理预案的生成、救援车辆的调度、现场处理与交通调度及事后恢复等。

二、ITS的体系框架与应用系统设计

1. ITS的体系框架

在工程学中,体系框架指定义一个系统结构组成的一系列文件。

完整的智能交通系统体系框架的主体包含用户服务、逻辑框架和物理框架。

①用户服务。是指在智能交通系统体系框架中,能够提供给最终用户的服务或提供服务的能力。服务主体(服务提供商)是指服务的提供者,它与用户主体是服务、被服务的关系。系统功能是指为完成用户服务必须具有的处理能力。

②逻辑框架。是组织与描述复杂实体和相互关系的辅助工具,其重点是系统的功能性处理和信息流情况。逻辑框架通常用分层的数据流图、数据词典和处理说明等来描述。数据基本组成:数据流(以箭头表示)、处理(以圆圈表示)、数据存储(以平行线段表示)和终端(以方框表示)。

图13-4、图13-5是《中国智能交通系统体系框架》中确定的顶层逻辑框架图。根据用户服务需求确定智能交通系统体系框架的逻辑框架就是由图13-6开始,向下逐层分解为更细节的逻辑框架的过程。用户服务需求的确定情况,将直接决定逻辑框架中细节的重点和细节的具体内容。

③物理框架。是智能交通系统的逻辑框架的物理实现,它从功能上定义了系统的物理组成。根据各物理实体所要实现的功能将“数据流”转换为“框架流”。系统框架流及其对通信的要求将决定物理实体之间的接口,是制定有关标准和协议的基础。

物理框架与交通和运输管理的体制有关。开发智能交通系统的物理框架将确定不同的交通运输管理组织之间期望的通信联系和相互作用。

根据逻辑框架确定物理框架的过程就是由顶层物理框架出发,向下逐层落实更细节的物理框架的过程。逻辑框架的确定情况,将直接决定物理框架中各子系统的细节和子系统间信息交换的细节。

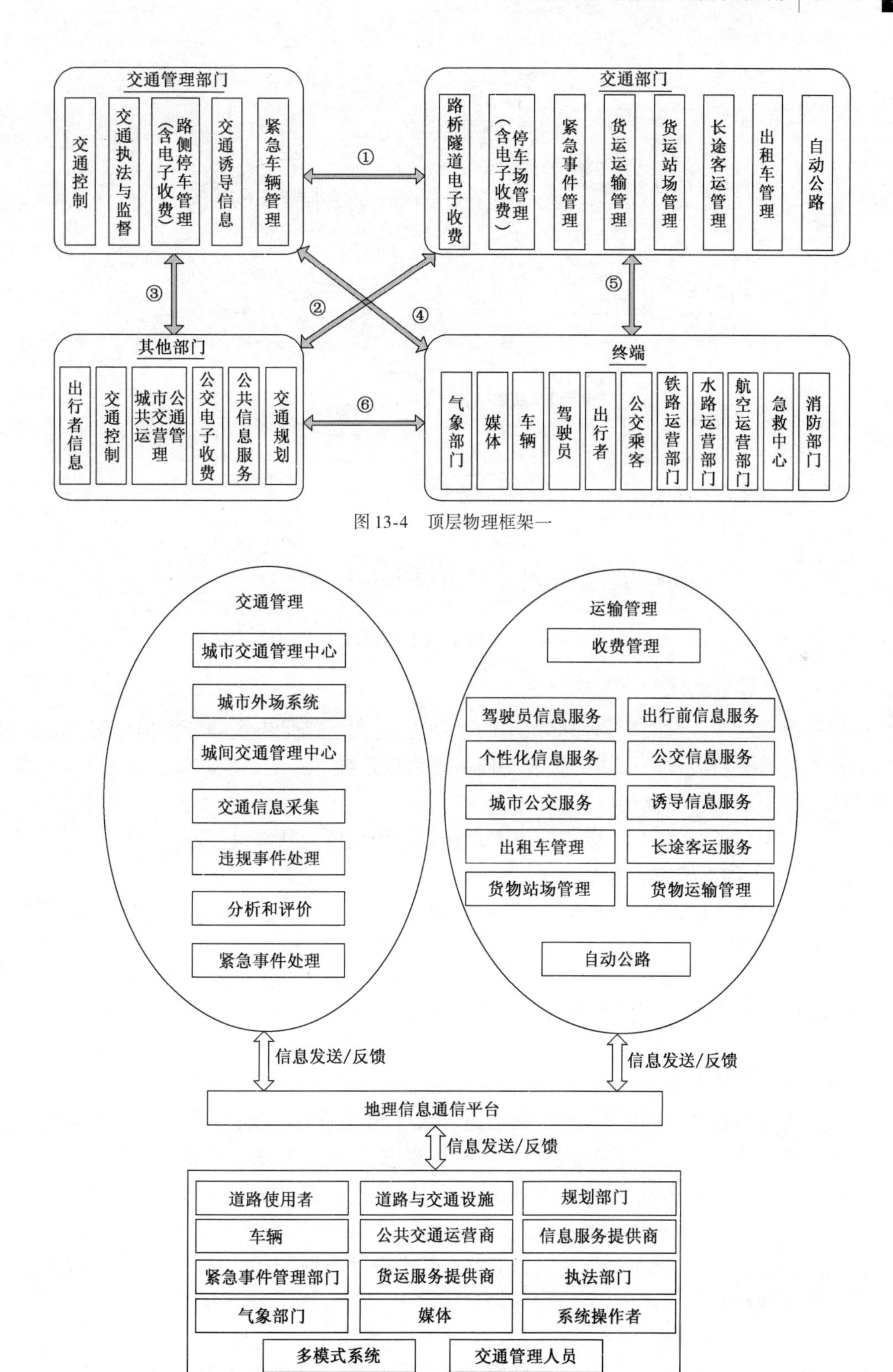

图 13-4　顶层物理框架一

图 13-5　顶层物理框架二

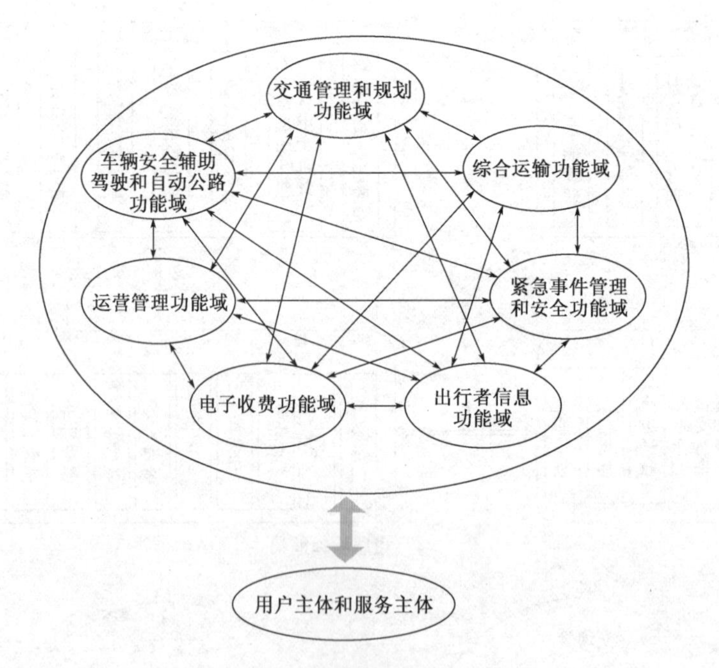

图13-6 智能交通系统体系逻辑框架图

2. ITS的应用系统设计

应用系统在层次上对应于物理框架中的子系统,是为了满足市场和各类用户的实际需求,对系统模块进行重新组合而形成的智能交通系统物理系统。应用系统的概念在江苏省智能交通系统体系框架中被首次提出。

在设计应用系统的过程中,以充分考虑现在的应用系统为基本设计原则,以用户需求为导向,以物理框架中的系统模块为基础。

应用系统设计结果可采用结构化列表形式加以展示,分为“应用系统类别”“应用系统”及“对应模块”三个层次。

三、ITS行业发展动态与热点

1. ITS行业发展动态

智慧交通是在智能交通的基础上,在交通领域中充分运用高新技术,汇集交通信息,对交通领域全方面以及交通建设管理全过程进行管控支撑,使交通系统在区域、城市甚至更大的时空范围具备感知、互联、分析、预测、控制等能力,以充分保障交通安全、发挥交通基础设施效能、提升交通系统运行效率和管理水平,为通畅的公众出行和可持续的经济发展服务。未来交通出行呈现共享移动性、汽车电气化、自动驾驶、新型公共交通、可再生能源、新型基础设施、物联网等七大发展趋势。

(1) ITS国际发展动态

经过数十年的发展,智慧交通系统在以美国、欧洲、日本、新加坡为代表的发达国家和地区取得了巨大的成就,在车路协同、需求管理、出行服务等重点领域开展了规模应用。

美国全面推进多模式车联网和完整出行服务一体化,车联网、自动驾驶等领域已处于全球领先地位。欧洲智能交通系统近年来开始重视节能减排(清洁能源、需求管理)和出行即服务(MaaS)推广应用,逐步依托欧盟制定统一标准和战略规划。日本 ITS 从系统整合到车路协同大规模实证应用,重点推行全国高速公路网车路协同一体化。新加坡注重智能交通系统整合,推进出行即服务(MaaS),打造高效、共享、融合的智慧交通。

(2)ITS 国内发展动态

在国家智慧交通总体框架指导下,以北京、上海、广州、深圳等为代表的国内城市高度重视交通智慧化发展,并将其作为城市发展的核心竞争力,持续推动智能交通建设升级,不断催生智慧交通新设施、新业态、新服务。各地智能交通系统建设充分发挥数据系统的整合作用,从管理需求拉动逐步转向服务需求拉动,推动交通管理与服务向一体化、系统化转变。

2. ITS 行业发展热点

智慧交通是 5G、人工智能、北斗、云计算等新一代信息技术落地应用的重点领域,将引领智慧城市发展。智慧交通通过建设便捷通畅、经济高效、绿色集约、智能先进、安全可靠的新一代交通领域智慧化应用及支撑平台,成为交通领域新一轮发展的热点方向。以 ITS 为基础发展的智慧交通行业发展热点如图 13-7 所示。

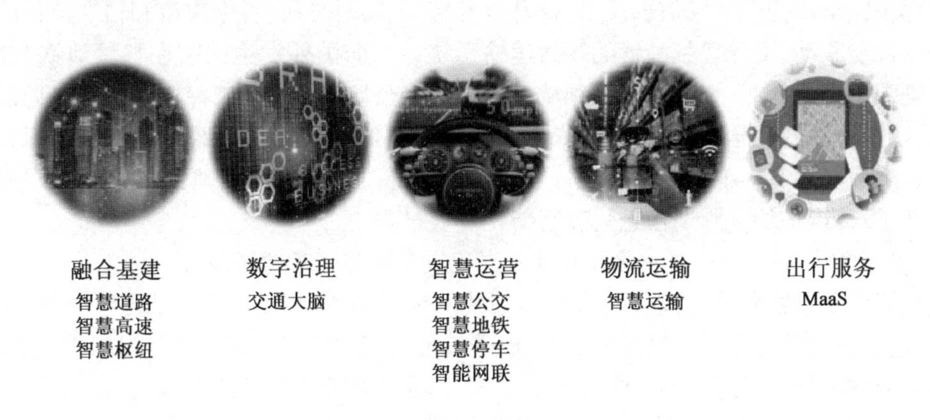

图 13-7 智慧交通行业发展热点

(1)智慧道路——集成式全景感知成为道路设施智慧升级新方向

智慧道路能实现对道路交通运行态势自动感知与辨别,为道路上的智能汽车实现车路协同提供技术支撑。未来智慧道路将依托新型传感设备构建可感知、可管控、可运营、可服务的新型智慧道路体系,实现车流、人流数据的全感知,通过信息化系统应用实现道路设施的自动化运维、交通信号的自适应控制、车路协同等功能。

(2)智慧高速——新技术加速融合助力打造高速运营服务新体验

智慧高速作为智慧交通领域的新型数字基础设施,已成为世界交通强国争相加快部署的热点。当前国内外智慧高速基本以试点建设为主,主要关注无人驾驶、车路协同、自动化监测、智慧化运营管控和出行诱导服务等方面创新探索。

(3)智慧枢纽——跨方式、跨业态融合成为枢纽数字化转型新方向未来新一代智慧枢纽不仅仅在于交通的组织,更在于如何兼顾枢纽城市开发与交通服务,优化枢纽服务能力和商业布局,将枢纽打造为辐射区域的社会经济发展锚点,构建以枢纽为核心的新型经济体。我国高度重视涉及智慧枢纽等交通新基建的发展建设,在新技术突破变革和社会经济高速发展的浪潮背景下,智慧枢纽将成为集购物、餐饮、娱乐、展览、市政等多种功能于一体的城市会客厅。

(4)交通大脑——数据驱动治理成为未来城市交通

随着城市化和机动化进程的加速,我国大中城市交通状态普遍迈入拥堵行列。为解决城市交通治理难题,国内部分城市率先提出"城市交通大脑"概念,用大数据推动交通管理服务的创新变革。城市交通大脑,又称城市交通大数据平台、交通大数据中心、交通超脑等,是交通管理部门提升交通治理和服务能力的重要手段。

(5)智慧公交——主动精准的服务体验成为未来公交发展新亮点

当前我国主要大城市相继探索公交运营服务的新模式,一是提升公交综合运营调度能力;二是提升公交出行体验,探索推出包括定制巴士、按需响应巴士等新型服务模式,推广车路协同控制技术应用与智慧公交站台建设,提供优质的乘车环境与出行体验,实现公交企业效益、乘客出行体验的双提升。

(6)智慧地铁——全景管控和精准服务成为运营能效升级主方向

智慧地铁是依托新一代信息技术,提升全息感知、实时分析、科学决策和精准执行的能力,实现业务智能联动、资源智慧配置的智慧运输系统。当前国外发达国家在智慧地铁方面的研究主要集中于智慧监测、智能运维等领域。我国的多个城市也在积极探索智慧地铁局部实践。总体上,智慧地铁的概念刚刚兴起,尚未形成智慧地铁功能框架、建设模式的统一认识,仍处于培育成长阶段。随着人工智能、主动协同等技术深化应用,未来智慧地铁将贯穿于用户体验、运营管理、设备维护的全周期信息化和智能化发展过程中。

(7)智慧停车——运营高效化和服务共享化成为智慧停车新风向

智慧停车是以物联网、互联网、大数据等技术为手段推动城市停车管理与服务智能化升级,主要包括路内外停车资源管理智能化、收费管理智能化和停车信息服务智能化等板块。当前国内多个城市开展了区级停车管理平台、停车诱导共享系统和智能收费应用。

(8)智能网联——单车智能与车路协同并举成为自动驾驶新路径

智能网联汽车(又称为自动驾驶汽车、智能汽车)指通过搭载先进传感器等装置,运用信息通信、互联网、云计算等新技术,具有自动驾驶功能,逐步成为智能移动空间和应用终端的新一代汽车,是单车自动驾驶(AV)与网联式汽车(CV)融为一体的新产品、新模式、新生态,未来将逐步成为新一代智能移动空间和应用终端。

(9)智慧运输——信息整合和标准互通成为提升物流效率突破口

以欧美为代表的发达国家和地区,通过立法规、定标准、建立开放信息平台等手段大力发展多式联运。近年来,我国逐渐将多式联运发展上升为国家战略,通过制定统一标准、建立信息化平台、物流枢纽、智慧港口等一系列措施,货物运输结构优化初显成效。

(10)出行即服务(MaaS)——全程全时、个性综合服务将重塑出行服务体系

2014年欧洲在ITS大会上首次提出MaaS理念,即通过将各种交通方式的出行服务进行整合,为用户提供一套个性化的多式联运服务(包括共享汽车、公共交通、网约车、共享单车

等),满足用户出行需求。

全球不同城市结合自身差异化发展特征,因地制宜地推进 MaaS 试点服务和发展应用,以适应未来出行向“体验经济”时代的全人群、全链条、一站式出行服务转变的趋势。目前全球已推出数十款 MaaS 应用,成功的试点应用主要集中在瑞典、芬兰等欧洲国家。我国 MaaS 发展尚处于探索阶段,北京与高德地图合作推出了国内首个 MaaS 出行服务平台,深圳在南山科技园片区推出了以按需响应巴士为主体的 MaaS 试点服务。

第五节 大数据在交通工程中的应用

大数据是继物联网、云计算之后最为热门的 IT 技术,适合于各行各业的数据融合、处理和挖掘。合理利用大数据等先进技术,通过规划路线等手段来缓解甚至解决交通问题,是未来一大热门研究方向,可以使人们出行更加方便安全,交通资源分配更加合理。

一、手机信令数据对传统居民出行调查的冲击

人口出行分布数据是反映出行需求的重要参数,是交通规划、城市建设和城市管理的科学依据。传统获取人口出行分布数据的方法主要靠入户调查、路边询问、表格调查、车辆牌照和月票调查等。这些方法具有调查内容翔实、形式灵活、适应性好等优势,适用于小样本调查,但也存在涉及部门多、调查工作量大、调查周期长等问题,且由于被调查者受出行判断和时空记忆的不可靠性影响,回收数据存在 20% ~30% 误差。

手机的普及和大数据时代的到来为居民出行调查提供了新的思路和方法,国内外城市开始尝试基于手机信令的居民出行调查方法。手机信令数据是由手机终端在通话、短信或位移等场景下,被运营商基站捕获并记录。手机信令数据是由手机终端在通话、短信或位移等场景下,被运营商基站捕获并记录下来,具有准确性、实时性、全面性等特点。手机信令数据的采集已具备良好的技术和社会基础,通过对长时间的手机信令数据进行跟踪,研究手机用户活动轨迹的识别方法,分析手机用户的有规律的空间分布和出行特征,数据挖掘的结果可用于弥补调查期对研究区域实际居住人口和工作人口的统计误差,校核交通流量、居民出行等人工调查的偶然性误差,得到更全面准确的人口出行分布数据。

二、公交车视频识别对传统公交随车调查的冲击

1. 传统公交客流调查方法

(1)国内传统公交客流调查

主要为人工跟车法和驻点式目测客流调查法,这两种调查方法消耗了巨大的人力、财力,而且还有可能造成统计上的不准确,数据上的偏差等,具有强烈的干扰性。

(2)国外公交客流调查

①车辆测重计数器调查:空气弹簧的气路上安装有压力传感器,通过检测气囊的压缩程度,对比支撑截面与温度补偿,倾斜补偿等等数据换算成重量,再进行计数。

②红外线客流计数器调查:利用红外光幕通过发射头向区域外发射定波波长的红外线,之后用传感器收集反射回来的光线,从而可以识别上下车的方向,达到统计人数目的。

③3D传感客流计数器调查:图像识别与前两种相比要显得较为高端一些,同样是通过传感器检测,不同的是扫描人体轮廓进而得出立体的人体数据,再参照立体反射面的驼峰形状,进而用单片机计算,从而判断出人数。

传统的采集方法调查周期长、后期维护困难、数据精确度低。压力侧重计数方法有着不能判断上下车方向、多人情况偏差、可维护性差的缺陷;红外设备的造价高昂,且军民一体可能引发技术敏感问题,因而其在具体应用上受到很大限制。

2. 基于公交车视频识别技术的公交客流调查方法

(1)结构框图

基于公交车视频识别技术的公交客流统计系统结构框图如图13-8所示。公交客流统计系统主要包括两部分,负责在前端进行检测统计的公交客流统计设备和负责数据汇总与运行评价的平台中心。

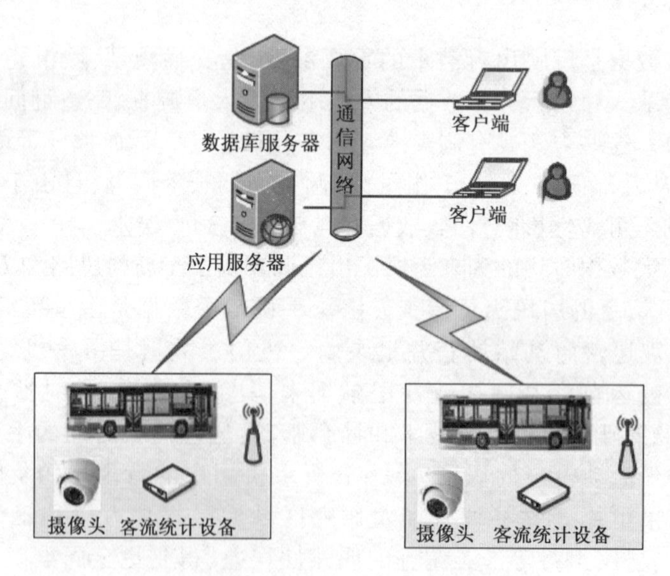

图13-8 公交客流统计系统结构框图

公交客流统计设备通过构建一个以ARM处理器为核心,配置有视频采集、GPS、安全数字卡(SD卡)存储、通信网络等外围功能模块,利用公交客流统计的专用检测算法,把检测结果进行本地SD卡存储,同时利用通信网络把客流统计信息、设备运行状态等推送到后台处理中心。

平台中心的公交客流统计软件通过通信网络技术把所有终端设备的统计数据进行采集汇总,应用"大数据"分析技术对公交车内的人数、上下车的乘客数、GNSS行驶轨迹等数据进行统计和分析,了解到各时间段、车辆、车站点等的乘客变化量,并生成日、周、月、季、年等周期统计报表。通过数据报表对目前的公共交通的运营管理情况作出直观的评估,为公交调度优化提供决策依据。

(2)功能模块图

公交客流统计设备主要由图像采集、客流统计、网络传输和数据存储4个功能模块组成,以实现对公交客流完成检测和传输的要求。中心平台中提供网络传输、数据存储、查询统计3大功能模块,以完成对所有设备的数据采集及分析,以便对运行效果做出评价,如图13-9所示。

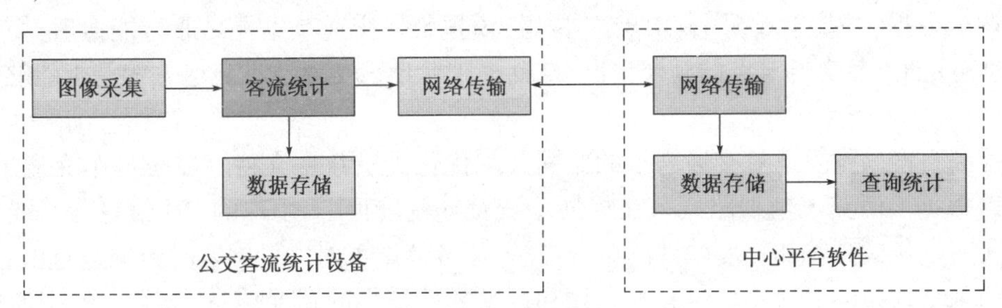

图13-9 公交客流统计

三、浮动车轨迹数据对OD的精准判断

浮动车(Float Car Data)技术,是国际智能交通系统(ITS)近年来使用的获取交通道路信息的先进手段之一。浮动车一般是指配备无线通信模块、GNSS定位模块,并且能够与交通信息处理中心进行信息交换的普通车辆(通常包括出租车、公共汽车、私人轿车以及其他特殊车辆)。浮动车信息采集系统一般上由四部分组成:浮动车、车辆定位技术、无线通信网络、信息处理中心。

浮动车技术的基本原理是:根据车辆上配备的GNSS系统,在车辆行驶的过程中定时地记录车辆位置、速度和方向等信息,并利用地图匹配、数据预处理等方法将信息进行处理,使得车辆位置数据与具体的道路信息在时间上、空间上关联起来。

浮动车轨迹数据获取的OD数具有覆盖范围广、精度较高、全天候工作、数据具有实时性、连续性等优点,目前被广泛推广和应用。

四、高德和百度的导航数据对传统交通问题的发掘

目前国内比较主流的导航软件是高德地图和百度地图。根据高德和百度公布的数据,两款手机导航软件的日活用户数量为1亿左右,月活用户数量在3亿左右。

高德是国内领先的数字地图、导航和位置服务解决方案提供商。高德导航是国内首款手机离线导航软件,采用专业车载导航引擎、智能的导航引导、精准的地图数据、人性化的设计理念,搭载AR导航、3D实景导航、完善的软件及数据升级方案、实时动态路况显示、云端数据同步等功能,在全程导航过程中无需耗费数据流量,地图数据覆盖全国。

百度地图是国内最大的互联网地图服务商。百度地图具备全球化地理信息服务能力,包括智能定位、POI检索、路线规划、导航、路况等,实现了语音交互覆盖用户操控全流程,上线了AR步导、AR导游等实用功能。

近10年来,随着小汽车进入家庭数量的显著增长,交通拥堵问题快速地从一线城市向二、三线城市甚至四线城市蔓延,城市交通拥堵依然将会是制约城市发展的重要因素之一。

高德和百度软件可以对道路交通设施的优化提供数据支持。传统的交通拥堵节点改造方案论证过程中,受交通调查时间成本及费用成本的限制,很难对整个区域进行大范围调查,导致对某个节点开展信号灯配时优化、渠化优化工作后,当前节点交通拥堵情况得到显著缓解,但与之相邻的交通节点出现了新的交通拥堵状况。高德和百度软件数据可以在一定程度上替代交通调查数据,并基于数据中OD点的位置,模拟某一交通节点提高通行能力后,交通量在路网重新分配时,各交通节点的延误情况,从而模拟验证该交通节点疏堵方案是否能够达到预期效果。

高德和百度软件可以对交通需求的路网分配优化提供数据支持。在小汽车交通出行中,软件可以根据实时路况规划路线。在规划路线及导航过程中,用户的OD信息与路线选择情况会被实时发送到高德和百度软件的服务器端,服务器端可对大量的实时数据进行汇总,结合交管部门采集发布的交通路况信息与高德和百度软件采集的路况信息,对未来的交通情况进行预测,并诱导高德和百度软件用户选择最优路线行驶,优化交通需求在路网中的分配,从而尽可能降低整体路网的延误水平。

高德和百度软件数据可以对提高公共交通分担率提供数据支持。解决交通拥堵问题的根本途径是提高公共交通分担率。根据小汽车出行用户提供的高德和百度软件数据可以设计合理的定制公交线路,提高定制公交出行方式的舒适性,吸引小汽车出行方式的人群向公共交通方式转化。高德和百度软件本身作为定制公交的流量入口,也可以预判定制公交的数量、扩大定制公交的用户基数,有利于开设符合出行需求的定制公交班次。

1. 简述GIS的定义、特征、基本构成与主要功能。
2. GIS技术的发展状况及在交通工程领域的应用现状与前景如何?
3. 简述GNSS的基本概念、构成与主要特点。
4. GNSS技术的发展状况及在交通工程领域中的应用有哪些方面?
5. 什么是智能交通系统?其起步、发展与主要应用范围如何?
6. ITS技术目前在哪些领域获得应用?应用效果与前景如何?
7. 大数据在交通工程领域的应用对我们的生活产生了哪些影响?

参 考 文 献

[1] 徐吉谦,陈学武.交通工程总论[M].5版.北京:人民交通出版社股份有限公司,2020.

[2] 王炜,陈峻,过秀成.交通工程学[M].3版.南京:东南大学出版社,2019.

[3] 任福田,刘小明,孙立山.交通工程学[M].3版.北京:人民交通出版社股份有限公司,2017.

[4] 王建军,马超群.交通调查与分析[M].3版.北京:人民交通出版社股份有限公司,2019.

[5] 陈宽民,严宝杰.道路通行能力分析[M].北京:人民交通出版社股份有限公司,2011.

[6] 程国柱,裴玉龙.道路通行能力[M].北京:人民交通出版社股份有限公司,2019.

[7] 王炜,陈学武.交通规划[M].2版.北京:人民交通出版社股份有限公司,2015.

[8] 陆化普.交通规划理论与方法[M].北京:清华大学出版社,2006.

[9] 吴兵,李晔.交通管理与控制[M].6版.北京:人民交通出版社股份有限公司,2020.

[10] 裴玉龙.交通安全[M].北京:人民交通出版社股份有限公司,2018.

[11] 于德新.智能运输系统概论[M].4版.北京:人民交通出版社股份有限公司,2020.

[12] 国务院法制办公室.中华人民共和国道路交通安全法:实用版[M].北京:中国法制出版社,2021.

[13] 中华人民共和国交通运输部.公路工程技术标准:JTG B01—2014[S].北京:人民交通出版社股份有限公司,2015.

[14] 中华人民共和国住房和城乡建设部.城市道路工程设计规范(2016年版):CJJ 37—2012[S].北京:中国建筑工业出版社,2016.

[15] 中华人民共和国住房和城乡建设部.城市综合交通体系规划标准:GB/T 51328—2018[S].北京:中国建筑工业出版社,2018.

[16] 中华人民共和国住房和城乡建设部.城市综合交通调查技术标准:GB/T 51334—2018[S].北京:中国建筑工业出版社,2019.